国家社科基金
后期资助项目

从黑格尔总体性到阿多诺非同一性的逻辑演进与旨归

徐 锐 著

科学出版社

北 京

内 容 简 介

本书主要从分析黑格尔思存同一和总体性的哲学体系入手，考察了马克思的作为一种辩证的认识方法的总体性，进而分析了卢卡奇的主客体统一的总体性，后者在借鉴了黑格尔辩证法的总体思想中合理内核的基础上，提出了自己的总体性思想。最后论述了阿多诺对同一性的批判，阿多诺传承了黑格尔辩证法的批判方向，其否定的辩证法包括对思维方式同一性的批判和对统治关系的强制同一性的批判。

本书可供马克思主义专业的学生、学者，以及广大的哲学爱好者参阅。

图书在版编目（CIP）数据

从黑格尔总体性到阿多诺非同一性的逻辑演进与旨归 / 徐锐著. -- 北京：科学出版社，2024.11. -- ISBN 978-7-03-080016-9

Ⅰ.B024

中国国家版本馆 CIP 数据核字第 2024KM9518 号

责任编辑：郭勇斌　杨路诗 / 责任校对：张亚丹
责任印制：吴兆东 / 封面设计：义和文创

科学出版社 出版
北京东黄城根北街 16 号
邮政编码：100717
http://www.sciencep.com
北京厚诚则铭印刷科技有限公司 印刷
科学出版社发行　各地新华书店经销
*
2024 年 11 月第 一 版　　开本：720×1000　1/16
2025 年 6 月第二次印刷　　印张：12 3/4
字数：218 000
定价：108.00 元
（如有印装质量问题，我社负责调换）

国家社科基金后期资助项目
出版说明

后期资助项目是国家社科基金设立的一类重要项目,旨在鼓励广大社科研究者潜心治学,支持基础研究多出优秀成果。它是经过严格评审,从接近完成的科研成果中遴选立项的。为扩大后期资助项目的影响,更好地推动学术发展,促进成果转化,全国哲学社会科学工作办公室按照"统一设计、统一标识、统一版式、形成系列"的总体要求,组织出版国家社科基金后期资助项目成果。

全国哲学社会科学工作办公室

目 录

第〇章 绪论 …………………………………………………………… 1
 一、研究的缘起 ………………………………………………… 1
 二、暗含的理论谱系：黑格尔—马克思—卢卡奇—阿多诺 … 3
 三、阿多诺其人和他的否定的辩证法 ………………………… 5

第一章 黑格尔思存同一的概念辩证法 ……………………………… 9
 第一节 黑格尔绝对精神的理论溯源：谢林的同一哲学 ……… 9
  一、谢林同一哲学的理论基础 ………………………………… 9
  二、谢林的同一哲学与自然哲学和先验哲学 ………………… 12
  三、同一哲学的绝对同一性 …………………………………… 14
 第二节 黑格尔的思存同一性哲学 …………………………… 20
  一、黑格尔同一性思想的社会现实基础 …………………… 20
  二、黑格尔对谢林同一哲学的批判与继承 ………………… 22
  三、黑格尔的概念辩证法：同一性理论的集中体现 ……… 27
  四、思存同一必然导致哲学体系的总体性 ………………… 40

第二章 马克思的总体性思想 ………………………………………… 43
 第一节 马克思总体性思想的形成 …………………………… 43
  一、理论来源：对黑格尔的总体性思想的批判性继承 …… 44
  二、马克思总体性思想的演变 ……………………………… 46
 第二节 作为一种辩证的认识方法的总体性 ………………… 56
  一、立足于实践的总体性方法 ……………………………… 57
  二、抽象与具体相统一的总体性方法 ……………………… 59
  三、历史唯物主义为贯穿的总体性方法 …………………… 61
  四、集中对资本进行批判的总体性方法 …………………… 63
  五、以共产主义为终极价值追求的总体性方法 …………… 67
 第三节 马克思的总体性与黑格尔的同一性的比较分析 …… 69
  一、理论立足点和理论旨趣的不同 ………………………… 69
  二、社会历史观的差异 ……………………………………… 71

第三章　卢卡奇的总体性方法 …………………………………73
第一节　卢卡奇总体性方法的理论形成 …………………………73
一、理论来源 …………………………………………………73
二、理论形成的条件 …………………………………………81
第二节　卢卡奇的总体性思想 ……………………………………85
一、阶级意识的独创 …………………………………………85
二、物化理论的确立 …………………………………………88
三、总体性理论的解析 ………………………………………91
第三节　从《历史与阶级意识》到《否定的辩证法》…………98
一、主体性之维：阿多诺对卢卡奇的反思 …………………99
二、物化现象之维：阿多诺对卢卡奇的推进 ……………100
三、卢卡奇与阿多诺思想之异的时代背景分析 …………103

第四章　阿多诺对同一性的批判 …………………………………105
第一节　阿多诺对同一性批判的理论源起——
《启蒙辩证法》…………………………………………105
一、启蒙运动对主体的弘扬 ………………………………106
二、对启蒙理性的批判 ……………………………………107
第二节　阿多诺对黑格尔的批判 ………………………………112
一、对黑格尔同一性哲学体系的批判 ……………………112
二、对黑格尔辩证法的批判 ………………………………116
三、对黑格尔普遍历史和世界精神的批判 ………………118
第三节　非同一性对同一性的批判 ……………………………124
一、同一性——理论异化的根源 …………………………125
二、非同一性——批判同一性的武器 ……………………129
第四节　否定的辩证法的理论核心 ……………………………134
一、反体系 …………………………………………………134
二、反对概念拜物教 ………………………………………136
三、反实证主义 ……………………………………………140
四、反对形而上学 …………………………………………141
五、反对抽象的普遍性 ……………………………………143
第五节　阿多诺的非同一性理论的终极目标——"星丛" ……145
一、非同一性哲学目标的理想表达 ………………………145
二、"星丛"理论的展开 …………………………………148

第五章　阿多诺非同一性的社会批判理论……152
第一节　阿多诺的生平经历与社会批判的"结缘"……152
一、奥斯维辛的创伤与阿多诺的反思……152
二、否定的辩证法：认识论和存在论的颠覆性反思……155
第二节　崩溃的逻辑：批判理论方法论的基础……158
一、阿多诺崩溃逻辑的灵感——勋伯格无调式的音乐……158
二、崩溃逻辑——否定的辩证法的逻辑……159
第三节　客体优先性：社会批判理论方法论的重心……161
一、客体优先性……161
二、对传统主体哲学的批判……164
三、全新的主体……165
四、主客间关系的目标状态——交往自由……166
第四节　阿多诺社会批判方法论的重建……168
一、辩证中介的方法……168
二、心理分析的方法……170
三、否定的美学的方法……171
第五节　阿多诺社会批判对马克思主义批判旨向的继承……174
一、对资本主义的深入批判……175
二、对否定性力量的重视……177
三、对人的自由和解放的追求……180

结语　阿多诺社会批判理论的现实观照及其不足……183
一、阿多诺社会批判理论的现实观照……183
二、阿多诺社会批判理论的局限性……185

参考文献……189

第〇章 绪 论

西奥多·阿多诺（1903—1969年）是20世纪在西方影响极大的哲学家和社会批判家之一，也是西方马克思主义哲学家阵营中比较突出的人物。其代表作《否定的辩证法》几乎是对历史上一切的辩证法形态的批判和解构，在辩证法理论发展的进程中占据重要的理论地位，对理论界和社会历史的发展都产生了深刻的影响。

一、研究的缘起

中国的阿多诺研究最开始可以说是小众研究，其时很多阿多诺的著作并没有中译本，然而目前的研究即使不是如火如荼，也算得上是方兴未艾了。各种译著出现，众多学者从不同视角、用不同的专业理论不断对阿多诺的思想进行解读，阿多诺与中国的学者和研究者们虽然存在巨大的时空差异、语言和思维方式的差异，但也存在着一个巨大的共同点：理论研究的使命都是对于现代社会的反思，也就是说，学者们集中于对阿多诺的社会批判理论的研究。虽然我们和阿多诺所处的时代存在着社会性质和社会制度的根本不同，但是其否定的辩证法对于我们研究和分析改革开放以来，市场经济的逐步深入所带来的思想和意识形态方面的后果以及对现实社会的影响，具有重大的启示意义。在我们追求中华民族伟大复兴，超越历史上的大国、强国的征途上，否定的辩证法对于资本主义社会的批判和反思站在我们的立场来看本身就是具有建设性的。在现代社会，商品经济飞速发展，科技进步，推动了生产力日新月异地发展，但是个体想要得到救赎、获得解放甚至得到自由的发展还面临诸多问题与困难，需要我们去解决。因此我们可以认为否定的辩证法的重大的现实价值在于揭示个体在现代社会中如何有意义、有尊严地生活，最终获得自由的发展。

阿多诺的否定的辩证法是以非同一性为理论前提，力图将辩证法从思辨的概念体系中解救出来，使其更加贴近现实生活。当代辩证法的发展趋势很明显是对阿多诺核心精神的继承，以反对同一性、形而上学和反体系为主线，尤其重视事物的特殊性和个性，更强调了辩证法开放性和多元化的特点。马克思主义辩证法从来就不是一个封闭的体系，其本身就具有开放的性质，马克思主义哲学与时俱进的品质决定了它兼容并包的特点，需要吸收包括西方当代哲学在内的一切人类文化的优秀成果。阿多诺对启蒙辩证法的反思和批判对于我们重新理解马克思主义辩证法的深刻内涵以及其观照现实的直接现实性品格，纠正长期以来对马克思主义辩证法理论的误读，深入推进马克思主义辩证法理论的时代化和中国化，立足于当代中国的具体国情和鲜活的当代社会，构建具有中国特色的辩证法话语体系，具有重要的启示和借鉴意义。

阿多诺的《否定的辩证法》对于读者尤其是没有一定的学术功底和理论基础的初学者，真是很难懂的。主要原因在于：文字晦涩，思想艰深，思维跳跃，写作方式不成体系，旁征博引信手拈来。通过对阿多诺个人成长的时代特征和其关键的写作背景进行研究后，可以发现其恪守"崩溃的逻辑"的反体系，所以其理论看似毫无体系可言。如果我们单纯地从阿多诺的思维方式和逻辑特点去分析，会浅薄地认为阿多诺的否定的辩证法是只破不立的理论，甚至有不少学者认为阿多诺的理论从属于后现代的理论，或者说承袭了那种解构主义的传统作风。事实上，如果我们对阿多诺的理论进行深入探讨后会发现，阿多诺的否定的辩证法其理论外观是批判和解构，但是在其"崩溃的逻辑"的理论深处仍然是全新格局的建构。

英国的资产阶级革命以光荣革命结束，英国成为世界上第一个资本主义国家，随之开始的工业革命使英国成为世界上第一个步入现代文明的国家。因此可以说，近现代的西方文明是与西方资本主义相伴随而发展起来的，由于资本主义的扩张性，现代文明也在世界的各个角落生根、发芽和开花。阿多诺对于这种发源于资本主义土壤，并在西方资本主义环境中扎根的现代文明，在用传统的历史唯物主义关于社会发展基本矛盾的观点分析的基础上，还进行了更为深入的思考。这种思考对于我们全面地理解资本主义社会，具有深刻的理论意义。这种理论意义主要体现在：强调近现代的西方文明是不能脱离前现代社会这个根基的，也就是说它无法摆脱其一系列的顽症，虽然近现代的西方文明用理性代替神性，高举人权的旗帜对抗君权和神权，通向自由、博爱和平等这个终极目标，但是如同霍克海默和阿多诺在《启蒙辩证法》中所竭力证明的一样，近现代的西方资本主义文明连最基本的思想自由都未能实现。

在阿多诺的理论体系中，他反对和批判的同一性并不仅仅是一个概念的范畴，更是文明史以来伴随着人类认识世界过程而产生的一种思维模式，以及在人类社会中形成的一种组织方式。批判分为两种：发掘对象内在矛盾的批判和深入社会历史现实内部的批判，也就是理论的批判和历史的批判。因此阿多诺的批判也是从两个方面展开，即从哲学和社会批判的视角来批判，而且其理论深入到了西方文明内部的核心之处展开批判，因为深入其中所以其否定的辩证法针对同一性的批判不可能也确实没有脱离西方传统哲学的基本框架，当然在否定的辩证法否定一切、批判一切的理论外观下，其仍然坚守着将人从传统的桎梏中解放出来的哲学使命。而其实现方式不同于以往的哲学家，阿多诺是通过全面的、彻底的反思，打破人类自身和整个人类社会长期以来形成的根深蒂固的理性思维方式，揭示被启蒙理性和现代文明所蒙蔽的主体性，最终人类得到自由和解放。由于阿多诺的批判对象包含了整个西方的传统哲学，因此可以说他的批判是极其空泛的，虽然阿多诺哲学从属于西方马克思主义，但是其本质已然与早期马克思主义的代表理论产生了根本性的区别。

阿多诺的批判虽然空泛却是有的放矢，因为他对传统的形而上学的哲学体系的批判直达西方传统哲学的核心，但阿多诺仿佛要将他的反体系贯彻始终、坚持到底，他建构的哲学体系也看似支离破碎。阿多诺的哲学宗旨是批判传统哲学，但是没有离开和绕开传统哲学的基本主题，如真理、自由，他的真实意图其实是针对传统哲学的强制性逻辑和同一性的体系，改造传统的主客体关系，实现二者的真正统一。正是从这个目的出发，阿多诺对辩证法进行了全新的阐释，重新定位了辩证法的理论起点，以此为开端重新确定了辩证法的逻辑。

二、暗含的理论谱系：黑格尔—马克思—卢卡奇—阿多诺

当人类开始追问宇宙万物从哪里产生，灭亡后又回归到何处时，便产生了哲学，产生了探寻宇宙万物的绝对本质的思考，因此也产生了"同一性"哲学，即把万事万物归于"一"。可以说"同一性"哲学从西方哲学诞生之日起就出现了。黑格尔的同一性集中体现在他的思存同一的概念辩证法，通过绝对精神达到了一个全新的综合性的总体，也就是哲学本身构成一个总体。

（一）黑格尔的思存同一和总体性的哲学体系

德国古典哲学，不管是康德的先验哲学、费希特的自我哲学还是谢林的同一哲学，都具有"总体性"特征，黑格尔作为德国古典哲学的集大成者，形成了独具特色的总体性思辨理念。随着西方哲学的发展，"同一性"哲学也不断完善，直至黑格尔的思存同一的概念辩证法论证了思维与存在的同一，同一性哲学发展到了顶峰。黑格尔的同一性哲学意味着自由、超越理性本身的规定性和二律背反。黑格尔所要实现的是在历史过程中进行

反思性建构，通过这种建构而形成自我满足的总体性哲学体系。这种总体性是一种抽象的总体性，其对象是概念及其运动，属于纯粹哲学的想象，因而具有神秘的色彩。黑格尔的"在历史过程中自我实现的同一的主体-客体"，就其根本性质来说，乃是在现代形而上学的范围内解决形而上学所造成的全部二元对立之最后的和最伟大的尝试。黑格尔的思存同一是事物的存在只有与思维相符合时才是实在的，思维不断地通过自身扬弃、实现自己从而达到与存在一致。黑格尔的同一是蕴含着事物内部差异和矛盾的具体的同一，他通过否定之否定，找到了一条摆脱抽象普遍性、通达具体普遍性的道路，也就是克服了"多"与"一"的对立，通过绝对精神，达到一个全新的综合性的总体。

（二）马克思的作为一种辩证的认识方法的总体性

总体性思想是人类社会存在的基础，它包含了人类存在的基本原则。马克思的总体性思想是其唯物史观的重要方法论基础，用总体性的方法来考察全部生活世界是马克思主义哲学的一个重要特征。作为时代精神的精髓，马克思主义哲学突出的是"形而上"和"形而下"的双重关注。从"形而下"的角度看，马克思主义哲学是从"天国"降到"人间"，其认为哲学不是纯粹的、抽象的观念思辨，而应该密切关注人类存在的历史进程及其形态演变，以突出与时俱进的时代特征；从"形而上"的角度看，马克思主义哲学必须用辩证的总体性的方法，对人类社会生活进行考察，以超越现实的生活世界和彰显哲学对现实生活进行反思的特征。而要实现与时俱进和其反思性特征的统一，就必须依赖辩证总体性的研究方法。

在《历史与阶级意识》中，卢卡奇在黑格尔哲学的基础上将马克思主义辩证法界定为"具体的总体"的范畴，并且认定无产阶级为历史发展的主体，最终实现了将理论导引和复归到黑格尔的总体性哲学。阿多诺则是将马克思主义辩证法划分到黑格尔的总体性哲学范畴，试图将马克思主义辩证法的否定性坚持到底。

西方近代哲学关于思维和存在何者为世界的本原的争论，最终要获得的本体论的统一性也就是总体性。直到在马克思那里，这个问题才获得了现实性的解决，即在人的社会实践活动中，主客体才能获得真正的统一。马克思意识到了黑格尔哲学中总体观念的重要价值，但同时意识到了这种总体观念是不彻底的，在对黑格尔同一性哲学扬弃的基础上，马克思逐步形成了自己的总体性思想。虽然马克思并没有系统而具体地阐发，但是在他不同时期的著作中都体现了深刻的总体性思想，而且作为一种方法论原则，总体性的确是马克思考察人类社会发展的历史规律、构建科学社会主义理论的重要方法。

（三）卢卡奇的总体：主客体统一的总体历史观

卢卡奇极力恢复总体性范畴在马克思主义辩证法中的核心地位，阿多诺却批判总体性，提出了否定的辩证法，二者的理论看似是完全对立的，然而这种对立背后的立场却都是马克思主义的立场，即对资本主义的有力批判。只是随着资本主义社会的发展，社会批判的理论也在不断深化。

如果说卢卡奇的解决方案是试图通过恢复马克思主义辩证法的黑格尔哲学传统以激发和开启无产阶级的阶级意识，那么阿多诺的理论方向则是传承了黑格尔辩证法的批判方向，把最终解决问题的方案引入纯粹的精神领域。因此，阿多诺对卢卡奇总体性辩证法的批判，其实质是对传统革命路线的理论反思。

阿多诺主要是通过卢卡奇去解读和理解马克思的思想的，卢卡奇认为世界上一切罪恶的根源都是因为物化，完整的人将抛弃物的本体论地位。这一阐述给了阿多诺深刻的启示，并成为否定的辩证法的理论基石。卢卡奇在对恩格斯自然辩证法质疑的基础上，面对列宁领导下苏联的同一性社会实践，试图恢复马克思理论的革命本质，恢复马克思的黑格尔哲学传统，就理所当然地要求更新和发展黑格尔的辩证法和方法论，在借鉴了黑格尔辩证法的总体思想中"历史"因素的合理内核的基础上，提出了自己的总体性思想。但是他在主客体的关系问题上，强调主体意识——无产阶级的阶级意识，因此关于总体性的讨论仍然没有摆脱黑格尔概念体系的窠臼，最终落到了唯心主义。但是卢卡奇作为西方马克思主义社会批判的先驱之一，其社会批判的理论对法兰克福学派的社会批判产生了深远的影响。

三、阿多诺其人和他的否定的辩证法

相对于马克思主义的传统，阿多诺是一个非常有争议的人物，其理论创作涉足的领域非常宽泛，包括哲学、社会学、音乐学、新闻传播学，而且不同领域的理论纵横交错，马丁·杰伊就指出，阿多诺的身份是多重的，他既是左派知识分子、西方马克思主义者、天才的哲学家和社会学家，同时也是严肃的音乐家、作曲家和文化批评家。这样很难让人对阿多诺的理论身份进行定位。因此我们在研究否定的辩证法甚至阿多诺的全部哲学时，首先要搞清楚的是阿多诺对于自己的定位，他"想成为一名专家型哲学家的愿望甚至弱于他想成为一名专家型社会学家的愿望"（魏格豪斯，2010）[699]。

就是在这种自我定位中，阿多诺自然地将社会批判和辩证法的批判的天性融合到一起。

阿多诺的哲学理论语言艰深晦涩，仿佛是刻意地突显其非同一性和反体系的特色，但是这绝不意味着其思想本身是零碎和怪诞的，其实通过从《启蒙辩证法》到《否定的辩证法》的解读，我们会发现阿多诺的理论非常明显地是前后一贯的，因此不管对于阿多诺是否是马克思主义者的讨论进行到何种程度，阿多诺的哲学理路不仅没有背离马克思，而且在理论气质上与马克思有着诸多共同点。虽然阿多诺很多具体的观点与马克思的思想有很大的差异，但是马克思主义是阿多诺社会批判思想的主要思想背景，尤其是从阿多诺由哲学批判走向政治经济学批判的整体研究逻辑和批判路径来看，他可以称得上是马克思在西方世界的继承者。

阿多诺的否定的辩证法主要是围绕着对德国哲学尤其是黑格尔式的虚假的总体性概念的否定的一种全新的辩证法，这种辩证法与马克思主义辩证法是具有内在一致性的，虽然阿多诺似乎从不在乎其理论与马克思主义辩证法的关联。

阿多诺从启蒙辩证法到否定的辩证法的理论推进，在一定程度上可以看成是他尝试从根本上颠覆在古希腊直至近现代哲学中占据主导地位的同一性思维，因此他的批判可以看作是继承了马克思的批判传统，是在辩证法理论体系的内部针对思辨理性哲学的另一场批判，也在法兰克福学派的社会批判理论中融入了辩证法的因素，使其更加具有哲学的理论厚重感。黑格尔之后的许多思想理论家都开展过对以黑格尔理性哲学为代表的传统形而上学的批判，但阿多诺认为他们的批判因为没有从哲学的传统根基上实现对形而上学的清除，因此都是不彻底的，甚至有的声称自己在批判形而上学，最后却陷入了形而上学的泥潭。

否定的辩证法在完成了对认识论意义上的批判以后，还展开了对社会的批判，思维方式在认识论意义上的批判成为其社会批判的理论基础和切入点，即由对思维方式同一性的批判转向对统治关系的强制同一性的批判。阿多诺运用的独特的批判方法是切断二者之间的联系，具体来说，在对于社会的批判方面，阿多诺对资本主义的物化现象以及随之而产生的一切统治关系进行了批判。

对于批判的哲学，其实考察其批判的对象就能发现其理论的关注点，而其批判形式就是其理论的运思逻辑。否定的辩证法的理论目标绝不是对西方传统哲学甚至整个人类文明的绝对的、全盘的否定，也不是武断地完全拒斥传统认识论的理性的思维方式，而是要寻找现代社会"自我救赎"

之路。阿多诺通过指出正是同一性导致了传统哲学、现代社会以及人类自身陷入了困境，从哲学的高度上终结了理性形而上学。

启蒙运动以来，西方哲学以理性为口号和旗帜，对以神秘主义为主要特征的社会思潮进行了理性反思和批判，理性被人们奉为圭臬。从历史发展进程来看，启蒙理性对于思想解放和社会的进步确实有其进步意义，但是最后却走向了极端，对理性过度崇拜。阿多诺和霍克海默合著的《启蒙辩证法》其实是对启蒙理性的反思，也正是这本著作开启了批判启蒙理性的先河，终结了对于启蒙理性的盲目崇拜。他们具有开创性意义的批判也是哲学史上一次具有重大意义的思想革命。哈贝马斯对此评价道："（阿多诺）在哲学史上的伟大之处就在于唯有他严谨地阐明并彻底解决了把总体宣布为虚构的启蒙辩证法的理论结构的难题。从坚持批判的意义上来说，他是我所认识的一位最系统、最彻底的思想家。"（张继武，1984）作为《启蒙辩证法》思想的延续和进一步推进，《否定的辩证法》是对启蒙理性的同一性哲学本质的揭示，且是从哲学的高度对理性同一性本质的终结。

阿多诺的否定的辩证法所遵循的理论逻辑，既不是完全的形式逻辑的思维方式，也不是传统的辩证逻辑的思维方式，而是在二者之间的折中主义或者说二者兼而有之。对于形式逻辑来说，阿多诺批判了其概念定义方式和固定的理论视角，特别是对作为形式逻辑思维方式的自然科学思维方式进行了批判，也就是我们熟悉的对于启蒙理性的批判。对于传统的辩证逻辑来说，阿多诺着重批判其总体性的视角，认为就是总体性的视角造成了虚假的意识形态，将客体最终还原为主体的意识，从而遮蔽了客体的真实状态。但是阿多诺没有完全地拒斥传统的辩证法，他继承了传统辩证法的主客体相互影响、变化发展的基本理念，最终把辩证的逻辑改造成差异的逻辑。

虽然阿多诺的否定的辩证法标榜绝对的否定，但是其中仍然包含着传统哲学的因素。然而阿多诺发现了传统哲学的弊端，力图在批判理论中克服黑格尔哲学的精神同一性，实现总体性的瓦解。为此，阿多诺在否定的辩证法中将否定的因素发挥到了极致，其最终目的是为理性寻求一种自我批判的模式，以此打破黑格尔哲学的精神同一性的外观。

黑格尔的辩证法把社会历史归结为"绝对精神"的外化，视其为"绝对精神"的一个发展阶段。在黑格尔的理论中，整个人类历史，连同自然界的发展史，都是"绝对精神"自我认识的历史。阿多诺看到了以黑格尔为代表的西方传统哲学的这一弊端，试图从西方哲学的内部去揭示它的矛盾，批判其基础性的概念，使哲学摆脱忽视现实的"主观建构"的传统，以达到主体与客体互动的、开放的、差异性的统一。阿多诺反对一切总体性哲学的思维方式，他批判的对象在理论上是"同一性"哲学，在社会历史方面是"同一性"的物化社会，他对于社会历史批判的立足点是商品交换的原则，在这个基础上，他展开了对于资本主义大众文化的批判。

阿多诺的否定的辩证法是在批判黑格尔的辩证法的基础之上建立起来的，他针对黑格尔理论中的同一性问题，指出同一性是造成专制统治的根源。阿多诺也看到了黑格尔的理论贡献——在辩证法中引入了矛盾和差异性，但是最终却没有对这种矛盾和差异性进行进一步的论证和建构，因此其实质仍然是以传统哲学的形而上学的方式完成了对绝对精神的体系的建构。阿多诺的否定的辩证法是要对同一性哲学进行拒斥和解构，将肯定和否定彻底地分离，否定是纯粹的、绝对的、不包含任何肯定的否定。

阿多诺的否定的辩证法重新确立了马克思主义批判的辩证法的重要地位，使辩证法在马克思哲学中的意义获得了更高的评价，甚至马克思哲学被直接等同于辩证法。否定的辩证法进一步发掘并发挥了辩证法传统中的批判性要素，从而奠定了其作为马克思主义中的一种新的批判方式的地位，这是阿多诺通过突出"否定"这个范畴来实现的。否定性在黑格尔的辩证法中被确立为推动原则和创造原则，正是这种原则打破了以往形而上学的静止的、形式的体系，将历史的和具体的维度引进了哲学，更重要的是，否定的辩证法重新贯通了马克思主义的唯物辩证法与整个西方的辩证法传统。按照阿多诺的观点，否定的辩证法就是唯物主义的辩证法。他借助概念与非概念物、主体与客体的矛盾结构，以及客体优先性等观念，将他的唯物主义贯彻到整个西方哲学的历史之中。

因此，阿多诺的逻辑是一种基于辩证法传统的形而上学批判与社会批判的内在结合。否定的辩证法的重大意义不仅在于其从事着当代哲学的重大主题，也不仅在于其深入到了形而上学的最深处，更重要的是它代表了一种彻底的批判方式。形而上学的批判就是对社会批判方法论的批判，也是从根本上展开了对资本主义的批判，对极权社会、压抑个性的同一性思维的批判。

第一章　黑格尔思存同一的概念辩证法

西方近代哲学的发展过程就是理性同一性的展开过程，这是在形而上学体系的建构中突显出来的。具体地说，这一过程主要是基于概念寻求规律和万事万物的同一性，以提升理性的力量。这无疑将使多元的生活世界还原为抽象的、空洞的概念世界，从而使人的生活方式变得单一、概念化，最终失去人类最本真的感性、个性、创新性和批判性。这种同一性哲学在黑格尔那里达到了最高峰。

第一节　黑格尔绝对精神的理论溯源：谢林的同一哲学

关于同一性的问题是哲学的核心，谢林首先将他的哲学命名为同一哲学。从思想路径的角度看，他所构建的同一哲学体系首先是基于自然哲学和先验哲学的基本层面，并与费希特的知识学有着明确的区别。谢林将自然哲学和先验哲学看成是"姊妹篇"，二者的融合为同一性的哲学体系。自然哲学关注自然事物自身结构的原初意义，认为客观事物是第一位的，主观事物依附于客观事物；先验哲学考察思维事实的本义，认定主观事物是第一位的，客观事物依附于主观事物。因此，自我意识的绝对同一性原则体现在思维的主体和客体的同一性上。

一、谢林同一哲学的理论基础

谢林哲学的出发点，一个是康德哲学，另一个是费希特哲学，他从康德那里得到了从主体方面的主客同一，从费希特那里得到了从客体方面的主客同一。

（一）逻辑起点：对康德哲学的继承与批判

康德以其批判哲学确立了自己在德国古典哲学乃至世界哲学史上的地位，主张批判人类理性，为理性划定界线以限制其肆无忌惮地超出自身的范围。他认为获得知识有两个先决条件：其一是质料，其作用是作为物自体对感官形成刺激；其二是先天直观形式，它存在于我们的理性之中，能对各种各样的杂多进行整理形成认识。这样看来，康德虽然认识到事物本身的存在，刺激我们的感官形成感觉，但认为事物本身是不可知的。所以，康德认为思维和存在是不同一的，虽然他试图在《判断力批判》中把知性和理性两个彼此独立的领域用判断力联系起来，但是物自体最终无法被认识，只能出现在美学中。康德哲学研究人类的认知过程强调主观性，强调人的先验认知能力和人的认知领域内固有的先验知识体系的存在。康德片面地将主客体关系转化为主体对客体的服从，这与启蒙运动之后的唯物主义原则相去甚远。谢林的任务是将此唯物主义的基本原则纳入哲学体系之中。因此，谢林的哲学长期以来被认为是从康德到黑格尔的理性主义发展链条中的一环。

谢林哲学实际上是以纯认识论领域为中心展开的，是对康德哲学思想的进一步继承和发展。康德认为，纯粹理性对现象的表征与物自体和现象的完全不同，导致了主客体之间的矛盾。为了解决这一矛盾，谢林区分了从主体到客体和反过来从客体到主体这两条不同的认识活动运行轨迹，结论为认识活动即主客体的融合。他进一步发展了康德的哥白尼式革命以及费希特的自我意识论，寻求主客体的逻辑统一，实现对哲学中自由意志的理解，同时也体现了法国启蒙主义所大力提倡和宣扬的唯物主义精神。

（二）从理性同一到绝对同一：对费希特同一性原理的继承与批判

费希特发现了康德哲学的缺陷，他高举自我的旗帜，声称一切来自自我、一切归于自我，试图在主观唯心主义领域实现思想与存在的统一，费希特知识学的所有内容都源于这一思想。这是一种绝对的自我意识，一切都以它为前提，所有知识的产生是自我意识以自身为对象自我设定、自我发展的过程。因此，费希特只能通过在主观领域里兜圈子，通过将客体融入主体来实现思想与存在的同一性。费希特知识学的基本原则也就是同一性原理，它代表了"我就是我"的绝对原则。费希特就是利用这一原则和对立的原理，让自我由自我本身来定义，而非我由绝对自我来定义。

黑格尔对费希特的这一理论进行了批判，他认为费希特只在主观领域而没有在客观领域运用自我意识。谢林对费希特思想进行了批判性的继承，他清晰地阐述并试图解决理智与自然的同一问题，因此他统称自己的哲学为同一哲学。谢林认为自己的唯心论和费希特的完全相反，费希特认为唯心论是完全主观的，而谢林的唯心论是有客观意义的。费希特的出发点是自我，强调以主观为中心的主客体；而谢林的出发点是以客观为中心的主客体：自然。谢林哲学仍然是一个纯粹的认知领域，它继承和发展了康德的认知哲学思想。费希特的绝对自我同一性原则影响了谢林的本体论同一性原则。

作为一位费希特主义追随者,谢林从费希特哲学的角度对康德哲学进行了批判,但是在批判的过程中,他意识到了费希特的自我意识的两个缺陷:第一,在终极意义上,费希特的"自我"不是"绝对"的,也就是说,它不是完全无条件的,而是有条件的和相对的。因此事实上,"自我"和"非自我"之间仍然存在矛盾,二者的身份是毫无根据的,绝对不可能被谈论。第二,在知识的可靠性方面,费希特把不独立存在的纯粹主观的"自我"作为最高原则,这必然会失去"知识的真实性"和"理论的确定性",从而剥夺科学知识的前提,但是也只有这样的科学知识才是客观可靠的。

因此,谢林的同一哲学是对费希特哲学的扬弃,两者的区别在于:前者是客观唯心主义,后者是主观唯心主义。黑格尔(1978)[154]指出:"那最有意义的、或者从哲学来看唯一有意义的超出费希特哲学的工作,最后由谢林完成了。谢林的哲学是与费希特的哲学相联系的较高的纯正的形式。"黑格尔的唯心主义哲学体系也是扬弃谢林早期哲学的结果,谢林在费希特的哲学中非常重视这一基本原则,但这一原则并未得到满足。关键在于,费希特的同一性仅存在于自我意识中,即主体与客体之间已建立的认知关系。因此,谢林认为自我意识之外仍然缺乏自然,原因是本体的绝对物不仅表现在自我意识中,而且表现在本质上,表现在双方而不仅存在于一方绝对自我的主体意识中。"绝对"其实就是否定双方的综合。谢林指出,费希特的主客体以主体为中心因而不能充分表现"绝对"本体论,所以有必要建立主客体之间的认知关系,使客体归属于自然。

作为原始行为的绝对自我是费希特本体论的基本思想,费希特的本体论是永恒运动的精神运动,它反映了人类在本体论活动中的认知运动。谢林将费希特的永恒运动思想注入实体,使实体成为运动的源泉,费希特哲学向谢林哲学的发展是必然的。费希特哲学的基本原则是主体与客体基于自我的同一性,这种同一完全是自我意识的同一。它用"自我=自我"来解释"自我存在"。根据这一观点,自然的真实性并不在于它本身,而是来自于绝对的自我。自然规律不是自然的内在规律,而是理性的内在规律,自然是理性的。费希特思想的实质是对康德"人为自然立法"思想的继承。谢林不同意费希特的观点,即身份只存在于主体自我中。谢林认为,有必要从自然层面即客观层面确立主体与客体的同一性。通过这种方式,谢林认为"绝对"是否定双方的最高综合,而不是来自我或自然。这种综合是一种绝对的、无差别的综合,它消除了双方的差异和对立,成为绝对同一性。

二、谢林的同一哲学与自然哲学和先验哲学

谢林认为，作为哲学的两个可能发展方向，先验哲学和自然哲学在原则和方向上完全对立，但又是相互依存、相互补充的。谢林从"宇宙精神"演进的角度阐释了"自然"和"意识"，他完全否认二者是完全一致的，而不存在任何区别。先验哲学和自然哲学被一分为二的根本原因是它们的任务是完全相反的：先验哲学的任务是把精神的东西排除在实在的东西之外，而自然哲学的任务是借助实在的东西来说明精神的东西。因此《自然哲学体系初稿》和《先验唯心论体系》虽然都是关于同一体系的著作，却是从不同的理论视角展开推演的，二者相互补充。

（一）同一哲学与自然哲学

黑格尔高度评价谢林早期的自然哲学，认为其理论贡献不在于他利用思想认识自然，而在于他彻底地改变了自然思维的范畴，即用概念和理性的方式去解释自然。他不仅揭示出这些形式，而且还企图构造自然、根据原则来发挥出自然。

19世纪后半叶开始，随着自然科学研究逐渐脱离哲学特别是自然哲学，自然哲学由原来的实证科学研究的工具变成了阻力。但谢林自然哲学并非如此，它一方面使我们了解自然对象本身，另一方面帮我们更好地理解科学本身的实质。实在论的基本假设是一个形而上学的前提，其基本主张是在人类自身之外，存在着一个绝对客观的对象世界，这个客观世界不依赖人的精神和精神世界而存在。相对于人类而言，自然是一个完全不受人影响的自在的存在，但是只要人类用精准的主观意识和客观的方式进行探究，就一定会发现大自然隐藏在深处的规律。谢林首先将自然看成是一个有机体，而且主体本身就从属于自然，是自然界不可或缺的组成部分，谢林的自然哲学能保持现实性的主要原因在于它不会把思维的主体性看成与自然相对立，相反，只有将自然置于人类的认知范围，自然才能成为真正的知识的对象。

费希特的知识学尚未探讨关于客观世界的方面，谢林的自然哲学填补了这一理论空白，他也因此被黑格尔称为"近代自然哲学研究的奠基人"。谢林从绝对同一性的角度审视自然，认为自然是存在而不是存在者，其本性就是无条件，即是一种自在的存在，自身构成自身。这种自身建构的绝对活动就是自然哲学中的绝对同一性。真正意义上的自然绝不是一个以主体为基础的客体，而是以世界普遍同一性为宗旨、自我超越的自在统一体。

谢林的自然哲学在对主客对立的反思性哲学进行批判的基础上，以探索事物的本质为旨趣，即对存在本身与自然本身固有的自在秩序的反思。正如谢林指出的，当人类的精神疾病的单纯反思主导人的心智时，作为人类最高存在根基的精神生命就受到了严重的损害，因为精神生命只能通过同一性来获得。同一性原则是自然原则和意识原则的同一，对应的世界就是物质和意识的同一。反之，知性反思会导致无穷无尽的二元对立，只有用思辨考察绝对同一性时才能得到真正的自由思想。依据绝对同一性的原则，自然也是具有同一性的。这些不同层级的自然虽然表现为从物质向精神的逐级递进，但是由于绝对同一性原则的限定，各层级之间的区别不存在了，精神和物质之间的区分消失了，最终走向了一体化。

谢林对自然的演绎进程体现了完备的自然辩证法思想，虽然他对于事物的认识最终只是停留在数量的阶段，并且认为各种各样的自然事物发展到最后都是趋于同一，但通过具体研究自然的各个层面的物质演进和发展，他尤其强调对立斗争在自然事物的形成和发展中的重要意义。

谢林认为，因为自然本质上就是绝对的理智和绝对的精神体现，因此自然就是一种绝对的存在。但是在人类的理智和意识出现之前，它还是绝对不自觉和无意识状态。自然发展的整个历程就是从绝对的不自觉和无意识的状态，演进和过渡到自觉和有意识的状态。只有通过人类理性，绝对才能真正领会到精神实质。

谢林将自然界的进化分为两个主要阶段——无机和有机，并进一步将无机分为三个阶段——磁、电和化学，有机也划分为三个阶段——植物、动物和人类，而人类被看成是处于自然界的最顶层。在谢林看来，自然进化的不同阶段是绝对理性在无意识的自我直觉或创造过程中形成的级次，在其具体理论展开中，他指出自然界所有进化的根源是力，这种力是一直理智的无意识的直观，具有无意识的创造力，与创造性活动密不可分。

（二）同一哲学与先验哲学

《先验唯心论体系》被认为是谢林同一哲学的经典和"发挥得最充分的著作之一"。先验哲学是谢林哲学的基本组成部分，其主要任务是以绝对同一性为基础展开关于意识的思考。先验哲学与自然哲学背道而驰，前者以主观事物为第一和具有绝对性的东西，并以主观事物为基点，将认识延伸到客观事物，以此来说明自我和自然界彻底的同一，主体就是客体。

谢林把先验哲学划分为理论、实践和艺术三个级次，意识的各个级次必须贯彻主客观绝对同一原则。经过理论哲学—实践哲学—艺术哲学这样的一个发展过程，理智直观的级次也随之不断提高，而这些全部的过程构成了完整的先验哲学的体系。理论哲学强调其必然性，探讨客观事物怎样决定思想并最终使二者趋向同一。理论哲学强调的是意识与自我意识的生成过程、直观创造活动，并外化为原始自然界；实践哲学强调的是自由意志，探究思想如何决定和同一化客观，通过自由的、有意识的创造活动，产生出道德、法律、历史世界等"第二自然"。作为必然和自由的同一，作为先验哲学的最高任务的艺术哲学，重点探讨现实和思想的同一性问题，最终成为同一哲学体系中不可缺少的独特一环。在艺术哲学阶段，先验哲学达到了与黑格尔理论的同一性体系高度的一致性，自我实现了自由与必然、有意识与无意识的统一。

三、同一哲学的绝对同一性

谢林的《先验唯心论体系》是把主观的东西放在首位作为基本理论依据，并以此为起点建构起来的哲学。从出发点的角度看，他和康德的哲学都是从主体出发引发的思考。谢林认为如果观念的精神世界与现实的客观世界之间没有一种"预定的和谐"，客观世界不可能适应人的内心表象，人的内心表象也不可能去反映客观世界，这种"预定的和谐"便是主客体之间不言而喻的同一性。

（一）绝对同一性

谢林的同一哲学主要体现在《对我的哲学体系的阐述》和《再次阐述我的哲学体系》这两部著作中，同一哲学的体系因勾连起自然哲学和先验哲学而趋于完整，并成为其整个思想体系的核心。《先验唯心论体系》则是其"同一哲学"体系形成的标志。其理论体系的运思逻辑是，首先通过先验哲学原理和概念展开理论理性和实践理性的研究，并借助于自然目的论的研究与艺术哲学的逻辑关联性，关注人类社会历史的规律，认为只有借助于人的自由行动才能揭示出这种规律。谢林（1976）[29]在其《先验唯心论体系》的导论中得出这样的结论："到此为止，我们只是一般不证自明地设定了创造自然的无意识活动和表现在意识中的有意识活动的同一性。"这种同一性的来源是主体还是客体呢？谢林强调知识体系只有回归到自己的起源时，它才能被认为是完整的。所以，也只有在自我中才能够证明知识体系的同一性。谢林指出，自然哲学和先验哲学都否认存在是本原，而认为唯一实体存在于一个绝对的统一性之中，这个绝对性对于自身既是原因也是结果，既包含了主体又包含了客体。我们把这种同一性界定为自然，更高层次的同一性界定为自我意识。自我意识的边界无限延伸与渗透到知识的各个领域，并且在各个方面具有无上的地位，以致当时的哲学最终都可看成是对康德和费希特哲学的继承。其次，谢林提出了作为先验哲学和自然哲学统一体的同一哲学体系。他在《先验唯心论体系》中没有明确说明同一哲学的核心是什么，在其后的《对我的哲学体系的阐述》中，他首次将自己的哲学体系冠以绝对"同一性哲学"，这也是对自然哲学和先验哲学在更高层次上的综合。

谢林以知识的最高原则为理论出发点，形成了"绝对同一性"的基本哲学思想。他总结"绝对同一性"的基本原则是，在我们进行认识活动的时候，客观的东西和主观的东西是统一的，因此我们不能简单地判断二者之中哪个在先，哪个居次。因为其中没有所谓的第一，也没有第二，两者并存，关键是两者就是同一个东西。而这个绝对的同一个东西，还"不假任何中介"。换句话说，它们从始至终就直接地、无媒介地联系在一起。这种"绝对同一性"作为哲学的最高原则，是对象及其概念、事物和表象的统一，即"同一的同一"。它主要包含两层意思：第一，这种"绝对同一性"不是介于物质和精神二者之间的中立物，而是从万事万物中衍生出来的精神实体。这种最高层次的"绝对同一性"本身就"既不是主体，也不是客体，更不能同时是两者，而只能是绝对同一性"（谢林，1976）[250]。作为包含主体和客体的"绝对同一性"，也意味着至上认识能力与至上本体的统一。第二，"绝对同一性"的至高至上性将一切实在的东西包罗于自身，因此它不仅是世界的起因，还是世界自身。谢林认为，"绝对同一性"既是所有有限事物的始源，又是主体与客体、自由与必然的基础。"这种绝对是个人和整个人类自由行动中的客观事物和主观事物和谐的真正依据。"（谢林，1976）[260]他还指出，"绝对"是不可被描述和界定的；它不是认识的对象，而是信仰的对象，如同永恒的"上帝"，能够掌控自然和历史的发展进程，统领主体与客体、自由与必然、思维与存在的绝对同一性。

谢林继续展开理论推演，虽然"绝对同一性"没有区别、对立和矛盾，但由于它是一种精神力量，就必然具有某种无意识的冲动，从而能够进行认识活动。所以，它就从"无差别的同一性"中超越出来，把自身区别开来，形成了思维与存在、主体与客体的"原始对立"，这样，万事万物在主客体的"原始对立"中生发出来。简而言之，从谢林的观点来看，自然和精神是互通的、相互可见的，两者是"绝对同一"的，这形成了谢林哲学的基本原则。

（二）理智直观：把握绝对同一性的基础

为了把自然哲学和先验哲学整合到一起，同一哲学体系必须把本真之物与思之实事统合到"绝对理性"这个综合的概念中。作为一个整体，它不分主体与客体，是时间与空间、自我意识与自然的有机统一体。"（同一）哲学须落脚于理性，这种（绝对之）知把事物视为自在之物，视为理性内之物。"（Vater，2001）[349] 绝对的理性即一切，在它之外空无一物，这样它就成了自身同一的全体。理性逻辑的法则即同一律（A=A），在此命题中，两个 A 分别是主词和谓词。绝对理性将一切囊括在其自身之内，并且不受任何外在他物约束。所以他物的存在必然是与自身"绝对同一"的。

绝对理性设定主客体的差别，人类如果试图思考绝对理性，就必须思考主客体的差别。同一是指在差异中的同一，差异也必然是指在同一中的差异。有鉴于此，任何综合判断必然实指事物的量（同质相对）的差异，而量的差异又特指主客体在同一性中的分配比例。"同样的同一性被设定为主体和客体，前者主观性比重大（思之实存），后者客观性比重大（物之实存）。"（谢林，1976）[250] 谢林认为把握绝对同一性的唯一方式是以数量的差异为基础的同一，也就是说形式上的绝对同一性首先是主客体在量上的无差别。

谢林把绝对同一性看作是自我与自然这个同一体系的两个方面，他认为绝对既包含意识也包含无意识。自然发展和精神发展相互贯通，相互转化。但是谢林将绝对理性理解为直观，这一点不同于黑格尔的哲学核心在本质上被理解为概念，理解为合乎逻辑的东西。谢林将这种有别于经验感性的直观称为"理智直观"。客观世界对于人的主观意识来说还是原始的、没有意识到的存在，艺术哲学是哲学方法论中最基础的部分。

这种理智直观区别于感性直观，一方面，是所有概念和推理等中介所不可及的；另一方面，这种理智直观总是在进行创造，而且创造者和被创造者是同一的。理智直观就是"自我"按照一定的规则行事的理性行为，这种理智直观是最高层次的精神活动，因而是最核心官能和把握"绝对"的基础。

全部的哲学都起源于，并且只能起源于同一本原，此本原是绝对同一体且不具有客观性。问题是，如果此本原是我们哲学思考的必要条件，我们何以可能通达它呢？谢林在《先验唯心论体系》中指出，不言而喻，这个绝对本原是不能用概念来通达的，"唯一方法就是在一种直接的直观中表现这个绝对不客观的东西"（谢林，1976）[273]。

谢林认为绝对可以定义为理智直观，从本质上说也就是理智直观，从这个角度说，把绝对当成理论出发点也就意味着把理智直观当成理论出发点。作为无差别的绝对同一性，其实内含着无意识的欲望和认识自我的冲动，从而与原初的无差别的同一状态区别开来，在自己内部形成分化和对立。换句话说，绝对同一体相对于理智直观，必须通过直观活动表现出来。而正是由于这种自我直观活动，绝对同一体首次整合了主体和客体。

谢林哲学把理智直观看作自身哲学思维的工具，因此，谢林哲学的基本特征就是"同一哲学"和"理智直观"。同一哲学是对知识的最高原则的理论表达。那么，知识的至上原则和唯一基础是什么呢？谢林（1976）[162]回答："一切知识是以客体与主体间的符合为其基础。"只有主观的事物和主观的事物相融合，不能形成真正的知识。相反，真正的知识必须建立在对立事物的融合基础之上，即知识的最高原则和基础一定是主观与客观的绝对同一。

启蒙运动弘扬理性，哲学和社会秩序也是用理性建构，谢林哲学的方法与之完全相反，特别偏重艺术直观，并认为只有少数天才才能达到此境界，这实际上是回退到神秘的宗教哲学。谢林试图利用理性建立新秩序的理论出发点，事实上却成为旧的社会秩序和伦理秩序用来压制新事物的工具。谢林将主客体的矛盾隐匿在主体内部，通过主体的感觉弱化这种矛盾，并使其最终消失在感觉和艺术中。这样，哲学和谢林所指称的艺术就成为纯粹个人的东西，丧失了客观性和普遍性，走上了通往神秘主义的道路。

（三）同一的中介：自我意识

1. 费希特的自我意识

费希特开创了以自我意识为基本原则的哲学，开创了一个全新的传统——把自我意识作为整个哲学的基础，自我是哲学的全部内容的根源。所以，从这个角度来看，哲学也首次成为以自我意识活动规律为研究对象的一门科学。费希特认为，在绝对哲学中自我意识可以设定一切，它是全部知识学的基础，而知识本身由许多范畴组成，所以自我意识在设定一切的同时，还在对知识的范畴进行划分。因此，范畴可以看成是自我意识进行思维的时候，在自我分化和自我区分的过程中自然而然地被建立起来的东西。所以，知识的所有内容就是自我意识自我设定、自我生成的东西。在自我意识概念的基础上，费希特吸收了康德哲学的精髓，对笛卡儿的哲学原则进行批判性的继承，并将思维的最高规则归因于自我意识也就是绝对主体，而不是思维本身。

费希特认为自我是哲学的全部内容来源，自我意识是整个哲学的绝对原则和基础。自我意识作为主体能够进行自我设定，也具备这个能力，而且自我是先验的，也就是自我先于自我的设定活动。自我在自身内设定的第一个命题，就是自我=自我，这个命题明确了我与我之间是同一关系。然而，本质上这只是在形式上的同一，没有任何实质性的规定。为了对实质性的内容进行规定，费希特引入了非我的概念，来与自我相区别。非我与自我对立，而且非我制约自我，消耗自我。事实上，非我特指存在于自我内部的区别。因为自我与客体处于对等的地位，从而无法从客体那里获得内容，这种情况下，自我必须进行一分为二的自我分化，将自身设定为对象性的东西，从而扬弃绝对的同一关系。但是当自我中萌发出自我差异的时候，自我已经从纯粹的存在转变为对象化的存在。主体把自身分化为存在差异的客体，从而也就得到了实质性的规定和真实的内容。在处理自我和非我二者的关系问题上，费希特既没有把自我绝对化，也没有把非我绝对化，而是运用相互作用的原理将二者纳入一个统一体，并把它们相互作用的结果视为实在性。

为了得到实在性的内容，自我引入了非我，这样自我也被对象限制，纯粹的自我中体现出了差异性的因素。但是从另一个方面来看，因为非我来源于自我，所以差异其实质也是来源于自我，即自我通过设定非我，使自身得到了对象化的界定。非我和自我在自身内部相互否定，相互界定。自我界定了内含于自身的差异，并对这些差异进行了扬弃。正如同费希特（1986）[137]所说："非我本身就是设定自己的那个自我的一个产物，而根本不是什么绝对的被设定于自我之外的东西。"正是由于自我和非我的相互作用，一种全新的真实性关系便出现了，而全部知识学的根本目的也正是揭示这种关系。

费希特将康德认识论中的自我意识扩展到本体论，将康德认识论中的客体必须符合主体的原则提升到实践和本体论意义，开创性地提出了自我意识创造世界的观点。然而，费希特提出的自我意识仍然是纯粹的、主观的，其实质和黑格尔的绝对精神如出一辙。

2. 谢林的自我意识：先验哲学的唯一对象

谢林在德国古典哲学中起着承上启下的作用：上承费希特哲学，特别是他的早期哲学就是对费希特哲学的扬弃，并利用费希特的自我意识概念改变了费希特的观点。从本质上说，谢林将主观自我意识原则发展为客观自我意识原则，这是哲学史上自我意识原则的发展维度首次被调整。同时，下启黑格尔哲学，关于这一部分下文再详细讨论。

谢林高度重视主体与客体的同一性，甚至还将这种同一性归结为自我意识。他的理论目的不仅在于社会历史中的人类行动自由，更是积极探寻人类社会的发展规律，认为只有借助于人的自由行动才能揭示出这种规律。

谢林试图通过强化主体和客体两个方面来达到一种新的公平，甚至他承认有意识活动的客观性，但他最终还是将这种同一归结于主体性和自我意识。

谢林的哲学从自我意识出发，但又超越了主观哲学的框架。从他这里开始，自我意识进入客观实在的领域。从这个角度来看，谢林对于自我意识的原则进行了批判性的继承；谢林哲学承袭了康德和费希特开创的自我意识原则，以自我为基点构建哲学体系，全部哲学的内容都源于自我；但是谢林的自我意识又超越了主观的范围，进入了现实和客体领域。谢林认为，自我意识不再是单纯的思维的主体，而是自然和世界的主体。从这个意义上说，虽然谢林哲学仍然沿用自我的概念，但其哲学发展已经完全转向了。

谢林哲学对费希特哲学的超越明显表现在，谢林把自我意识从有限的主体领域扩展到无限的客体领域。实际上，谢林早年受费希特的影响比较大，但时间很短，到了1801年，两人之间观点的裂痕就无法填补了。谢林从《对我的哲学体系的阐述》开始与费希特分道扬镳，走上了否定费希特知识学的道路，意识到费希特是主观唯心主义，而他自己是客观唯心主义，前者认为自我就是一切，但后者完全相反，一切才是自我。他这里强调的是一种绝对的自我意识，也就是自然中的自我意识。因为他认为，人的自我意识不会做出绝对终极规定的东西，而只有在自然中与绝对精神相似的理念存在才能做到。也只有谢林这样认为，自我意识除了存在于主体性之外，还与客观存在不可分割。

谢林认为自我意识是一切（包括知识、自然和存在）的绝对原则。谢林之所以将自己的哲学称为同一哲学，是因为他认为绝对实在的东西是存在于主客体的绝对同一性之中的，它既是原因又是结果。这种同一性即是自然，其最高层次就是自我意识，甚至世界也只不过是自我意识的另一种形态。谢林的哲学体系也正是以这一思想为基本出发点。他想阐明的基本理论是作为存在和不断建构的自然，不是由其他任何东西构成的，而是由自我意识建构的。他进一步提出虽然自然受同一原则的支配，但自我意识的力量却起主导作用，即自我意识构造了物质，但从实质来说它在构造自己。谢林指出，纯粹客观事物其实不是基本的，而只是现象。作为存在的原则的绝对，只能是自我意识。但是作为绝对主体，自我并没有停留在冥想的状态，而是在思想中实现了创造性直观——理智直观，也就是说，作为主体的自我意识，借用理智直观，将自我对象化为客体，这种把自身变成自己对象的创造活动就是理智直观活动。但是自我是一种纯粹的、无限发展的创造性活动，仅凭借这种活动自我不可能成为创造的产物。因为这种思想只能获得抽象的同一性，也就是说，自我不能在无穷的思考中去思考自己。把自我和自我的抽象的同一完全等同，是毫无差异的同一，完全没有真理可言。为了避免这种抽象思维带来的抽象同一性，自我在思维时就必须给自己划定一个范围，也就是自我同时将自我和外部事物一起直观为对象性的东西。因此，自我就获得规定性。当自我将自身定义为一个特定的对象时，实际上也就是把自身限定在某个特定的直观中。因此，通过某种创造性的直观活动，自我把自身对象化为一个客体，即自我在直观中被自己限定为一个对象。

谢林重视主体和客体的同一性并将其归于自我意识，自我意识统领一切知识，是所有知识的来源，是先验哲学的最高原则，也由此规定了先验哲学的形式与实质。在这一最高原则统领作用下，内容和形式相互影响、相互预设。自我意识因为只有它才能通达最高知识，兼具同一和综合两种属性，所以才能成为科学的至上原则，成为所有知识的先验哲学。作为绝对真知，自我意识是主客体的直接同一，是被表象之物与表象之物的同一，被直观的东西和进行直观的东西也是同一的。

先验哲学研究的唯一对象就是自我意识，对其进行理解和把握的法门就是要理解谢林的自我概念。谢林指出，自我意识自己创生自己，理智的直观就是这种把自己对象化的创造性的活动。自我作为理智直观活动是不证自明的，其本身就是绝对自由的。

第二节　黑格尔的思存同一性哲学

在谢林那里，虽然主客体实现了同一，但是这种绝对同一性缺乏内在差异，他只是对绝对同一性进行了抽象的表达，但并没有证明其正确性。因此，谢林的绝对同一性缺乏证明和辩证形式，缺乏进一步的规定性。主体和客体的同一在黑格尔那里得到了充分证明，黑格尔借助他的思辨辩证法，为主体与客体的同一增加了活力，最终论证了思维与存在的同一。

一、黑格尔同一性思想的社会现实基础

继谢林的"绝对同一性"之后，黑格尔从"理性矛盾"入手，对谢林的"绝对同一性"的观点进行了改造，在此基础上提出了"实体即是主体"

的观点，使其成为绝对精神，并从逻辑上系统地推演出宇宙万物，涵盖了全部的自然界和人类社会历史。这样，黑格尔变革了传统的辩证法，建立起了思辨的辩证法，构建了一种新的形而上学。黑格尔将传统辩证法的抽象同一性改造为思辨辩证法的具体同一性，将传统逻辑的一般否定改造为否定之否定的辩证肯定，将抽象的普遍性改造为具体共相，从而论证了思维与存在的同一。

黑格尔从法兰克福到耶拿后，思想上出现了一个重要的转折点。在耶拿早期（1801—1803 年），黑格尔在谢林同一哲学的影响下建构自己的同一哲学体系，这一时期，黑格尔在古典精神的基础上实现了西方古典和现代精神的初步融合。就思想而言，黑格尔在耶拿之初，就和谢林一道处于当时德国哲学发展的最前沿，从黑格尔在耶拿初期的思想看，大体上他是将自己的思想和谢林的思想视为一致的，并在他自己的论文和手稿中大量采用谢林的哲学术语。

黑格尔在耶拿时期主要关注的问题有两个方面，一方面，正如此前他在给谢林的信中多次表述的那样，理论体系的建构是他当时最为紧迫的事情，而在这一时期，黑格尔对体系的构建在方法上深受谢林同一哲学的影响；另一方面，黑格尔真正关注的问题是德国的现实问题，而在当时普法战争的背景下，这个问题就显得更加紧迫。现实问题的解答必须依赖于对现实的深入理解和思考。对于黑格尔来说，无论是理论体系的建构还是德国现实问题的解决，最终都依赖于其思想的真正核心：精神。如何理解精神本身，如何看待欧洲历史上出现的不同的时代精神和民族精神，尤其是如何理解和把握法国革命以来的时代精神，依然是黑格尔在耶拿时期最主要思考的主题。

在黑格尔所处的 18 世纪末至 19 世纪初的这一历史发展阶段，虽然德国已经经历了宗教改革，社会思潮深受启蒙运动的影响，资产阶级力量不断壮大，但是在总体上德国仍然是半封建半资本主义的社会。跟欧洲的强国相比，德国的发展处于相对落后的状态。此时，德国经济占主导地位的是手工业，手工工场和建立在其基础之上的地方贸易，明显带有封建性和保守性，典型代表就是小资产阶级，虽然他们有成为大资产阶级的强烈愿望，但行动力很弱，他们没有能力也缺乏胆量领导人民革命。因此，在当时经济发展滞后、政治上四分五裂的德国，几乎不可能像法国一样进行彻底的大革命。受此影响，当时的知识分子具有明显的矛盾心态和双重性格，黑格尔就是其中之一。因此，当法国大革命已经高呼实现了自由的时候，德国的唯心主义思想家只能在观念中实现思维自由。"建立合理

的社会形式的具体的历史的努力,在这里变成了哲学的反思和建立理性观念的艰难劳作。"(马尔库塞,1993)[4]

黑格尔所指称的分裂,绝非泛泛而论,而是实有所指。黑格尔从一开始就要克服,来自罗马帝国时代以来由基督教带入西方人的意识之中的此岸和彼岸、现世和来世之间的分裂,尤其是当时德国的分裂。黑格尔(1994)[11]说:"分裂是具有地区性的。在僵化的反思的形式中,作为一个与现实世界相对立的思维着和被思的存在的世界,这种分裂落在西北。"这里的西北是指当时的德国。从黑格尔前期的思想看,如何克服社会生活中德国的分裂,是他思考的一贯主题。在他看来,中世纪基督教会和国家、精神生活和尘俗生活的分裂和对立,在当时的德国仍然保持着,它就是黑格尔一直与之搏斗的对象。在黑格尔看来,正是这种根本的对立,导致了德国的分裂。同时也可以看到,黑格尔试图用古希腊哲学来克服德国社会分裂的现实。他此前的对民族宗教和生命宗教的构想是为了克服由基督教产生的生命的分裂与异化,耶拿时期其哲学同样是为了消除这种精神的分裂。"分裂是哲学需要的源泉","当统一的力量在人的生命中消失,各种对立失去了它们活生生的联系和相互作用而获得了独立性的时候,哲学的需要就产生了"(黑格尔,1994)[9-10]。

二、黑格尔对谢林同一哲学的批判与继承

(一)对康德哲学和费希特哲学的批判

黑格尔区分了康德哲学和费希特哲学的两个方面:一方面是他们提出了主体和客体同一的思辨原则,奠定了同一哲学的基础;另一方面,在他们那里,这一原则并没有得到彻底的贯彻,而是知性或者对立占据了体系中心。黑格尔(1994)[2]认为:"在知性形式的演绎之中,思辨的原则,主体与客体同一,得到了最确定的表达。知性的理论接受了理性的洗礼。相反,当康德把作为理性的这个同一本身,使之成为哲学反思的对象,同一在自身那里消失了。"不同一性被提高为绝对原则,而不可能是别的。

整个费希特哲学体系的出发点是绝对自我,自我=自我,或者自我就是一切,自我与非我处于绝对对立之中。主体和客体的对立贯穿于全部费希特的哲学体系之中。在自我的每一种规定以外,总是存在着一个非我,像康德的物自体一样,作为一个无规定的东西,一个绝对的他者,与自我绝对对立,自我和非我不能走出这种对立而达到同一。费希特发展了康德的以主体为中心的"哥白尼式革命"。"既然我对在我之外的事不能

改动，我们决定对在我之内的事加以改变。"（谢林，1976）[252] 康德和费希特都强调客体服从主体，也就意味着扬弃了以前以客体和自然为中心的认识论哲学。

（二）对谢林同一哲学的批判

谢林哲学其实就是对费希特哲学缺陷的一种反拨，即恢复自然的独立地位。布尔指出，谢林用普遍的、绝对的、包含自然的自我取代费希特的特殊的、主观的自我，从而完成了德国古典哲学从主观唯心主义到客观唯心主义的转变。谢林实际上是从康德、费希特到黑格尔的一个过渡环节。然而，同样是客观唯心主义，谢林哲学与黑格尔哲学的区别在于：前者把主客体同一归结于自我意识，后者则归结为绝对精神，这其实是完全客观化和外在化了康德的置于主体之中的纯粹理性。

黑格尔的《费希特与谢林哲学体系的差别》在德国哲学史上具有非常重要的意义。《费希特与谢林哲学体系的差别》促成了费希特和谢林之间思想差异的清晰化和公开化，宣告了客观唯心主义（同一哲学）的产生，这是完全不同于康德和费希特的主观唯心主义（反思哲学）的全新哲学体系，促使德国古典哲学由主观唯心主义向客观唯心主义转化。在《费希特与谢林哲学体系的差别》、《信仰与知识》和《论自然法》中，黑格尔一而再、再而三地从哲学出发对康德、费希特和谢林进行批判，表达了要用理性哲学克服反思哲学的强烈愿望。

黑格尔追随了谢林多年，在其著作《精神现象学》出版后，他并没有全盘否定谢林的同一哲学。他认为谢林同一哲学有其合理之处，同一哲学强调思维与存在的统一性，从而与不可知论划清了界限。不过黑格尔对谢林的"无差别的同一"观点是持反对态度的，并将其作为最基础的思维方式，其批判主要从两个方面进行。

首先，黑格尔指出，谢林关于主客体的同一只是数量上的差异，而不是本质上的对立。"绝对是自身同一之物"这一命题不能解释真理产生的过程；坚持绝对同一性只能导致"纯粹的光明就是纯粹的黑暗"（黑格尔，2009）[108]，思想领域的形式主义的方法，就像画家只会用红绿两种颜色一样，只用红色描画关于历史的，只用绿色描画关于风景的。不管天上的、地下的，"一律用这样的颜色涂抹"（黑格尔，2013）[10]，这简直是最坏的统一方式。其次，黑格尔认为谢林纯粹的绝对同一性不具有真理性，因为真理是一分为二和合二而一的实现过程，是对立统一永恒发展的过程，"它是单一的东西的分裂为二的过程或树立对立面的双重化过程"（黑格尔，

2013）[11]。因此，谢林纯粹的绝对同一性不能形成绝对的真理。与谢林的绝对同一性相反，黑格尔坚持辩证的同一，即具体的同一。由于两者同一的理论基础不同，也导致了两种不同的方法：谢林的方法是理智直观，黑格尔的方法则是辩证理性。

由于谢林认为绝对的本质是理智直观而不是概念，所以，与黑格尔的哲学的论证方法不同，谢林理论中关于绝对的论证，是以理智的直观为基础的，而黑格尔则依照概念的内在逻辑进行。虽然谢林肯定了一点，即绝对必须利用分化来突显自身，如果没有这种分化与对立活动，绝对永远不可能被认识，不过，他仍然坚持这种绝对同一状态可以独立于分化和对立而存在，而且这种状态只有绝对通过理智直观才能回归。也就是说，当绝对同一体达到自我认识之后，世界也就无所谓差异、对立和矛盾了，最后回到取消了差异、对立和矛盾的绝对同一状态。此外，谢林所指的分化、差异、对立和矛盾，归根结底只是数量上的差异，而不是质的差别，所以并不能形成真正的分化、差异、对立和矛盾。他认为，任何有限的存在其实质都是主客体的统一，是绝对同一体的另一种体现。但其中的主观成分和客观成分在数量比例上是有差别的，或者以前者为主体，或者以后者为主体。谢林把这种数量上的差异称为"级次"或"因次"，并认为每个特定的"级次"或"因次"体现着数量上的差异，但是不论如何，绝对同一性却一直存在着。进而他把同一性也区别出不同的层次：物质是最低层次的，自我意识是最高层次的。也就是说，物质以客观成分为主体，而自我意识以主观成分为主体。整个自然界或物质世界由客观的成分决定，因此被视为客体；整个主观世界由主观成分决定，因此被视为主体，这二者是相互独立的"相对的全体"。但是，从根本上说这两个世界是绝对同一的。主观的世界包含着客观性，主体就是客体；反之，亦然。

在谢林的哲学中，主观世界和客观世界之间的对立只是体现在数量上的差异，基于这个数量差异二者构成了绝对同一体中的两个对立面。但是与此同时，由于受绝对同一体的支配，它们之间具有内在同一性。而且正是由于绝对物是这两个内在方面的结合体，同一也最终克服了它们之间的分离和对立。归根结底，具有数量差异的有限存在物是受自身没有任何数量差异的绝对同一性支配的。谢林认为，绝对是"主体和客体的绝对无差异"或者"绝对同一性"，在绝对中，主体和客体完全泯灭，它们在绝对中是不可能存在的，它们只能存在于绝对之外，而不是在绝对之中。因而绝对在谢林那里实际上就是一个纯粹否定的东西，绝对的差别与有限的世界绝对对立，结果谢林的同一哲学又重新陷入二元对立之中。在绝对同一性中，主体和客体是被扬弃的，但是因为它们存在于绝对同一性中，它们同时存在，正是它们的存在使知识成为可能，因为在知识中二者的分裂部分地设定起来。谢林通过将主体和客体统一于绝对同一性之中，否定的理性完全抛弃了有限的领域，而投身于空虚的无限之中。这种绝对同一性，黑格尔称之为"无色的光"。这种绝对同一性，表面上克服了一切有限的东西之间的对立，其实这只是一个幻觉、一个梦而已，它与杂多的有限物还是处于对立之中。

谢林绝对同一哲学，真正克服了笛卡儿以来心物两分、相互独立的二元论，特别是康德哲学认识主体和客观自在之物的二元对立，甚至看似克服了唯物主义和唯心主义的对立。谢林将自己的先验唯心主义称为"先验唯心论"，实现了观念活动和现实活动的统一，反叛了费希特仅仅侧重于主观活动、以主观自我为最高原则的唯心论。费希特无法充分地对现实进行解释和把握，也就不能真正地把现实世界与自我结合起来，其关键原因在于费希特并没有真正地将自我上升到"绝对"的高度。事实上，谢林提出的绝对的同一体是世界的本原，其观点并没有克服唯心主义和唯物主义的对立，更没有超越这种对立而建立起更高的体系，只是提出了与费希特主观唯心主义相反的客观唯心主义。毕竟，谢林的绝对同一性是统摄万物乃至整个世界的客观精神，这种客观精神既区别于物质与精神之间纯粹中性的东西，也不同于两者的某种混合物。绝对的理性是一种无意识的精神力量和"纯粹意识"，区别于人的优先的经验意识。

（三）对谢林哲学的超越

黑格尔之所以认可谢林，是因为两人都承认：绝对精神是客观的、无所不在的宇宙精神，是世界的本原，而人的理智只是绝对精神自我演化过程中的一环。绝对精神从根本上说是运动、生成和发展的，因而也是具体的。这种绝对精神最初处于无意识的和盲目的状态，经过长期的发展，最终被人类意识到。

《精神现象学》是黑格尔在1805年冬天至1806年10月完成的一部重要著作，在此期间，黑格尔在耶拿任教，所以这段时间属于黑格尔的耶拿时期。黑格尔和谢林在耶拿时期有着密切的合作，但是也是在耶拿，他们最终因不同的学术观点而出现理论分歧。因此《精神现象学》的出版具有双重意义，既体现了黑格尔哲学开始脱离谢林哲学的影响，又标志着黑格尔建构客观唯心主义体系的开始。在此以前，黑格尔主要以康德的实践理性为理论工具，分析批判基督教外在的、强制的"实证性"，对当时德国的各种哲学体系从自己独特的视角进行分析。在给谢林的信中，黑格尔明确表示，他必须把自己年轻时候的理想转化为一种反思形式，也就是说，转化为一个体系。因此，在构建哲学体系过程中，黑格尔尤其重视反思的作用，而谢林哲学的基本原则是"绝对同一性"，主客体之间没有任何差异，其最终目标不是包含了对立和否定的绝对无限物。由于谢林否认反思，造成了他和黑格尔的哲学体系存在着极大的区别。

黑格尔《精神现象学》中的"精神"的任务，也是他整个哲学体系所要回答的问题，同时也是他生活的时期所面临的时代问题。自文艺复兴和启蒙运动以来，在人类理性觉醒之后，黑格尔对自己提了一个基本要求，即实现这众多的统一，以此来证明人类理性是自然界的终极目标。谢林的哲学看起来好像既讨论自然，同时也兼论了人，但他没解释作为这种统一的力量的绝对精神是来源。他只是对绝对精神的存在进行了形式上的规定，但没有进行必要的论证。反观黑格尔，他从人类社会发展过程的角度论证了绝对精神。他的这种学术研究路径的形成依据是整个自然界中只有人类是有意识的，并且能够具有自我认识、自我完善和自我发展的能力，也只有在人和人的现实活动中才能发展出客观的绝对精神。

黑格尔认为谢林的绝对同一性的最大缺陷在于，谢林在他的哲学中没有对绝对同一性进行真正的逻辑推演。谢林一方面把自然彻底地推导到主体，另一方面又把自我完全地引向到客体，但其实真正的彻底的引导只能用逻辑的方法。所以黑格尔改造了谢林的"绝对"范畴，指出"绝对"应该内在于主客体而不能超越于主客体之上，并且"绝对"是发展变化的，因为实体即是主体。从本质上看，主观事物与客观事物是可以相互转化的。

（四）黑格尔哲学体系的初步构想

通过对费希特和谢林哲学的批判，黑格尔清楚意识到他的任务就是要把两者统一起来，将哲学提高到一个新的高度。在耶拿前期，黑格尔在同一哲学的思路下进行这种综合。与谢林认为绝对是超越的观点不同，黑格尔认为绝对是内在的，世界在绝对之中发展，这个过程的实质就是绝对自身的展开和显现。绝对同一性内含了同一和非同一，或者说完全的同一和差异的同一，其实质是一个从同一发展到差异，进而发展到同一与差异统一的不断发展和循环往复的过程。

黑格尔从认识出发，将绝对的这种发展过程分为直观、反思（概念）和先验直观这三个基本阶段："纯粹的知识（即无直观的知识）是矛盾中的对立面的消灭；没有对立物的综合的直观就是经验的，被给予的，无意识的，先验的知识联合反思和直观两者，它同时是概念和存在。"(黑格尔，1994)[26] 就对绝对的把握来说，健全人类理智把握绝对的第一个环节即直观，反思的知识把握绝对的第二个方面即概念，而在先验知识中，直观与概念统一起来。直观与知识或直观与反思的思辨统一，黑格尔称之为先验直观。黑格尔将反思作为认识的第二个阶段，并将它与直观一道纳入先验直观之中，鲜明地表达出他要统一费希特反思哲学和谢林同一哲学的意图。因此，黑格尔的先验直观或者先验知识就具有了更丰富的含义，知识的这个概念是全新的，它包含了认识活动的正题、反题和合题，并被以为是这三个阶段的统一。

在这里，黑格尔首次对他的哲学体系进行了描述，它是黑格尔后来全部哲学体系的胚胎：在理性的自我生产中，绝对形成一个客观的总体。这总体是一个自身负荷并完成了的全体，不在自身外有根据，而是在其开端、中点和终点上自我奠基的，一个这样的全体表现为诸命题和诸直观的有机体。理性的每一综合和与之相应的直观，在思辨中统一起来，作为有意识的东西和无意识的东西的同一，自为地存在于绝对之中，并且是无限的；而与此同时这个同一就其设定于客观的总体之中并在自身外是有其他的同一而言，它又是有限的和受限制的。最没有分裂的同一性——客观方面为物质，主观方面为感觉（自我意识），同时又是无限对立的、完全相对的同一性。理性作为一种客观总体的能力，通过对立面来完善自身的同一，并通过将二者进行综合而达到一个新的同一，但这种同一在面对理性时又是有缺陷的，因此要不断地自我完善。既不能称作综合又不能称作分析的体系的方法，当它表现为理性的展开的时候，就最纯粹地表现出来。

通过从哲学的角度进行思考，黑格尔认为绝对是全体，是一个不断地自我分裂、自我展开、自我回归的过程，也就是一个绝对自身不断对立又不断扬弃的过程。在绝对的这一发展过程中，绝对并不会将自己的产物消灭掉，而是将它们作为自己的现象保存下来，这一绝对愈是展开，它自身也就愈是丰富，而同时也就是对于自身更为深刻地把握。

三、黑格尔的概念辩证法：同一性理论的集中体现

黑格尔的逻辑学的任务主要是界定其哲学观点、思维方式和体系结构，其中，概念论又是逻辑学的逻辑起点，黑格尔认为概念是存在的本质，存在是概念的外化，概念自我扬弃和外化的结果是形成了把真与善融为一体的世界。所以，概念自身的辩证运动演绎出解释世界的以主体性原则为主导的主客关系模式，这种模式的理念和内容是：概念通过自身的外化与扬

弃，即自身主观和客观的差异与矛盾的展开、否定达到概念自身的统一性。黑格尔的逻辑学由"主观逻辑体系"与"客观逻辑体系"两部分组成，而真理之所以在黑格尔哲学中具有极其特殊的意义就是因为它是概念论的认识对象本身。

黑格尔的思存同一性是指事物的存在只有与思维相符合时才是实在的；同样地，思维不断地通过自身扬弃、实现自己从而达到与存在的一致。以"绝对理念"作为理论核心的思维与存在的辩证同一是整个黑格尔哲学体系的核心、出发点和终极目标。"对立的一面是存在，对立的另一面是思维。包括对立的两面于自身中的就是绝对——这个概念是同时包含于它自身内。"（黑格尔，1980a）[292]

（一）黑格尔概念论中的概念

黑格尔认为，辩证法既不是古希腊哲人经验直观的朴素辩证法，也不是康德的逻辑思辨的先验辩证法，而是突显人类精神能动性和自由本性的概念辩证法，其能动性集中体现在解释所有问题时不仅把真实的东西或真理当作实体来看待，同时还要当作主体来看待。黑格尔概念辩证法其实质是概念本身自我对立、自我否定和自我发展的逻辑推演过程，概念范畴本质上是脱离、反对表象思维和知性思维的，既区别于认识论的来自表象的僵化的逻辑界定，又区别于传统逻辑中用来表达对象的抽象范畴。换句话说，它是一种无限的知性形式，而且它是有内容的，它的内容就是概念的包含了否定的辩证法则的自我运动，即在自身之中包含否定，同时还在否定中保持自身的同一。

1. 概念既是主体又是实体

黑格尔（2009）[185]在《小逻辑》中强调，"只有概念才是真理，或更确切点说，概念是存在和本质的真理"。说明黑格尔的概念以及概念的确定性真理与传统哲学的知性范畴及其普遍性完全不同。所以，概念以实体为直接前提，实体是概念自在地表现出来的东西。黑格尔的逻辑学是通过否定性思想与本体论统一起来的，从某种意义上说就是本体论。黑格尔在《精神现象学》中综合了斯宾诺莎的实体与费希特的自我意识，从而提出实体在现实性上就是主体的思想作为其自身的哲学原则。

对于斯宾诺莎的实体和费希特的主体的思想，黑格尔进行了批判性的继承。黑格尔认为，斯宾诺莎的实体是一个没有生机的、僵化的和死气沉沉的深渊，所有的一切都被这个无限的黑暗淹没，不可能有任何东西从中产生，而费希特的主体只是脱离了实体的单纯的行动。黑格尔把主体和实体结合起来，提出了"实体即是主体"的原则。

"实体即是主体"的原则是黑格尔整个哲学体系基础的关键原则，他认为这一原则的正确性只能通过体系的本身来确证，只有实体即是主体，实体是活的能动的东西，这样实体才是一个运动过程，即建立对象的过程。在此过程中，实体进行着一分为二的双向运动：一方面，实体与客体对立，又想进一步克服这种对立；另一方面，主体也把客体看成自己的他物和异于自己的存在，这样客体似乎回到了主体，主客体达到了同一。因此只有把实体同时理解为主体，实体通过对象化实现自身，才能经过这种异化和扬弃异化的过程最终真正实现同一。

作为真正的具体同一的概念，既是实体又是主体，是实体与主体的同一；既是必然又是自由，是必然与自由的同一。在逻辑学中的概念论部分，由于"概念的绝对同一性"，概念进入了一个"主观的或自由王国"，而这种绝对同一性在普遍性、特殊性和个别性三个层面都表现出来了。同样地，黑格尔的"大逻辑"把"自身区别"的实体本身划分为普遍性、特殊性和个别性三个不同的总体，从而揭示出从实体到主体的转变；这三种总体同根同源但又有所区别，可以说是同一总体、同一自身——概念，并且是同一个反思，这种反思就是对自身关系进行否定。所以，作为实体或绝对实体的概念，与一般实体的区别在于具有绝对否定性和"自身区别活动"，从而使得实体不再停留在普遍性的抽象力量层面，而是内含着特殊性的"具体的普遍性"，概念具有了具体的普遍性或自身同一性。因为实体往往会具备一种普遍性的力量，在实体的绝对本质前所有有限的和特殊性的东西都会被否定，因此，实体这个概念本身就具有"抽象否定性"的特征，在实体的同一性中特殊的或个别的规定都被全部否定，实体也是支配和统治这些特殊或个别规定的绝对力量。这样，概念也从原来的抽象否定的普遍实体转变到具有了具体特性：普遍性和特殊性也具有了一而二、二而一的关系；普遍性、特殊性和个体性这三个总体，其中的每一个都包含了另外的两个。因此，每一个都是三者的全体，集中体现在概念的同一性之中，被概念的同一性统辖和支配。

2. 概念是具体的概念

概念的具体性根本就体现在"概念同它自身的否定的统一"，而这里的否定其实质就是概念的绝对自我否定。黑格尔在《哲学史讲演录》的序言中，专门论述了"具体"概念涵义：具体是不同规定之间的统一，甚至是相互矛盾或对立的规定性之间的同一。他进一步指出，哲学最敌视抽象，它引导我们回到具体。真正的具体与抽象理智或知性的"非此即彼"相反，是多种规定性的统一甚至是对立双方的同一性。所以，概念表面上看是抽象的，其实是具体的，它就是主体本身。

作为一种"绝对形式"的概念，既创造了万事万物，又存在于它们之中并支配它们，使它们实存，而且有序、理性；但同时这个概念也具有绝对的否定力量。任何不符合或偏离概念的事物都将被概念本身否定甚至消亡。所以黑格尔认为，概念才是全部生命的最高原则：虽然概念是形式，但是它通过无限性和创造性的形式，本身获得了充实的内容，而且还不为这些内容所限制和束缚，最终成为一个完全具体的东西。

概念是具体的，同时也是丰富的、有内容和诸多规定性的，但这些内容和规定性不再是通过外部杂乱地拼凑或聚集，而是经由概念本身的同一性得以贯穿和统一，并且在概念自身同一的形式之中一切的内容和规定性都被扬弃然后得以存留。因此，从这个角度来说，概念才是那真正的自为的存在，这也是概念主体或主观性的集中表现，而这些丰富的内容和规定性就完全成为为了概念的存在而存在。黑格尔"绝对唯心主义"就是这种概念的具体性和主体性的逻辑表达：逻辑学是从抽象到具体、从"客观逻辑"到"主观逻辑"的演进。概念或思想发展得越纯粹，也就变得越具体、越丰富，越具有主体性或主观性，最终就成为至上的和绝对的"主观性"、"主体"或"人格"，同时也是绝对的、单纯的自身同一性：一切以它为基础，在它自身之内，而它自身却保持单纯或绝对的"自我同一性"。

与我们通常认为的具体事物不同，概念的具体性是指概念包含着单纯规定和抽象观念特征，体现了普遍性、特殊性和个体性的统一。概念的普遍性是指概念自身包含着中介的同一——它是通过自身而且和自身中介，与外部的事物无关。概念的特殊性是指隐藏在概念中的差异性或者规定性，也是一些现实的真实属性。概念的个体性是指概念特殊性的外显表现。这三个特征密不可分，特殊性体现了普遍性与个体性，个体性又是普遍性和特殊性的统一，普遍性包含特殊性和个体性。因此，概念不仅是多种规定的综合，而且通过自身内部矛盾的发展，扬弃之前的思维范畴之后也纳入自身之内，使概念从抽象的形式转变为具有具体的内容。从思辨概念的形式来看，概念不是只有空虚的形式而缺乏内容的。黑格尔把这样的概念称为能表现自我的主体，而主体的这种自我表现正是自我意识的精髓。对象是概念的外化，因此，对象必然会成为概念的对立面，制约着概念。也就是说，概念和对象分别对应了主体和客体。随着认识活动和实践活动的深入，主体进一步同化客体，主体深入到客体内部发现了深藏其中的内部实体就是主体，主体返回到概念中。

另外，概念是逐步、系统地考察对象内部的、本质和必然的联系，并将其综合考虑的结果。真理性是概念的特征之一，但不同于判断的真理性，概念的真理性是指主观与客观相符合，即主体的广义表象或认知与对象相符合。虽然思辨真理也属于符合论的，但这里的符合特指事物与其概念的符合。思辨真理应该从本体论意义的主客统一的概念出发，通过理性原则和概念本身来证明。通过概念判断人们意识到事物的本质与它们的概念完全一致，从形而上的角度看，真理就是思想内容与其自身相符合。

3. 概念是思辨的概念

黑格尔将其哲学命名为"思辨哲学"。在哲学上"思辨的东西……在于从对立面的统一中把握对立面，或者说，在否定的东西中把握肯定的东西"（黑格尔，1976）[39]。黑格尔哲学的任务就是肯定形而上学的科学性及确认其在哲学上的重要地位——作为关于绝对真理的知识体系。在这个过程中，思辨概念是形而上学要成为关于绝对真理的科学的关键。

按照一般的常识，概念被理解为与客观事物相对的主观的产物。但思辨的概念与通常理解的概念不同，康德超越了传统的认识论，把概念称为"知性范畴"或"先验范畴"，范畴是知性的先天思维形式，其功能主要是把感性材料综合起来产生知识。黑格尔对康德的这一思想进行了批判性的继承，他称这个概念为"客观思想"或"纯粹思想"。客观思想是指它既是思维规定的体现，又是事物本质的体现，所以黑格尔才会说"思想就是事物""事物就是思想"，强调了思辨概念的本体论意义。

理解思辨哲学的核心基础是概念。黑格尔从狭义和思辨意义这两个方面来把握概念：狭义的概念（有限概念或知性概念），是传统哲学中形式逻辑和先验逻辑的研究对象，是不能把握无限的概念；思辨意义的概念（简称思辨概念），是思辨逻辑的研究对象，之所以被称为客观思想是因为思辨概念既是思维规定，也是事物或存在的本质。其中前者是思辨概念的形式，后者是其内容。黑格尔认为，传统的知性逻辑认为概念是一般表象，是毫无生机的、虚无的、抽象的形式，概念只是从对象的纷繁复杂的特点中归纳出普遍性，认为不同的概念是相互对立的。这必然导致概念不能正确地指导现实，而且还与现实相对立。与之相反，思辨概念也就是具体概念，不是对于抽象普遍性的概括，而是包含着真实而具体的内容，概念之间也不是非此即彼的外在对立关系，而是逻辑演进过程的诸环节。客观思想就是主观形式和客观存在之间统一的概念。黑格尔直接指明，其思想就是体现事物实质的概念，"概念不是作为具有这种自由性的思想存在着，而是有血有肉的"（黑格尔，1983）[301]。

（二）概念的思存同一性

黑格尔哲学的任务是通过概念的逻辑把形而上学转化为辩证法，用辩证逻辑重建传统形而上学，从这个意义上说，概念既是主体又是实体。黑格尔明确指出，哲学应该把确认思想与和经验的一致性作为自己的宗旨与目标，以调和自觉的理性与事物自在的理性，即实现理性与现实的统一。黑格尔"思存同一性"哲学的精神实质即在于此。哲学之所以能够完成这个任务，是因为作为一种特殊的思维方式，哲学能使思维上升为认识，理解对象的概念式的认识。

黑格尔认为，作为人类思维的最高形式，哲学必须首先研究存在、思维以及二者的辩证关系，以达到思存同一性的目的。因此，哲学的首要研究对象就是存在，从存在着手开始研究，由此黑格尔开创了以存在为研究对象的思辨逻辑学，形成了思辨存在论并将其作为他的逻辑学的第一部分。通过概念界定思想，借助思想界定事物，因此，概念就是思想界定的事物，这即是概念的思存同一性。黑格尔哲学的思维方式的特点正是：与对概念的知性理解相对，从思存同一性的角度对概念进行了具体的界定。

1. 概念的逻辑推演

黑格尔用辩证法改造形而上学的致思取向是：运用概念的辩证理性，反驳作为传统形而上学的基石的抽象理性，从而达到思维规定感性。其概念辩证法可以从以下两个方面展开：一是思存同一性，即概念是思维和存在同一性所规定的；二是思维与存在差异的内在表现，是在概念自身的辩证运动中实现的。所以，黑格尔的辩证法是概念由抽象同一性达到具体同一性，具体表现为：以"思存同一性"的先在逻辑为前提，探索概念本身从抽象到具体的辩证运动，即概念辩证法。

黑格尔在逻辑学中对概念的推演顺次经过存在论、本质论和概念论。在存在论阶段，概念处于潜在状态，各个规定性还没有展开，这时的概念是抽象的。而到了本质论，本质是对直接存在的否定，这种否定不是简单的消灭，而是保持着肯定的否定或扬弃。本质通过对存在的规定性进行反思，将直接存在否定为对象。因此，在本质论中，黑格尔采用的是反思的观点，是从底层和表层的相互反思来说明事物的本质和存在的。因为存在论和本质论同处于客观逻辑的层次，在客观逻辑的范围内，存在和本质的矛盾无法得到彻底解决。只有将概念论置于主观逻辑的框架内，存在和本质才能实现完全统一。但概念的发展也并不是没有矛盾的直线式的进展，而是"主观概念"借助概念的特殊化和客观化，推演出"客体"，并引入目的论的解释，借此又从"客体"进展到"理念"，从而最终达到了由内到外再到内与外的统一，或由普遍到特殊再到普遍与特殊的统一，或由思维到存在再到二者的统一。构成这一过程的核心环节是一种双重否定：一方面，概念为了超越自身的主观性和内在性，通过自我否定和自我分离，外化为客体；另一方面，概念否认了外在事物的客观性和外在性。

黑格尔的逻辑学由本体论、认识论和价值论组成。其中，本体论和认识论通过同一概念的演绎过程紧密地、不可分割地结合在一起，追求同一目的：本源地对世界进行认识和解释，探究现实世界存在和发展的理性根源，探索世界的本质，论证现实和理性的统一，最终找寻和确定一个终极的价值取向。逻辑学集中在对于世界的解释，其核心观点是首先认定概念是一切事物的本质和依据，是现实世界发展的内在驱动力和实质力量。现实世界则是对于概念全部规定性的展开和客观化，最终结果是主客观的外在对立被扬弃。作为概念的思存关系的绝对统一的善和自由，是主体价值追求的终极目标，也是世界必然进程的最终目的。逻辑学认识世界和解释世界其实就是概念这一终极实在的自我展开与演绎的辩证运动。所以，这种遵循本体论意义上的终极实在的逻辑演绎解释世界的方法，同时体现了作为本体论与作为认识论的逻辑学的性质和内容，它还表明两者实质是从同一理论的两个方面解释世界。同时，逻辑学将概念从潜在发展到现实的辩证过程转变为主客体的矛盾运动过程，并以扬弃主客对立、实现主客统一为最终目标，通过本体论、认识论和价值论这三个方面的理性论证，确认了善和自由的终极价值。最终，也实现了以逻辑学为导向的价值论，并将本体论、认识论和价值论融合。

因此，逻辑学的理论构建有三个层面：①本体论层面，从事物和世界的本源、存在依据的角度，将概念界定为宇宙的终极本体。②认识论层面，将在概念内部展开的主客体关系及其辩证法，作为对世界进行终极解释的理论基础。③价值论层面，将客观世界发展的目的和理性的终极价值归结为善和自由。在存在论和本质论的基础上，概念论的目的就是终极存在和终极解释的根基，而终极价值在于概念的辩证法通过发展所指向的善与自由。

本体论层面，概念论把概念当作终极实在，通过特殊化和客观化形式展开概念与客体二者的关系，并以此为出发点阐明概念的本质——是现实世界发展演变的内在基础和实质力量，是可以超越主客二元对立的唯一本体。作为本体论的概念论乃至逻辑学的最基本的观点归结为概念是事物的本质。所有对事物、世界的解释都源于这一观点，所有存在的事物都被视为本质的表达与概念的外化。这一概念论的基本观点是在本质先于存在的原则的基础上得出的。在本质论阶段，概念只是在客观逻辑意义上使用，作为普遍形式用来表现事物本质的互相反思的规定性。只有在概念论中，通过概念的普遍性、特殊性和个体性这三个环节的推导和演绎过渡到客体，才能表明概念不仅是主观思维的基本细胞，更是达到事物本质的途径，事物经过概念的特殊化和对象化才是其直接存在的真理。概念本体论涉及两个方面的过程：一是具有普遍性的概念经过特殊化的推演，也就是普遍性和个体性通过特殊性的自我否定相互转化的过程。这说明真正的个体是包含了特殊性的普遍性，是二者的统一。而概念各规定性外化为客体或存在，现实事物通过概念的普遍性、特殊性和个体性三阶段的发展得到统一。二是凭借主观概念的客体化，把概念的特殊化视为客体化，以此来说明"存在是概念的外化"（黑格尔，1978）[283]，客体即是概念的直接的外化的存在。这样，概念被确立为存在的本质。

2. 思存辩证同一的基础：绝对理念

黑格尔哲学是"绝对理念"不断自我演绎、发展的理论体系，其外在形式就是否定之否定的结构——正题、反题和合题，最突出的体现就是思维—存在—思维，也就是正题—反题—合题。相应地，"绝对理念"的发展阶段就是逻辑阶段—自然阶段—精神阶段。在逻辑阶段，"绝对理念"以超时空的纯粹形态存在、演变，到了自然阶段，外化形态不能在时间上任由发展而只能在空间中展示其多样性，到了精神阶段，在时间和空间中同时发展，结果是从外化形态返回到它自身。这也就是黑格尔的哲学由逻辑学、自然哲学和精神哲学三部分组成的原因。

绝对理念是黑格尔逻辑学最后和最高的范畴，是前面范畴的最高统一，这种统一是绝对的全部真理。此时，全部的区别、差异、对立或有限性都被扬弃了，绝对理念成为"绝对同一性"。具有绝对同一性的绝对理念，既是理论与实践的理念统一，也是生命理念和认识理念的统一。理念是主客观的统一，而绝对理念则是主客观的绝对统一或同一。绝对理念是理论理念与实践理念的统一。因为在理论理念中，是客观性决定和统一主观性，认识的主体被客体统一，其统一原则是通过扬弃主观性或主体的片面性，由客观性来实现主客体的统一；反之，在实践理念中，主客观的统一是让客观与主观相统一，客体被主体统一，其统一原则是通过扬弃客观性或者客体的片面性，由主观性主导而实现主客体的统一。不过，由于绝对理念是绝对同一性或者绝对的主客观统一，要同时扬弃主观性和客观性的各自片面性，从而达到既统一于客观性又统一于主观性。

在绝对理念中，一旦真理得到了实现，所有内容都回到了绝对真理，绝对理念开始直观这些内容与它自身，从而把自身和这些内容区别开，并纯粹地思考自身，这又成为绝对理念对自身的"纯粹形式"或绝对"自我同一性"的永久直观，这种直观就是要深入影响到自身的一切环节、内容与过程，从而使这一切相对自身成为毫无障碍的融合，进而直观地视自身为"纯粹形式"和"绝对的自身同一性"，这种"单纯形式"和"单纯"的自我同一性，就是贯穿了整个逻辑学并推动逻辑运动的思辨的辩证法。

虽然绝对理念将全部的丰富的内容都包含于自身之内，但它不仅没有变得复杂，反而变得简单。思辨的辩证法的单纯理解其实就是与直观一切内容的活动相统一，绝对理念借助这种辩证法和单纯的形式直观一切内容以及它自身，从而实现绝对同一性，绝对理念就是绝对同一性的真理。绝对的同一即绝对的自身同一，这绝对的同一扬弃了一切的区别、差异、对立及有限性，并且把一切内容统一到这一绝对同一性中。

3. 黑格尔具体的同一是强调差异的同一

黑格尔指出，康德以前的认识论的主要缺陷是没有区分思想本身和思想对象，即没有把思维中的东西与对象的真实本质区别开来，认为思维的对象与内容是同一个东西，思维的内容与思维的对象本身是一而二、二而一的关系。因此，这种认识论顺理成章地认为，思维的规定就是对事物的基本界定，并将此观点进行推论，认为思维能够把握所有存在，也就是只要思维能达到的，这一存在本身就已经被认识了。这种思想其实质是将思维的规定直接等同于事物的基本规定和真实性质，事物的本真作为被思维的客体是通过思维思考的东西，从而成为思维形式。从某种意义上说，其理论本质就是：思维创造出事物本身，或者说思维能够直接认识事物，因为思维和它的对象不经过任何中介和内容直接同一，因为它本身是自足和完美的，不需要任何其他东西。由此看出，康德之前的形而上学是纯粹形式的理论而缺乏内容。

关于世界的本原，谢林所认为的绝对同一体是没有任何差异的。在同一体中，完全没有主体与客体、主观与客观、理智与自然、自由与必然、有意识与无意识、理想与现实、无限与有限等的分化和区别。谢林的同一是绝对的毫无差异的同一。黑格尔批判了形式逻辑的同一律，并创建了自己的矛盾学说：作为形式逻辑的同一律即 A=A，由于这种抽象同一性是不包含任何内在差异的，所以它是空洞、孤立、静止的。而黑格尔的辩证法强调的是"具体的同一性"，即蕴含着事物本身内部差异和矛盾的同一性。他认为，"A=A"的同一律之所以不可能产出新东西，是因为它只不过是同义反复的空话，它认为同一与差异的区别是绝对的，而没有意识到"同一本身就是绝对的非同一"（黑格尔，1976）[32]。实际上，同一也是包含着差异的同一，真理也只有在同时包含同一和差异的统一中，才是完整的真理。

差异在黑格尔辩证法中起着重要作用，因为差异是事物的多样性的反映、前提和基础。世界上的所有事物之所以都是自在地相互矛盾的，是由于差异天然地渗透在每一事物之中。没有差异，事物的多样性就失去了存在的依据，矛盾的存在同样也失去了其存在的依据。所以，从这个意义上说，不是简单的对立才构成了矛盾，而是差异构成了矛盾。黑格尔把差异视为矛盾构成的首要因素这一思想是非常深刻的。在客观存在事物中，不是任何差异都对立，只有体现本质的差异才是对立的。

需要指出的是，黑格尔矛盾学说在强调差异的同时更关注同一性，指出要在对立统一中把握对立。不过这里的同一与抽象的同一不同，抽象的同一只是知性的、形式的同一，与差异是对立的。黑格尔强调的是具体的同一，因为这种同一能避免片面性和简单化的弊病，所以才是真正的同一。所以，与抽象的同一将同一视为拒斥一切差异的观点完全相反，具体的同一将同一与差异辩证地统一起来，也就是说是内在包含了差异的同一。

黑格尔认为思维与存在的同一是有差别的东西的同一，但是由于最初差别是潜在的，所以它表现为抽象的同一。抽象的同一会不断超越自身的内在性和抽象性，给自己树立一个对立面，同时又要扬弃对立面的外在性和异己性，即对否定的否定，或差别的扬弃。这就是具体同一的实现。由此，黑格尔的否定是由抽象到具体的运动，也就是由自在到自为的过程。以"否定之否定"的辩证法方式解决思存同一性问题，即把思存的同一看作精神或思想的不断自我否定之否定的过程，在这个过程中，加上历史性这样一个重要载体，精神或思想克服了事物的外在性，达到了思维与存在的同一性。

4. 黑格尔同一对理性的强调

黑格尔整个哲学体系的宗旨就是运用辩证法对自由、理性和主体性等概念进行修正和扩展，最终形成以绝对精神为主体的自我否定、自我发展的辩证的客观唯心主义体系，以达成理性与现实的和解。黑格尔哲学的根本命题是"理性统治世界"这一唯心主义原则。黑格尔的辩证法就是理性的能动性表达。

理性又称绝对精神，是客观精神、客观思想或客观概念的总称，其内含在一切自然事物和精神现象中。在对康德、费希特和谢林的哲学进行批判的基础上，黑格尔开始对理性进行区分。黑格尔（1994）[13]指出："理性表现自己为否定的绝对物的力量，因而是绝对否定的力量，同时又是设定对立的客观和主观的总体性的力量。"理性作为绝对否定的力量，就是"否定的理性"；而作为设定对立的客观和主观的总体性的力量，就是"肯定的理性"：两者有着根本的区别。知性、否定的理性和肯定的理性构成理性的不同阶段，知性执着于有限物和无限物之间的各种对立，理性作为绝对否定的力量或否定的理性，完全否定知性的有限物而陷入"主观的无限性""与客观世界对立的自由王国"之中，它并没有将世界接纳到自身之内，而只是把它作为有限的东西简单地放在了一边。这种否定的理性，实际上并没有摆脱它与世界之间的对立，本质上还是一种知性的变体。真正的理性将知性和否定的理性结合起来，从而将有限物和绝对统一起来。通过这种结合，自由和必然、有意识和无意识的东西就不再处于僵硬的对立之中，而是达到了内在的统一，也就是绝对。这种结合就是黑格尔哲学的根本任务："把存在置入非存在之中作为变，把分裂置入绝对之中作为绝对的对象，把有限物置入无限物之中作为生命。"（黑格尔，1994）[12]

"绝对精神"作为实体是宇宙中唯一客观独立的存在，是宇宙万物的本质和根源。作为主体，"绝对精神"不是静止不动而是辩证发展的。它的特点主要体现为能动性：它首先设定自我，然后在克服矛盾对立面的辩证发展过程中实现和完善自我。这样，黑格尔的实体通过辩证发展的全过程，在自身之中包含了所有的环节，因此它才是全面和绝对的。"活的实体，只有当它建立自身的运动时，或者说，只有当它是自身转化与其自己之间的中介时，它才真正是个现实的存在，或换个说法也一样，它这个存在才是真正的主体。"（黑格尔，1979）[11]因此，"绝对精神"的辩证运动，是自己实现自己、自己认识自己的过程。

（三）概念的自我设定：黑格尔辩证法对形而上学的超越

黑格尔《逻辑学》完成了两大任务：改造旧的形而上学和逻辑，指出：旧形而上学缺少形式，需要形式化；旧逻辑学缺少内容，需要用内容加以充实。为此，他以唯心主义的思存同一性原则为基础，通过辩证法构建了一个宏大的哲学与逻辑融为一体的范畴体系。

黑格尔面临的哲学问题其实仍然是近代认识论哲学以来的主客二元对立的悖论，特别是康德哲学的物自体与现象界二元划分的问题。黑格尔认为，要解决康德的困境必须突破"知性思维方式"的束缚。黑格尔指出，知性思维方式的特点主要有两点：一是"表象思维"，具体表现在它是一种物质的思维、偶然的意识，完全被物质所限制，因而它不可能独立于物质，同时独立存在。二是"形式思维",也就是形式推理,这种形式推理完全地为了追求自由而脱离内容,并以脱离内容为荣,这种思维的典型就是以康德为代表的德国唯心主义。黑格尔还指出,这种思维最大的问题在于,妄图以有限的文字去界定理性的对象,因此,能够弥补这种缺陷而能真正达到对必然性反思的思辨思维,才是真正的哲学思维,而最普遍的思辨思维就是概念。黑格尔辩证法就是以"思辨思维"或"概念思维"超越表象思维,在内容中注入自由的因素,从而使内容能够依从自己的本性规律自行发展,并对这种发展的过程进行考察。黑格尔辩证法就是通过考察客观事物的生成过程,从而揭示知性规定的片面局限性展开的。

黑格尔对形式逻辑的本性进行了深入的批判,他认为,形式逻辑最大的缺陷不是在于其形式,而是在于形式本身只是抽象的形式,缺少能动性,从而没有生成自己的内容;也不是因为其缺少质料,而是因为质料本身是僵死和固化的。所以,形式逻辑的问题并不在于缺乏真正的形式,而在于它们的内容都是被规定了的,并且缺乏一种真正的形式把这些内容统一起来。

黑格尔将形式逻辑称为知性逻辑,并对知性逻辑和思辨逻辑进行了区分比较:在知性逻辑中,主观与客观截然二分,思维被看成纯粹的主观和形式的,而客观的东西则被认为是固定和独立的;在思辨逻辑中,主观性本身是辩证发展的,它会突破自身的范围,将自己扩展到客观性。黑格尔认为,真正的哲学思维是以概念为基本单位,基本工具是思想、范畴,而不是表象,其本质就是反思,"反思以思想的本身为内容,力求思想自觉其为思想"(黑格尔,2009)[39]。以反思为基本特征的概念思维其实质就是认识到作为理性的思维一定会产生矛盾,并会自我否定,即意识到思想自身的本性。黑格尔把这一过程指认为辩证法,即思维在自身中的发展演变,并以此方式从理性的"自我矛盾"中揭示出概念自我超越、自我创造和自我生成的内在生命力,并指出这种否定性是对自我的否定,是全部生命活动的最内在的源泉,这种矛盾性构成了"思维规定的内在否定性、自身运动的灵魂、一切自然与精神的生动性的根本"(黑格尔,1996)[39]。黑格尔概念辩证法的实质就是概念自我否定、自我反对、自我发展的"圆圈式运动",可以说就是否定的辩证运动和精神活动的最根本的内在动因,辩证法的灵魂之所在。

黑格尔指出真正的思维并不是脱离外在的。思维的真实与否与外在密切相关,离外在越近,思维越真实。虽然逻辑学是纯粹和抽象的,但这并不意味着它是缺乏内容的形式逻辑。内涵丰富的思辨逻辑,其抽象也是包含着具体的抽象。与之相对,知性思维只能是有限规定性的思维,比如旧的形而上学的思维即属此列，因为其局限于思维规定的界限之内，并且将这种界限看成是固定的、不可更改的东西，而没有从根本上对这种局限进行否定。由于旧形而上学的思维与其对象都被固定于自身之中，所以只有思维把客体当作是自己创造出来的的时候，它们之间的差别才趋于同一，而僵化的有限思维是无法认识全体的。因此，思辨的辩证法就是要扬弃孤立，而其核心在于扬弃限定的规定性以及思维的自在形式，通过否定性与他在产生勾连，通过重构恢复孤立世界的整体性，从而超越各种独立、彼此自在的规定性，思维和对象同时不再是其自身。思辨辩证法超越了非此即彼的桎梏，使彼此开放和互通，并真正处于一种内部的有机的联系中。

黑格尔界定了两种普遍性，第一种是纯粹的概念的普遍性，即"抽象的普遍性"：由于概念经常性地被人们联想到抽象的普遍性，因此概念也就经常被界定为一个普遍的观念。这种普遍性的概念只是来源于特定的事物，是一个附属品，抽象的普遍性也是通过考察具体事物得到的。黑格尔指出抽象的普遍性与特殊事物根本不同，甚至彼此对立。普遍性对特殊事物描述的唯一方式是同一性，但它又不能过于具体描述。当抽象的普遍性占据了统治地位，它将不可避免地成为与具体事物完全对立的存在，它不仅不代表具体事物和个体，而且还抹杀了具体事物的一切差异，甚至销毁任何与抽象普遍性的同一性不一样的东西。

黑格尔的理论出发点是对抽象的普遍性的批判，对黑格尔来说，摆脱抽象的普遍性不仅仅是指超越抽象性的范围的约束，而且是成为抽象的规定性不确指的东西。具有抽象性的普遍存在的东西，按其真理来考察，本身在概念中也不仅仅是个单纯的东西，而是一个被否定的抽象的东西。其实这是黑格尔对斯宾诺莎"肯定即否定"思想的批判性继承，即当抽象的普遍性从正面对事物进行界定的时候，也就表示它否定了其不是的东西，这种界定针对的只是事物的自在存在，而且是事物抽象的、片面的方面。它只是对事物当下存在的现实方面进行了规定，而不能指出事物的未来发展方向。正是在此意义上，黑格尔提出了他的第二种普遍性的概念：普遍的东西规定了它自己，并且是自为的存在的普遍的东西，也就是说，它同时也是个别的东西和主体。这样，普遍性就不再是一种与事物冰冷分离、将鲜活的事物变得毫无生气的属性或概念，而是把新的物质与精神层面的元素加入到事物之中，即在更高的运动和发展层面上展现这种普遍性。由于这种普遍性是一个不断提高升华的过程，所以它具有真正绝对性。首先，事物经过自我否定，成为自己所不是的样态，以此背离僵化的抽象的普遍性，也就是脱离了事物原来的固化状态，通过否定之否定的运动，普遍和特殊、一和多最终达到了超越纯粹的静态现实的状态。如果把抽象的普遍性视为对现实事物本身的否定，那么这种否定就是否定之否定。经验之物和纯粹概念的更高层次的综合，即"具体的普遍性"，其理论基础就是绝对精神或绝对理念。从某种意义上说，"多"和"一"之间其实就是自在存在的状态与通向自为存在的终极目标之间的对立，而化解这种对立的整个运动过程就是绝对理念从抽象到具体的运动过程，世界的本质就是自在自为的概念，也就是理念。

四、思存同一必然导致哲学体系的总体性

我们注意到，黑格尔虽然以前总是坚持批判抽象普遍性，最后却自身掉入一个悖论之中，即所谓"普遍—差异—新的总体"（否定之否定）这样一种综合的逻辑的怪圈之中，也就意味着通过绝对观念的统治，相互差异、相互矛盾的事物，最终得到的结果还是一个抽象的总体。由于绝对精神这种总体最终会成为一切事物的必然趋势，也就是说，不管事物之间的差异有多大，它们都会被一种神秘的方式收归于一个绝对之中，并最终以绝对的方式展现出来。因此，关键不在于当下事物之间的差异和矛盾有多大，所有的差异与矛盾都会最终消解在黑格尔《逻辑学》所界定的绝对总体性之中。

黑格尔的总体性原则的提出主要是为了克服康德、费希特和谢林等人思想中的二律背反。康德认为物自体和人的主观思维之间的界线泾渭分明，作为本质，物自体及其随之所产生的时间和空间范畴自在地出现于所有的经验之前，是人类一切感觉和经验的基础，是不可能被理性所认识的。也就是说，只是通过纯粹理性，人类不可能认识物自体这个世界的本原，不过，理性之所以为理性，是因为理性本身有认识无限的潜能，即"要求把知觉、经验、知性的知识追溯到无限者"（黑格尔，2016）[306]，但理性自身缺少这种认识总体性的能力，就只能求助于信仰这种直观形式去认识绝对和无限，这样又导致了二律背反：统一的世界被人为地一分为二，一个是通过理性认识的现象界，另一个是通过信仰来把握的本体界。这样哲学无法从总体上认识统一的世界，我们也正是在这个意义上称康德是不可知论者，因此被分裂得支离破碎。

二律背反的思维模式，成为资本主义时代整个科学体系思维模式的基础，虽然确实需要用理性去思考纷繁复杂的现象世界，即近代以来建立起来的自然科学和社会科学，但是由于从本质上看，物自体无法被认知，还进一步导致了对于任何总体性的排斥。虽然哲学在形式上被全部的学科视为存在前提和理论基础,但是对于所有学科存在和发展中的问题,哲学既不能干预也不能进行调整。因此,受这种思维模式的束缚,对总体的认识成为不可能,不过对构成总体的各个部分进行分门别类的细致考察,其结果就是现代科学体系的逐步形成和不断发展,它已经发现了"人在自然和社会中的生活所面对的全部现象相互联系的原则"(卢卡奇,2014)[187]。不过,因为始终没有对所有学科进行总体性的概括,所以当这些具体学科企图把握整体世界时,它们就遭遇了一个不可逾越的障碍。

黑格尔在这里突出的是思想的普遍性-感觉的特殊性和思想的必然性-感觉的偶然性之间的区别,由此也产生了哲学上的分裂与二元对立的形成,从而导致物自体成为一个抽象无物的否定性存在。具体来说,物自体(包括精神和上帝在内)作为一种抽象的对象,是来自对象本身并意识到它的一切联系、感觉以及所有特定的思想而获得的概念。因此很自然地得到,抽离之后所剩的只是一个极端抽象、绝对空虚的东西,只能看作是否定了表象、感觉、特定思维等的彼岸世界。并且还可以看出,这剩下的残留物纯粹是思想并且是不断地趋向纯粹抽象思维的产物。

黑格尔认为,作为科学的哲学其本身构成了一个总体。"自由的思想就是不接受未经考察过的前提的思想。"(黑格尔,1980b)[118] 也就是说,一切哲学的前提都需要进行反思。黑格尔进一步指出,哲学思考一定要有原点,而且这个原点一定是绝对的、无前提的,而其本身是全部科学的前提。不过为了不致导向独断主义,这个原点又须是经过论证的终点,从这个角度去理解,起点和终点构成一个封闭的圆圈。"对于科学来说,重要的东西倒并不很在乎一个纯粹的直接物作为开端,而在乎科学的整体本身是一个圆圈,在这个圆圈中,最初的也将是最后的东西。"(黑格尔,1996)[56] 黑格尔《小逻辑》通过对客观性的三种态度的讨论分析,进一步演化了其总体性理论:其一,哲学不应该在内部将自己划分为彼此分隔的区域,而应该是从起点到终点,通过哲学思考,使各种不同的环节相互联系、不可分割。黑格尔总体性方法论原则体现在其辩证法之中。黑格尔的辩证法其实质就是意识的辩证法,抽象概念通过自身的内在的矛盾运动,即矛盾的潜在状态—矛盾的显现状态—矛盾的消解,达到与对立面的绝对同一,如此循环往复地作上升运动,形成丰富的、具体的绝对精神的概念。其二,哲学思想的客观性,不仅体现为思想逻辑的客观性,而且还体现在对事物本身的把握。其三,哲学内蕴着总体性,这种总体性不仅体现为总体性思维,还体现在思维与现实的同一性中。精神对象化自身的各个环节是有机联系的,后一环节是在它之前的各环节发展的结果,包含了其发展的一切结果、力量和丰富性。绝对精神是一个在自身中包含差异和矛盾的总体，绝对精神的对象化是其辩证发展的全过程，是一个过程的总体。

　　黑格尔以概念自我演绎的方式阐明了总体自身演变发展的理路，即他把总体理解为过程，并认为真理就是总体，是蕴含了诸多环节在内的过程的总体，为了理解这一过程的总体，概念不停地运动，不断地进行异化。黑格尔进一步指出，异化是实现主客体统一的必经之路，只有不断地扬弃异化，才能重新把握对异化出去的概念的本质，才能逐渐把握总体。抽象的事物（包括感性存在和单纯的思想事物），都要经历自我异化与回归自我的过程。因此，此前没有经历过的东西就呈现出它的真实性和真理性。黑格尔用这种方式在康德的物自体、费希特的自我和谢林的理智直观的基础上，创造了绝对精神这个统一的哲学本体，即将主客体统一于自身，集创造者与被创造者于一体，世界就是绝对精神的自我发展，整个历史也是在它自身中展开的。在黑格尔这里，通过绝对精神的运动，历史实现了辩证地发展，主客体一成不变的二元对立消解，二律背反的困境也得到了解决。

第二章 马克思的总体性思想

马克思主义理论的总体性既体现在其理论本身的逻辑体系中，也内含于历史发展的进程中，对于总体性思想，马克思并没有系统而具体地阐发。因此，目前普遍存在的现象是以相对分化的方式理解马克思主义，按照传统研究方法将马克思主义的基本原理人为地划分为三大部分，在各个被分割的领域各自为阵地发展，但是这三个被人为分割领域的研究成果的相加并不能构成对马克思主义理论总体的全面深刻的把握，甚至在这种分门别类的过分解读中根本无法把握马克思主义理论的总体性原则的基本精神。列宁曾经表示"马克思主义犹如一块整钢"（中共中央马克思恩格斯列宁斯大林著作编译局，2009a）[112]，这一说法不仅很明确地指出马克思主义并不是各个部分之间的拼装和组合，而且强调了其融贯一体的理论总体性和有机性。不仅仅要研究各理论组成部分的基本原理，关键更在于以马克思主义理论的总体性为基本的视域，对具体的理论部分进行研究，避免在具体化的细化研究中原则性立场的消退和遗忘。

第一节 马克思总体性思想的形成

总体性是贯穿了马克思主义发展史的核心问题之一，是研究马克思主义基本特征和考察其批判性的基本范畴。在马克思著作体系中，总体性是隐含其中、贯穿其中的核心范畴。虽然马克思在其著作中没有明确地提出和进一步区分这一关键概念，但他在对资本主义进行研究的过程中，始终是把资本主义世界体系看成是一个整体的社会历史现象来进行分析和论述的。19世纪40年代初，当马克思初步开始自己的理论探索时，他模糊地意识到黑格尔哲学中总体观念的重要价值，但与此同时，他意识到黑格尔的总体性是不彻底的总体性，必须加以改造以使其具备彻底性和科学性。与黑格尔的总体性思想最大的不同在于，马克思的总体性思想的形成和发展具有科学的理论基础和深切的人文关怀，他批判黑格尔的总体性思想是空洞的逻辑推演，通过专注于理论体系的建构，使总体性思想实现了哲学总体层面—历史总体层面—生产总体层面的逻辑转变。1847年前后，马克思的总体性思想的侧重点发生了转变。在此之前，马克思强调以实践为基础的人本主义的总体性,关注的是哲学总体和历史总体。在此以后,马克思以历史唯物主义为理论基础,致力于关注生产的总体性,其主要表现形式为生产关系的总体和生产者的总体。马克思特别指出,一切社会关系都由生产的总体最终决定,在社会历史结构中居于核心地位。

一、理论来源:对黑格尔的总体性思想的批判性继承

在西方哲学史上,总体性的本体论是一切哲学的理论基石。只有抽象上升到本体论的层次,哲学才能真正地不受制于具体经验,在理论思维的层面上理解思维与存在、人与社会的本质联系及其变化发展的规律。这不仅表明哲学是最抽象的研究领域,还表明了哲学学科进行研究的根本方法,即作为一种思维方式,试图从最高抽象的层面认识和探究事物的起源、本质及其发展规律。西方近代哲学关于思维和存在哪一个是世界本原的争论,最终要获得的本体论的统一性也就是总体性。尽管古代的哲学家并没有明确提过总体性的概念,但是他们的理论中却蕴涵着总体性思想。古希腊阿那克西米尼的"气"、赫拉克利特的"火"、亚里士多德的"实体说"、柏拉图的"理念论"等都体现了对世界总体性的看法。

总体性的思想在欧洲哲学史上源远流长。在德国古典哲学以前,总体性的观点都具有形而上学的色彩,在哲学体系中居于最高统治地位统摄现象界和个体。把世界描绘成一个总体的哲学本体论的传统一直占据着很重要的地位。近代的哲学家们也从不同的角度去说明世界的本原性总体,但真正意义上将这种思想推向极致的是黑格尔绝对精神以概念逻辑的方式进行的推演。黑格尔的总体性理论的建构是一种"整体的沉思"和"探险旅行",他以存在论、本体论以及概念论为理论基础,探讨总体的存在、本质和生成过程。他建构的总体是以逻辑精神为核心总体,其理论目标是建立以普遍理性为基础的伦理总体性,最终实现个人和世界、个体理性与普遍理性的统一。在他看来,总体性不是一般地将部分简单相加,而是一种绝对的能动力量。黑格尔认为历史是绝对精神在自我认识中展开,在这个过程中,起点就是终点,这样的循环往复形成了认识和历史的完整统一。在黑格尔的理论体系里,总体性范畴和绝对精神是同一的,绝对精神就是普遍存在的、统一而完整的总体,也就是说,总体是一切事物本质的精神实体。马克思认为,归根结底,黑格尔的哲学是建立在虚幻和神秘的基础上,因此在科学地改造黑格尔的总体观和批判他的思辨哲学的过程中,马克思揭示了黑格尔的历史哲学的意义,即在其封闭完整的体系中内含革命的辩证法。通过将黑格尔的辩证法的本末颠倒,也就是将其概念辩证法转换为

物质性的实践辩证法，马克思从概念性总体中分离出历史，在此意义上，历史唯物主义就是关于社会历史进程的总体性思想。当然，这种批判性的继承不是简单的本末颠倒。因为马克思不是从精神性和总体性的角度出发去理解实践，而是颠倒过来，把实践作为理论出发点去把握精神性和总体性的事物，对黑格尔"作为总体的总体"进行了批判性的继承，从实践的总体、具体的总体以及生产的总体这三个方面去把握总体。在黑格尔的庞大的唯心主义理论体系中，理念是核心概念，在历史观上黑格尔仍然用理念来描绘历史的本质，并且理念自我扬弃、自我运动、自我建构起相关历史的理论体系。而马克思认为社会历史得以展开和维系的根本在于人们生产和生活的实践，他从分析作为社会发展根源的经济基础出发，对人们之间的关系进行全面把握。

在批判黑格尔哲学的过程中，马克思逐渐发现了黑格尔哲学的巨大理论价值：除了他的绝对观念的荒谬理论假设之外，其有关具体概念的理论用一种全新的逻辑克服了传统理性主义的根本缺陷，使一切客观存在的对象处在不断地自我生成、自我发展的永恒变化发展的有机体中，而在传统理论中由于抽象的、孤立的形式主义，一切事物和对象都是孤立、静止和永恒不变的。马克思并不是全部照搬黑格尔辩证法的思想，而是对其进行了批判性的创新，吸取了其精髓。因此从根本上说，马克思的辩证方法不仅仅与黑格尔的辩证法存在着理论上的区别，而且截然相反。黑格尔认为主体的思维过程创造了现实的客观事物，客观事物只是主体思维的外在表现。但马克思完全相反，认为"观念的东西不外是移入人脑并在人的头脑中改造过的物质的东西而已"（中共中央马克思恩格斯列宁斯大林著作编译局，2012a）[93]。基于这种理论基础，马克思着手对黑格尔的概念辩证法进行改造。

马克思把哲学思考和现实关注结合起来，批判性地改造了黑格尔总体性哲学。改造的核心在于总体不再是一种精神实体，而是客观历史进程中所包含的具体实体。这样，马克思的总体性观念的理论基础是对人类社会生活的整体的、全面的理解和把握，这种认识不是依据某一个单独的、纯粹自然的或社会的因素，而是从人的社会关系的角度和主客体辩证运动的角度去把握社会历史发展进程，特别强调人的物质存在活动的社会实践性。

马克思对黑格尔总体观的扬弃，不仅是理论的需要，更是社会现实的迫切需求，体现了无产阶级坚定的革命立场，最终实现了对物化社会的全面超越。黑格尔认为国家是总体性理性的体现，国家决定市民社会的产生和发展，但马克思将市民社会视为总体，从市民社会这个总体出发对宗教、哲学、道德等意识形式逐个进行阐述,是市民社会决定国家,而不是相反。此外,马克思从有关劳动和异化的理论出发,对黑格尔的总体观进行批判。黑格尔片面地强调劳动的积极意义,肯定劳动作为人的力量的对象化,但是他关注的劳动是抽象劳动,而不是具体的、活生生的人的社会劳动。马克思对劳动开展了辩证而全面的研究,他既肯定了劳动的积极意义,同时更关注的是资本主义社会异化劳动的消极意义,异化劳动否定总体,从而从根本上否定了人的自由和解放。马克思以异化劳动为理论研究的出发点,把资本主义社会视为一个总体,揭露其隐秘的资本运行逻辑和资本增殖的秘密。此外,中介的概念也是对马克思批判继承黑格尔总体观进行把握的一个关键,在黑格尔看来,中介就是运动着的自身,是自为存在着的自我,二者是同一的。所以,黑格尔的中介作为逻辑推演的必要环节,是抽象同一的,这与马克思理论体系里中介的实质、种类和意义都不一样。一方面,中介经由环节变成方法和手段,那么在现实世界中商品、资本和技术就都是中介;另一方面,中介作为方法被继续使用,其实质是放弃其形而上学的意义,突出其实践意义。中介系统是以实践为基础的,联系主体同客体的纽带,它决定实践活动的方式、水平以及规模。"只有通过对这种中介的扬弃——但这种中介是一个必要的前提——积极地从自身开始的即积极的人道主义才能产生。"(中共中央马克思恩格斯列宁斯大林著作编译局,2009b)[216]

马克思的总体性思想不是在现象和本质之间来回做线性运动,而是在二者之间循环波动,从而形成对事物的全面、系统和总体的认识和理解。马克思指出:"具体总体作为思想总体、作为思想具体,事实上是思维的、理解的产物……整体,当它在头脑中作为思想整体而出现时,是思维着的头脑的产物,这个头脑用它所专有的方式掌握世界。"(中共中央马克思恩格斯列宁斯大林著作编译局,2012a)[701]因此,马克思克服了传统形而上学的直观、片面、缺乏批判和反思的缺点,最终形成自己辩证、科学的总体性思想。

二、马克思总体性思想的演变

通过研究马克思留下的大量手稿和笔记,我们可以发现,马克思的总体观的理论体系是一个逐步完善的过程,而在《资本论》中马克思的总体性思想基础得以形成。从某种意义上看,《资本论》这部伟大的著作是马克思总体观的凝结和集中体现。可以看出,在人类思想史上,马克思首次以唯物主义为基础确立了科学的总体观,并以此观念为基础构建了总体地把握世界的哲学体系。

（一）总体性思想的萌芽时期

把实践作为理论的出发点，促使马克思发现了人的现实本质是一切社会关系的总和。马克思不囿于人自身去发现人的本质，而是从人与外在世界之间的内在联系去思考人的本质。虽然在《黑格尔法哲学批判》、《德法年鉴》和《1844年经济学哲学手稿》中，马克思就开始探讨人的本质，但是将人的本质归结为其社会属性，是在《关于费尔巴哈的提纲》中才提出来的，即"人的本质不是单个人所固有的抽象物，在其现实性上，它是一切社会关系的总和"。在《德意志意识形态》中，这一思想得到了系统的阐发。

马克思认为，现实的个人都表现为个体，离开了个体，人必然是一个不可捉摸的抽象的存在。但是人们并不是彼此孤立的，而是相互联系地处于一定的社会关系中。根据这种科学的总体的观念，任何人都是从属于一定社会的人，现实的个人之间通过联系和相互交往，全部的关系之和构成了社会。

1.《德法年鉴》时期：开始使用总体观

马克思认为总体是一种哲学思维和认知方式，在此理论基础上，他提出了世界的哲学化和哲学的世界化的观点。世界的哲学化也即世界的总体化，是世界作为一个总体在哲学领域的总体性的形成，人们对世界的总体性的认知不断地丰富和提高。是世界作为一个总体不断扩展其范围，不断地走向现实。在这个总体化的过程中，人成为自然和国家的一个组成部分。

在《德法年鉴》时期，马克思关注着两个主题——国家问题和人类解放的问题。马克思在《德法年鉴》上发表的文章中，试图把握人的"社会特质"，强调人不是脱离人类社会之外的抽象存在物，认为世界是人组成的世界，同时人也组成国家和社会。这表明马克思已经开始运用总体观去探讨人的问题以及解决社会现实问题。

马克思是通过批判黑格尔的国家观来展开自己关于国家问题的思考的。在近代思想史上，随着资产阶级人道主义的兴起，人们开始告别了"神学国家观"，开始用人的眼光去观察国家，关于国家的观点主要表现为"社会契约论"，认为国家就是人们之间相互订立契约的产物。这样，国家这个整体就在原则上被分解为无数个细胞，即国家中的每一个单个的人是国家的主体。黑格尔则认为，单个人本身的利益并不是人们相互结合的最后目的，在他看来，国家是伦理精神的现实，"是作为显示出来的、自知的实体性意志的伦理精神"，"国家是绝对自在自为的理性东西"（黑格尔，1961）[253]。

因此，黑格尔认为国家的本质不是个体和个体的人之间的契约关系，而是具有总体性的"伦理精神"。国家是整体，而且是作为理性总体的体现的现实整体。

此前，在《莱茵报》时期马克思对国家的看法基本上属于黑格尔的总体国家观。马克思认为，国家应该集中体现政治和法的理性，因此，理性才是国家的本质和基础。国家作为代表理性的社会存在，它最核心的社会作用应该是将个人和整体结合起来，这样整体才能体现在每个人的意识中。马克思进一步把国家成员看成是国家"活的肢体"的思想是非常深刻的，这一思想发展了黑格尔的总体观，使总体观中的"有机性"原则更加突显了出来。马克思试图从黑格尔的国家观中引出彻底的人道主义的结论，那就是把每一个社会成员都看作国家的公民，看作国家"心血相通的活的肢体"，任何一个社会成员都应该在国家得到尊重。

马克思认为，真正的国家是一种尺度、一个标准，是判明一种国家和法律是否具有现实性的准绳。根据马克思的观点，现实的事物是互不相同的，而且处于永恒的变化之中，因此不能成为衡量理性的标准，衡量事物的标准只能是理性。马克思这时理解的理性就是人的本性，是一切人所共有的，其存在方式是自由，国家只不过是这种自由赖以实现的客观形式，因而真正的国家是理性的体现。但是在历史上，经常出现国家本身不合乎理性的情况，这时就必然会出现国家与国民的对立，国家提供给国民的就不再是自由，社会矛盾就会越来越尖锐。这时，唯一的解决问题的办法就是改变国家，把国家调整到与理性相符合，否则国家会越来越与理性相偏离。此时作为黑格尔主义者的马克思在国家观上是唯心的，但是与黑格尔不同的是，黑格尔的理论目的是为普鲁士国家进行辩护，而马克思虽然在国家背后设定理性，却是把理性当成是抨击普鲁士国家的工具。然而马克思的抨击根本不能触动国家的根本，反而导致被迫退出《莱茵报》。

马克思把总体的人的实现称作"人类解放"，认为人类解放其实质就是使人完全地占有自己的本质，即使人类被异化的本质得到复归。在对人的本质的规定方面，马克思这时已经表现出了与费尔巴哈不同的理论倾向。费尔巴哈是从抽象的自然属性方面界定人的本质，但马克思指出，"人并不是抽象的栖息在世界以外的东西。人就是人的世界，就是国家，社会"（中共中央马克思恩格斯列宁斯大林著作编译局，1972）[1]。

虽然马克思这时对总体性的把握还处于前马克思主义阶段，但是马克思对人类解放的道路设计却体现出了总体性精神。马克思把人类解放同无产阶级革命斗争联系起来，指出无产阶级是人类最终获得解放的"心脏"

和"物质武器",是人类解放的关键所在。无产阶级的解放与人类的解放是一个行进着的总体,无产阶级不能单独获得本阶级的解放,它只有解放全人类才能最终解放自己。

2. 《1844年经济学哲学手稿》时期:对"总体的人"的渴望

马克思在《1844年经济学哲学手稿》中阐述了他在经济研究领域的总体概念,在这本手稿中马克思第一次尝试建立政治经济学理论体系,了解政治经济学在社会和历史大背景下的独特地位。他试图从资本主义社会的整体联系中界定政治经济学研究的对象,因此,对政治经济学的批判被视为对资本主义的整体批判的一个不可或缺的组成部分。

马克思在《1844年经济学哲学手稿》中对异化劳动的揭示包含着对私有制社会进行道义上的谴责,他向往不受肉体需要制约的、自我实现的、自我创造的自由自觉的活动,认为这种自由自觉的活动是人的总体性的体现,并实现和维护着人的总体性。因此,恢复总体性是通过异化的扬弃来实现的。马克思说:"共产主义是私有财产即人的自我异化的积极的扬弃,因而是通过人并且为了人而对人的本质的真正占有;因此,它是人向自身、向社会的即合乎人性的人的复归。"(中共中央马克思恩格斯列宁斯大林著作编译局,2002)[7]扬弃异化、扬弃私有财产也只能被看作对人的总体性的追求,否则就是一种庸俗化的理解。因此,对于扬弃私有财产,马克思反对粗陋的平均主义将其看成是平分私有财产,强调这种扬弃是人的全面发展的途径。

马克思在《1844年经济学哲学手稿》中是把自然界作为劳动的对象来加以考察的。依据异化劳动理论,劳动的基本内容就是劳动者自身的对象化,即劳动者将自身的力量凝聚到产品中,而对象化的基本前提是自然的客观存在,也就是说人的劳动和欲望的对象是自然界。但是,人与自然的关系不仅仅表现在人在劳动过程中对于自然的改造,更为关键的是,人是现实的、鲜活的、生生不息地生活在地球上的生命个体,人同自然界之间每时每刻都进行着物质的交换。人本身就是有生命的、具有自然属性的感性存在物,马克思将这种存在物称作人的"有机身体"。而不依赖于人存在的自然界被马克思称为"无机身体",人的"有机身体"是依赖于、从属于他的"无机身体"的,离开了"无机身体",他的"有机身体"立即失去了存在的现实性,因而人是"有机身体"和"无机身体"的统一体。但是私有制割裂了自然与人的相互依存的关系,甚至使其转化为对立。自然界作为人类生存的基本条件,理应为劳动者供给所必需的生活资料以及生产资料。然而,由于异化劳动,劳动者通过自己的劳动占据外部的感性的自然界越多，越是沦为自己对象的奴隶。自然界不仅不能为劳动者供给生产资料和生活资料，反而作为资本与其相对立。劳动者使自然成为自己劳动对象的唯一途径是通过异化劳动的形式。因此人的全面发展即总体的人的实现，还包含着扬弃自然与人的对立的内容。

资本主义社会的二重化在于：一方面它在异化劳动的基础上把人联结为一个整体，使人互为手段；另一方面，资本主义社会又把每一个独立化为单个的个人，变成脱离社会整体和失去社会性的个人。当然在这种条件下的孤立的个人并不是没有任何联系的，只不过是人与人的关系被物所中介。

马克思从批判导致异化劳动的私有制入手，将人类历史划分为不同的阶段，其中，私有制社会被认定为"非社会"，也就是没有总体性特征的社会，而只有扬弃了私有制的社会才被称为"真正的社会"，即以总体性为首要特征的社会。马克思在这一历史阶段从对上层建筑的关注走向对经济基础的考察，剖析市民社会，建立异化劳动理论，在异化劳动中包含着对"总体的人"的渴望。

马克思认为现实生活中的个人不是彼此分离和孤立的，而是"总体的存在物"。因为人必须从事社会性的生产活动，在生产活动中的人，彼此对对方劳动产品的需要使人处在普遍的社会联系之中。处于生产活动中的人的社会活动及其生产的产品的交换，"其意义都相当于类活动和类精神——它们的真实的、有意识的、真正的存在都是社会的活动和社会的享受"（中共中央马克思恩格斯列宁斯大林著作编译局，1979）[24]。所以人在本质上是社会的存在物，是社会的总体体现。而且马克思这时把人的社会联系看作客观的、实实在在的关系，是一种人们为了满足自己的物质需要，在积极去实现自己的社会本质过程中形成的关系。因为人们之间形成的社会关系是一种客观存在，不以人的意志为转移。而且关键是人们之间的社会联系不是通过抽象的反思形成的，而是根源于个人的需要和对自己需要的满足，也就是说，社会关系的形成是个人在积极实现其存在时的直接结果。

但是在异化劳动中人的这种客观联系被打破了，人的生产都是为了自己生产，生产的东西与他人并没有直接的关系。因此，人们的生产活动不是为了作为社会的人，每个人都将自己生产的产品视为自己的物化的私有品。虽然人与人之间还是存在着交往和联系，但是这种交往和联系是通过物来进行的，物与物的关系压倒了人与人的关系。

从马克思对异化社会的批判可以发现，马克思的理论目标是构建一个人能够真正实现其本质的"真正的社会"。在这样的社会中，人首先是肯定自己，然后创造一个属人的社会，人的社会属性得到恢复。人们之间的社会关系不再是赤裸裸的商品交换关系这种被异化的形式,劳动产品也不再是控制人的魔幻力量,而是满足人的各种各样的社会需求。所以,这种状态的社会才是具有总体性的社会,处于其中的人才是具有总体性的人。

3.《德意志意识形态》时期:"个体总体性"思想形成

在1845年撰写《德意志意识形态》时,马克思和恩格斯"首次对自己所创立的'新唯物主义'和科学社会主义作了系统阐发,其中,辩证唯物主义的自然观、历史观和社会发展学说之间的统一性正是建立在总体观念的基础上的"(张康之,1997)。他们对以鲍威尔、施蒂纳和费尔巴哈为代表的各种各样的唯心主义的历史观以及虚假的意识形态进行了总体性的批判,唯心史观的理论立足点是人的意识,而唯物史观考察历史则从社会现实出发,以物质生产实践为基础去阐述社会意识以及社会的总体性。《德意志意识形态》的创作是马克思哲学总体性思想发生转变的重要标志,其关于总体性的研究对象由哲学总体转为社会总体即社会有机体。在构建总体的社会有机体方面,马克思彻底地坚持了唯物主义,认为社会存在决定社会意识,物质生产方式是整个社会历史的基石,物质生产实践是历史得以展开和发展的基础。"《德意志意识形态》标志着马克思的总体含义有了一个决定性的转变,即总体剥去了原来的哲学抽象,并指向了具体的现实生活。"(刘习根,2013)[93-94]

在《德意志意识形态》创作的这一历史时期,马克思的创作都是基于以个体的人为中心的理论点展开的,他对个体的总体性的渴望得到了集中的体现。马克思认为,社会现实中的个人,虽然受到客观的社会生产力以及交往方式的制约,但是现实的个人是独一无二的存在、具有独立性的个体,是处于特定的物质条件下开展以物质生产活动为基础的各种社会活动的人,因而也是全面的、具有多向度的人。反之,人的社会属性不仅仅表现为人离不开社会,还体现为任何人都处于特定的社会形态之中,而且是具有独立性的个体,有着属于自己的确定位置,处于特定的社会结构之中的特定位置。但是,作为总体性的社会的形成绝不是无数个单个个人的简单相加组成的集合体,而是由现实的社会中的个人相互联系形成的所有社会关系的总和构成的。

(二)总体性思想的形成时期

马克思早期的总体性思想研究专注于抽象的哲学方面,但是当他目睹了现实社会的经济问题以及对整个资本主义的历史进程进行了全面的把握后,马克思开始将理论研究的对象转变为生产总体。在1847年撰写和出版的《哲学的贫困》一书中,马克思更加明确和完善地表述了其总体性思想,指出人类社会是"一切关系在其中同时存在而又相互依存的有机体"。马克思认为,生产力和生产关系之间的矛盾以及在这个基本矛盾上派生出来的各种各样的社会矛盾,都是构成历史地生成和发展的作为在总体的社会有机体的重要要素。到了《资本论》的创作阶段,马克思的总体性思想逐步完善和丰富,他充分阐述和论证了资本主义社会体现在各个方面的总体性特点,指出任何总体的形成和发展都是一个因自身内部矛盾而不断扬弃和超越的过程。同任何客观存在一样,资本主义也要经历一个产生—发展—灭亡的客观的历史过程,这既印证了唯物史观的关于社会发展和社会形态更替的一般规律,也特别指出了资本主义生产方式与其他社会形态不同的特殊本质及其发展规律,从理论上有力地抨击了资本主义学者所宣称的资本主义生产方式永远都不会灭亡的谬论。

此后,马克思通过对历史学和人类学的考察,以"世界历史"为研究的切入点,对人类社会发展的一般规律以及处于不同历史时代的各国家特殊的发展道路的多样性进行了总体性的考察,进一步丰富和完善了科学社会主义的基本原理。总之,总体性原则在整个马克思主义的理论体系中具有至关重要的作用,正是由于科学的总体观作为理论基础和方法论,马克思完成了对于资本主义社会的分析和批判,指出资本主义必然灭亡,人类历史必将进入共产主义阶段。与个人有机体相比,社会有机体更为复杂。不同于自然科学能对考察对象进行分析分解,对于社会这个非常复杂的有机体,只能根据总体的观念来加以把握。

1.《哲学的贫困》时期:首次提出"社会有机体"思想

马克思的总体性哲学首先从概念上分析了异化,以此为基础发现了世界的总体性,认为总体性丧失的根源就是异化,并且寻找恢复和重构总体性的方法。在对社会历史进行考察时,马克思将总体性范畴表述为"社会有机体"。对于社会有机体而言,社会生产这个总体是由生产、分配、交换、消费这四个环节构成的。同每一个有机整体一样,这四个环节不是孤立存在的,而是相互联系、相互影响构成总体,其中生产起决定作用,生产决定分配、交换和消费,反过来,生产又受到分配、交换和消费的影响。正是由于组成有机体的各个要素的相互作用、相互影响,有机体的整体性质及其功能就不能将各个要素自身功能简单相加,这就是所谓"整体大于部分之和",但是这是有前提的,就是构成整体的各个部分要组成一个有机的系统,且各个部分不是毫无差异或者不具有能动性的。

马克思在《哲学的贫困》一书中,首次提出了社会有机体的概念,强调社会有机体是全部的社会关系在其中同时存在而且相互依存。马克思批判了蒲鲁东的观点,认为蒲鲁东提出的仅仅依靠先验的范畴和逻辑公式建构唯心的思想体系的做法,必然会导致社会体系中的各个环节被分割和孤立。马克思在驳斥蒲鲁东把相互联系的各种经济关系看成仅仅是前后相继的关系时强调,"每一个社会中的生产关系都形成一个统一整体"(中共中央马克思恩格斯列宁斯大林著作编译局,2012b)[222]。也就是说,把社会各个组成要素看成是组成总体的相互制约的部分,这些构成总体的要素相互依存,但是构成社会的这些部分发挥的作用不是同等的。在整个社会有机体中,生产力最重要,是从根源上起决定作用的因素,而且通过人与人的交往形成的各种社会关系,不是永恒不变的。生产关系一定要与生产力的发展相适应,这是基本规律。现实社会中的人,在进行社会生产的过程中,既生产经济基础,又按照经济基础创造相应的观念的上层建筑,即相应的原理、观念和范畴。随着生产力的发展,相应的生产关系随之改变,生产方式也会发生变化。因此,在马克思看来,整个社会是一个有机的总体,其中生产力和生产关系通过有机联系构成的生产方式是社会有机体的核心。

马克思将社会视为一个有机总体的理论依据是生产方式的内部矛盾,通过不断地解决内部的矛盾运行和发展。由于社会的基本矛盾是推动社会发展的根本动力,而这些内部矛盾以及在此基础上派生的各类社会矛盾都隐含在社会有机体之中,因此推动社会变化发展的根本动力和源泉内含在社会有机体之中。

马克思运用经济基础与上层建筑的辩证关系原理,提出了社会有机体的概念并说明社会有机体都是总体化的发展过程,并指出:所有新的生产关系(经济体制)都不是在外部或从自我生成观念的胚胎里产生的,而是在现有的生产方式以及以前传承下来的旧的生产方式内部,并且是用一种与之相对立、相对抗的方式产生和发展起来的。作为一个总体的社会有机体,首先需要使其产生和存续的前提条件,社会有机体的发展过程就是不断趋于总体的过程,在这个过程中,社会有机体同化其他的一切要素使它们从属于自己,同时还创造出自己缺乏的部分。任何有机体一旦形成就是一个独立自主的个体,但是相对于它的组成部分来说,这个全新的有机体制因为发展不完全,还只是个片面的个体,要想进化成为真正具有完全独立性的总体,就必须全力调动自身全部构成要素的机能,在扬弃旧的有机体制的基础上形成全新的总体。有机体制经历了这样的发展,才能成为完整的、全面的、自满自足的统一体系即总体性,但它的发展并没有停止,而是继续进行这种总体化的发展历程。此时,这种过程也是在孕育新的更具有生命力的有机体制,并最终被新的有机体制所取代。

由于每个有机系统都面临着来自外部环境的压力和挑战,只有通过与外部环境的交互作用以及物质与能量的互换,这种交换在空间和时间两个方向上不断地扩展和延伸,将周围环境中的一切异己或者游离在环境中的自在因素同化为自身的有机构成,才能在最大程度上使自己得到肯定和发展。也就是说,社会有机体本身具有向着总体运动的趋势和动力。对于人类社会来说,人类试图把整个客观存在的物质世界变成属人的世界。人类出现以后,世界上真正的自觉自为的主体才得以产生。一方面,原本完整的世界分裂为主体和客体,浑然一体的自然也被分为自在自然和人化自然两部分,世界的统一的总体性不再存在;另一方面,一个全新的统一的总体性的世界开始形成。人类在改造自己生活的客观世界的同时,在改造自身的活动中形成社会有机体,这便形成了全新的统一的总体世界。

2. 《资本论》时期：强调生产的总体

在《资本论》第一卷第二版跋中,马克思概括了自己思想的批判者伊·伊·考夫曼的关于政治经济学的观点,以此来阐述自己的社会有机体理论:如同动植物有机体一样,各种社会有机体之间互不相同,有些甚至完全不一样。也正是因为这些差异的存在,它们各自的组成部分不同,各组成部分之间相互发生作用的条件机理也不同,表面看起来似乎一样的现象背后其实是由不同规律所支配的。马克思的社会有机体理论阐明了社会有机体的产生—发展—灭亡以及被新的更高的社会形态取代的发展规律,即社会形态的发展是一个客观的、自然的历史过程。只有从历史唯物主义的理论出发,从物质生产实践的角度出发去理解和把握社会的产生、发展和灭亡的规律,才能把握社会有机体的发展运行规律。

马克思在《资本论》中对生产总体进行了详尽的考察和周密的论证,他将《资本论》视为一个"艺术的整体",继续使用在《哲学的贫困》和《政治经济学批判大纲》的研究中使用的总体性的方法,从商品这个构成资本主义生产总体最小的基本单元出发,考察和审视整个资本主义的生产体系。在《资本论》及其手稿中,"总体工人""总体资本家"这两个范畴被马克思反复使用。总体工人是由全部的单个工人组成的,在资本主义社会以前,劳动者生产的劳动产品与个人的劳动直接统一,即劳动产品能直接体现与劳动者之间的关系,是劳动者个人意志的体现,是劳动者单个人的劳动。但是到了资本主义社会,劳动不再是单个人的劳动了,而是一个总体,是一个全体劳动者各种劳动的结合体。作为单个的工人,他们是总体劳动中的一环，作为彼此毫不相关的各个组成部分，也就是说，他们的结合是被动的、无意识的、被安排的，而非主动的相互协作。这种总体性的劳动从其结合形成的整体来看，其目的是服务于他人的意志，服务于总体资本家追求剩余价值的需要，而不是单个工人的个人意志。生产出来的劳动产品虽然也离不开单个人的具体劳动，但又不是单个人个体劳动的直接结果。在这种劳动过程中，劳动体现的不是工人的意志而是资本家的意志，全部的生产劳动过程都由资本家管控。因此，在资本主义社会总体工人形成的过程中，内在地隐含着资产阶级和无产阶级之间统治与被统治、剥削与被剥削的关系。

在传统的二元对立的思维模式中，总体是与部分二元对立的存在。马克思摒弃了传统的思维模式，超越了二元对立的关系，构建全新的总体性思想，指出与总体相对应的范畴是特殊，二者构成有机的、辩证的关系，这样就从一个全新的角度揭示了总体的本质属性。马克思的辩证的总体观揭开了掩盖社会历史真实状况的面纱。在资本主义社会以前，社会存在的现实状态是总体性和直接统一的。到了资本主义社会，社会被分裂为本然世界和表象世界，现实世界本来的样子和实质被各种假象所蒙蔽，使人无法把握其本质。辩证法的总体观其本质在于扬弃，强调辩证法的革命性、批判性特征，辩证法的全部概念都不可能被完全地界定。马克思主义的总体性理论其实质是对人类的社会进行整体的把握和全面的理解，也就是以全部的社会历史运动为基础，把握人的社会性和实践性。

马克思曾在《雇佣劳动与资本》中指出："黑人就是黑人。只有在一定的关系下，他才成为奴隶。纺纱机是纺棉花的机器。只有在一定的关系下，它才成为资本，脱离了这种关系，它也就不是资本了，就像黄金本身并不是货币，砂糖并不是砂糖的价格一样。"（中共中央马克思恩格斯列宁斯大林著作编译局，2012b）[356] 这段话说明，黑人不是出生就是奴隶，纺纱机也不是天然地就是资本要素，只有将奴隶、资本置于特定的社会关系之中，才能使黑人与奴隶、纺纱机与资本之间建立必然的联系，离开特定的社会关系和生产关系，这个问题根本无从理解。

3.《1857—1858 年经济学手稿》时期：总体性方法论的全面论述

《1857—1858 年经济学手稿》的内容涉及了政治经济学、哲学、政治学、历史学和社会学等学科，是对这些学科进行系统研究的集中反映，也取得了当时历史阶段的最高成就，总体性方法论也是在这部手稿中首次得到全面论述的。整个 19 世纪 40 年代，马克思的研究集中在批判，其批判的思路和顺序为宗教批判—哲学批判—国家和法的批判—私有制的批判，这样逐层深入到资产阶级社会的最深处。直到 19 世纪 50 年代，在《1857—1858 年经济学手稿》中马克思把政治经济学作为批判的理论基础和出发点，揭露资产阶级社会作为一个体系，在进行整体运行的相互关系的过程中，第一次提出了总体性的方法论。

在《1857—1858 年经济学手稿》之"资本章"中，马克思首先对总体和总体性的思想进行了提纲挈领式的阐述，他指出，首先进行一个理论预设——在既定的资本主义制度中，具有资本主义性质的经济关系是所有的经济关系的基础，也就是说，每一个理论预设都形成一个前提，可以将其推广到任何有机体制。社会有机体作为一个总体，以自身作为理论预设和理论基础，在它不断发展变化成为总体的过程中，不仅能使一切的社会要素从属于社会有机体，还能从社会中创造出自己没有的器官。有机体制的这种发展为总体的过程，也成为其发展的一个基本要素。马克思所界定的社会有机体是一个鲜活的总体，在其中最核心的就是资本。总体性不仅是资本的本质属性，还是理解资本的根本认识方法。因此，可以将马克思的社会有机体的总体性本质进行最为抽象的概括，那就是其本质是一种社会力量。

第二节　作为一种辩证的认识方法的总体性

一种哲学本体论的思维方式与它的方法论是一致的，既然总体性具有本体论的倾向，那么它就自然拥有自身的方法论维度。马克思以唯物主义为基础，对黑格尔总体性的方法论进行了批判性的继承，将其改造成自己辩证法的理论基础。在 1868 年 3 月 6 日写给路·库格曼的信中，马克思重点指出了在辩证法上自己和黑格尔的最大区别在于理论基础的不同，马克思以唯物主义为基础，而黑格尔以唯心主义为基础。虽然黑格尔是辩证法的集大成者，其辩证法是一切辩证法的基础，但是只有在剥去它的神秘的形式之后才是这样，而这恰好就是马克思的方法的特点。马克思拒斥"绝对理念的自我外化"的唯心主义表述，而强调将以生产方式为核心基础的唯物主义作为辩证法的理论基础。总体性作为对人类社会进行深入研究的重要方法论原则，也是马克思考察人类社会发展的历史规律和最终创立科学社会主义的重要理论基础，和否定性一样构成马克思主义辩证法的重要理论特征，但是如何深入理解和阐释其理论要义仍然需要深入研究和解读。

一、立足于实践的总体性方法

马克思运用总体性的思维方法，展开了对于社会历史的总体性研究，其理论研究的出发点就是实践，他在实践中展开对社会历史发展的考察，人的对象性意识和对象化活动也都是在实践中得以辩证地展开的。正是这种从实践出发的总体性方法使马克思主义辩证法不同于黑格尔的抽象思辨，而以具体的社会历史现象作为研究对象。不同于本体论的同一性思维，马克思主义的总体性是从辩证的社会历史的角度把握具体事物的。对于马克思来说，总体的观念和总体性方法是最为重要的科学发现，正是在这一科学发现的基础上，才获得了对人类历史的洞察、对资本主义社会结构的解析、对人类未来的预见，以及把自然界和人类社会视为一个统一体把握其一般规律。

马克思突破了黑格尔辩证法的单纯地注重形式的统一而整齐的三段式论证模式，而是根据现实的需要采取灵活多样的方式进行论证，坚持矛盾的双方是对立统一的辩证统一的关系。黑格尔的辩证法的逻辑顺序是逻辑学—自然哲学—精神哲学，马克思对这一顺序进行了彻底的颠覆，特别是否定了黑格尔的将哲学体系看成是一个完全封闭的理论体系。马克思强调总体性的观点，并将这一原则作为认识和理解事物的指导思想和永恒的原则，将否定之否定的辩证法贯彻始终。否定之否定的结果既有肯定也有否定，其中肯定主要是指新旧事物在对抗中产生了交替，新事物取代旧事物。这样从理论上，就更加科学而完备地阐明了客观的事物变化过程，更加突显了辩证法的革命性和批判性。

黑格尔认为否定之否定是辩证法的核心，是绝对理念自我运动的动力来源。而马克思更加重视事物发展的同一和对立的两个方面，将其视为事物发展的一般状态，把总体性看成是事物的基本特征，最终发展为肯定和否定两种对立结果。针对自己理论的根本方法论，马克思指出其理论最大的特点是，它是一个"艺术的整体"，即其理论成果的总体性是一个相互联系的有机整体，而要达到这种总体性，要用科学的总体性的方法。

马克思认识论不是传统认识论的综合、折中与平衡的产物，而是对传统认识论颠覆性的革命。这种历史认识论的变革，被马克思提炼为"新的历史科学"，即"历史唯物主义"。马克思"新的历史科学"要求首要地诉诸前概念的、前逻辑的、前理解的世界，即人类现实世界，并且最关本质地突显了改造人类现实世界的实践任务。马克思从康德以及其他德国唯心主义者那里汲取了有关实践理性的首要性的论点，并将其批判性地改造成终极目标是改变世界而不只是解释世界的理论诉求。《关于费尔巴哈的提纲》中的这一论断根本地揭示了马克思所竭力创建的新哲学，即"改变世界"的哲学。这一全新的哲学思想将哲学导引至根基处的"实践"的转向，革命性地改变了人类认识世界的方式，所以从根本上超越了传统的"解释世界"的哲学。这也就意味着，哲学必须首要本质地面向并通过实践，而不是概念、逻辑这些运思，来实现自身的历史建构和发展，并由此深入内在地进行批判和把握人类实践的活动。传统哲学的"概念拜物教"以及其赖以生长的哲学传统，遭到了彻底的毁灭和摧毁，理论与实践的问题经过马克思的历史唯物主义洗礼和改造后成了哲学史上一个具有存在论意义的核心课题。在马克思看来，由于存在论在根基处已经获得彻底的澄清和阐明，通过彻底扬弃和超越"解释世界的哲学"，同时铸造"改造世界的哲学"，由此而达到对人类社会世界的彻底批判。

萨特对于马克思主义的总体性方法论有过很经典的评价："马克思主义者用有普遍化作用和进行整体化的模式来研究历史过程"（萨特，1998）[24]，"马克思主义的力量和宝贵之处，在于它曾经整体性阐述历史过程的最激进的尝试"（萨特，1998）[27]。马克思以实践作为理论出发点，揭示了在社会关系与历史发展的总体联系中表现出来的具体事物的特殊性。马克思主义辩证的总体性方法指出，任何事物以及有关事物的观点都是对象性的关系，都是在对象化过程中产生。同理，推广到存在以及关于存在的真理也是一样。马克思在《关于费尔巴哈的提纲》中指出，人的思维的真理性不能在纯理论中得到证实，只能借助于实践求证思维的真理性，"即自己思维的现实性和力量，自己思维的此岸性。关于思维——离开实践的思维——的现实性或非现实性的争论，是一个纯粹经院哲学的问题"（中共中央马克思恩格斯列宁斯大林著作编译局，2012b）[134]。这种以实践为基础的对象性思维，特别强调历史性、相对性和总体性。正是因为这种辩证的、总体的思维方式，马克思的理论目的不再是探寻绝对的形而上学的存在和永恒不变的绝对真理，而是把哲学从"天国"降到"人间"，强调理论不是空洞的、抽象的理论，而是要在具体的社会现实中探讨社会存在与社会意识的相互关系、存在的形态和展开过程。

在《否定的辩证法》的开篇，阿多诺就揭示了在资本主义现代文明的境域中，哲学与现实、实践之间的彻底"失调"与"分道扬镳"，揭示了哲学走向狭隘性、绝对性和自我满足性。理论与实践的统一课题是在如此窘迫和危机的境域中被突显出来，而且是在费希特、谢林、黑格尔哲学式微，特别是他们意图用哲学概念去结合、表达、解释和把握所有与概念相异质、相冲突的东西的尝试失效的状况下突显出来的。

西方马克思主义的批判理论有两大派别：一派是以柯尔施和卢卡奇为代表的西方马克思主义哲学家们，通过论证理论与实践的统一的总体性，最终终结于意识形态的本体论；另一派是以霍克海默和阿多诺为代表的法兰克福学派，从理论和实践统一的理性化出发，通过对文化工业的批判，最终形成文化工业批判的形而上学。这两大传统发展了马克思主义哲学的批判理论——既承袭了马克思主义实践哲学的理论基础，又突显了马克思主义辩证法的价值诉求。

二、抽象与具体相统一的总体性方法

马克思的总体性方法就是用从具体到抽象再从抽象到具体的方法来揭示事物的本质和规律，达到从总体上认识和把握事物的目的。在唯物史观的基础上，马克思在《资本论》中批判性地改造了黑格尔"从抽象到具体"的方法，在黑格尔那里，"从抽象到具体"的过程仍然局限在绝对精神的自我运动、自我演绎之中：认识从最简单、最抽象的概念即"纯有"开始，然后逐渐上升到越来越具有丰富内容、具体的概念，最后达到对"绝对精神"的整体的认识。而马克思的"从抽象到具体"的逻辑方法，是指思维的抽象—思维的具体—现实的具体这样一个完整过程的总体的方法。马克思认为黑格尔对范畴展开、演进过程中蕴含的辩证性具有一定的合理性，所以马克思在创作《资本论》时批判性地吸收了这一"合理内核"，并运用到对资本主义生产关系的批判性分析之中。马克思认为，所有现实的事物及对象都是由各种丰富的内容组成的统一整体。为了完整地把握总体，我们要从内容到形式、从本质到现象、从整体到每一个环节进行把握，而其中的关键环节在于把握事物的最原始、最简单、最基本的矛盾。这个最基本的矛盾是事物得以产生和发展的根源，通过对基本矛盾发展过程的考察和分析，就能从总体上把握事物内部的复杂矛盾。任何一个完整的认识过程必须经历两个相反的过程：第一个过程是从感性的表面的具体联系深入到事物的内部的本质规律，第二个过程是根据内部的有序联系，逐步上升到表面的规定，从整体上把握整体对象。总体性的观点其实质就是要把握事物的辩证联系，而总体性方法就是从揭示事物内部的辩证联系出发，进而由抽象上升到具体整体的方法。马克思从具体的总体性出发，揭示社会有机体是多样性的统一，其中起决定作用的是占统治地位的生产方式。马克思的理论体系中的总体的首要特征体现为具体性,意思是在社会关系中，针对"现实的人"，"具体的总体"首先体现为一个抽象的、模糊的关于整体的表象，只有通过思维加工的方法，使抽象的表象具体化，整体才成为一个鲜活的、丰富的、具有各种规定性的总体。也就是说，具体的总体不是抽象的、固定的而是经过思维和理解后的产物，但它又不是凌驾于直观和表象之上的概念通过抽象的自我思维自己生产自己，而是通过对直观和表象进行深层次的加工得到一个具体的概念。因此，马克思所谓的总体方法，包含了具体的总体和思想的总体这两个相互依存、相互转换的方面：思想的总体依赖和根源于具体的总体，但不是简单的复制和临摹，而是经过人的复杂的思维方式这一"专有的方式"加工，加入了许多相关规定和关系，形成一个内容更加丰富的总体。

源自黑格尔的《逻辑学》的具体总体的思想认为，作为其理论核心的理念，其运行的逻辑是具体的概念的逻辑，因此是具体的总体。在《资本论》中马克思指出，他所指称的具体，关键在于是各种规定的综合以及多样性的具体的统一，而不是关于具体事物的确定的感性规定性。马克思主义政治经济学的研究对象，即具体的总体，特指资本主义社会的生产关系，是深藏于社会关系深处的一个基础结构和资本主义社会的有机构成部分之一，也是对资本主义生产关系进行全面把握的理论出发点。同时资本主义社会生产关系的"具体的总体"有着独特的有机结构，马克思运用政治经济学的基本原理，通过深入地分析资本主义经济中的异化劳动和作为经济基础的生产资料私有制这二者的相互关系，以及生产、分配、交换和消费的运行规律和相互作用，从而得出一个基本结论：社会生产关系的基本性质及其组成要素之间是有序运动的。从历史辩证法的角度来看，对于组成生产的各个环节，以及推动社会进程的各个组成部分，只有从历史的总体性视角，将这些环节置于整体的历史进程中，这些组成部分的各个方面才能体现自身的价值。也正是由于总体性的方法，始终把社会现实理解为动态的发展过程，才赋予了马克思的历史辩证法以革命的、批判的意义。

马克思研究社会有机体的理论出发点是现实存在的客观物质，而不是纯粹的抽象思维，其关注的重点是具体事物的形态丰富、永恒变化的社会历史性特征，而不是绝对抽象、静止不变的本质。相较于抽象的还原主义，马克思尤其重视将具体的事物和观念置于社会历史的总体过程中进行考察，以揭示其本质，而不是脱离历史去探寻绝对意义和绝对真理。

从理论上看，马克思的总体分为现实的总体和认识的总体，现实的总体是社会有机体的总体性发展，认识的总体是人们对客观事物的认识，二者相互联系、密不可分，社会有机体作为总体决定思维总体，思维总体是社会有机体的理论表现。马克思的这种思想总体不是纯粹的、抽象的概念的产物，从自我中产生和发展，而是能在现实世界中找到实践的对象作为基础。在人类社会中，物质资料生产是具有决定性作用的因素。虽然实践的概念在内涵上比物质资料生产的概念更加丰富，但是"从物质资料生产出发"是"从实践出发"的具体化和现实化的思考。因为物质资料生产是实践的最基本形式，一切其他的实践形式都需要从物质生产中来加以理解。

马克思针对费尔巴哈认为人的本质是人的自然属性的观点，提出人的本质在于其社会属性。所谓现实的处于一定社会中的个人，不是与世隔绝的、脱离社会的人，而是受到特定的生产力和交往形式的制约，在客观的物质条件下进行物质生产实践的人。人的社会活动是多向度、多方面的，但是现实的人所从事的全部活动中，最基本的、第一个历史活动就是物质资料的生产活动，这一基础活动决定其他的一切活动，如精神活动、政治活动和宗教活动，因为人类从事任何活动，首先要能够生活，也就是解决吃穿住用行等最基本的需求。马克思正是在纷繁复杂的社会现象中找到了物质资料生产这个首要的基本出发点，然后以此为基础进一步建构出由生产力—生产关系、经济基础—上层建筑、社会存在—社会意识、阶级—阶级斗争等基本结构构成的科学理解社会总体的学说，从而实现了对社会总体的把握。

社会总体并不否定人的自由，但反对任性的自由。马克思指出："人们每次都不是在他们关于人的理想所决定和所容许的范围之内，而是在现有的生产力所决定和所容许的范围之内取得自由的。"（中共中央马克思恩格斯列宁斯大林著作编译局，1960）[507] 从人与自然的关系的角度而言，人类认识自然和利用自然的能力和发展程度是以生产力的发展水平为基础的，随着生产力的不断发展，人类才能从被自然奴役、在自然面前无能为力的被动状态转变为能够积极地认识自然、利用自然，从而获得更多的自由。从人与社会的关系的角度来看，人类在社会领域能获得多大程度的自由取决于生产关系的性质。也就是说，人只有在没有剥削、没有压迫、没有阶级的社会关系中才能获得自由。在私有制存在的前提下，人类不可能实现自由而全面的发展，只有"在真正的共同体的条件下，各个人在自己的联合中并通过这种联合获得自己的自由"（中共中央马克思恩格斯列宁斯大林著作编译局，2012b）[215]，而且这种自由得以实现的首要条件是生产力的高度发展。

三、历史唯物主义为贯穿的总体性方法

马克思主义的研究对象之一是人类的生存和发展这样一个有机总体，

其中社会和历史是研究社会有机体的重要范畴,即研究作为总体的社会与历史。他的理论分别从社会性和历史性的角度考察人类存在的总体性,其研究的最终目的就是研究人作为一个类存在的产生和发展过程。卢卡奇(2016)[50]对此有独到的深刻见解:"对马克思主义来说,归根结底就没有什么独立的法学、政治经济学、历史科学等等,而只有一门唯一的、统一的——历史和辩证的——关于社会(作为总体)发展的科学。"

马克思在《〈政治经济学批判〉序言》中指出,个人是社会的人,在人的各种社会关系中最关键的就是生产关系,生产关系要与一定阶段的生产力发展水平相适应,生产力和与之相配套的生产关系形成经济结构。一定社会的各种生产关系的总和构成经济基础,经济基础决定上层建筑。其中,最重要的是物质资料的生产方式,它决定着人类全部的社会生活、政治生活和精神生活。所以,经济结构不是一系列既定的社会制度、生产单位或物质条件,而是人为创造出来的一切生产关系之和。为了避免自己的理论被简单地线性理解,把经济基础的决定作用还原为"经济还原主义"这种形态,马克思将经济基础和上层建筑二者的关系进行了清晰的说明,突出其随着历史动态发展和发展的不平衡性,而且二者的关系要相适应。首先,马克思认为,虽然经济基础决定上层建筑,但是上层建筑能对经济基础起能动的反作用,即上层建筑不是被动地反映经济基础,而是在一定程度上发挥作用;其次,马克思在考察艺术、法律与不发达的生产力之间的关系时强调,必须考虑到物质生产的不平衡;最后,在强调经济基础对上层建筑的决定作用时,马克思特别辩证地强调上层建筑的"相对能动性"。

历史唯物主义认为历史的发展进程是有规律的,是由各种因素辩证决定的,而不是由单一因素机械、线性决定的,而且在决定历史发展的各种要素中,物质资料生产方式起决定作用。恩格斯生动地将其比喻为历史运动的主轴,所有的历史事件和历史现象都围绕这个主轴运行,决定历史运行的是客观的必然规律,而不是历史上的偶然事件。因为即使是偶然的事件,其发生也受到特定的物质资料生产方式的制约。也就是说,从大趋势上看物质资料生产方式决定历史的发展。

历史唯物主义包含了两个主要的维度——横向的"社会"维度和纵向的"历史"维度,其中"社会"维度关注人类社会的发展空间,"历史"维度指向人类社会的存在时间。从历史唯物主义的角度,以历史辩证法为视角,社会历史的发展是一个客观的不以人的意志为转移的过程,因此历史辩证法要求:考察社会发展要坚持矛盾的普遍性与特殊性的统一,考察资本主义社会发展的特殊规律也要结合人类社会发展的一般规律。社会和历史这两个范畴紧密联系、相互作用，统一于一个总体社会历史发展的全过程。"人类历史是有结构的，不同的结构要素构成总体，这就是社会；结构总体本身又是发展变化的，社会的演变就是历史。"（罗骞，2019）[26] 传统形而上学哲学的本体论主要是探讨世界的起源、本质和普遍性规定这三个方面，这三个方面构成了本体论的三重规定。作为最高的、最原始的绝对起点，本体是不受任何制约的"绝对"，不被任何规定限定的"规定者"，是在空间层次上的普遍的绝对本质。在研究对象上，马克思主义理论不同于传统的形而上学关注绝对的本原、最高的普遍性和最根本的本质，而是主要着眼于现实的人的生活和人类社会的发展进程，最终形成了总体上对人类历史进行理解和把握的唯物史观。

四、集中对资本进行批判的总体性方法

马克思主义社会批判理论从总体上揭示了当代资本主义社会的主要特点和发展趋势，构成总体性批判方法的理论基础。马克思的总体性方法主要从理论上对当代社会的现象与本质分离的现状进行了分析，突出彰显了社会批判理论的批判性和革命性的特点，也成为我们透过社会现象抓住本质的最经典的方法论原则。从历史辩证法的角度来看，总体性方法论是批判的、革命的，它是我们认识历史过程和对资本主义社会进行历史批判的方法论。由于马克思主义以历史唯物主义为基础，关注社会现实的总体，研究对象的变化使社会批判的任务相应地转变为对资本主义社会的基本矛盾、经济危机及其经济基础等的批判。也就是说，马克思主义的社会批判不再是用一般的唯物主义批判唯心主义，也不是撇开人类社会抽象地理解事物本身，而是深入现实研究社会生产和再生产过程。

（一）资本的逻辑必然引起对资本主义的批判

从哲学的理论高度来看，总体性不是一个局部性的、经验性的概念，而是一个全局性和超验性的范畴。人类作为自然界和社会的主人，不仅要认识其赖以生存和发展的世界，还需要感受和体验这个世界。当人与客观世界融为一体时，马克思把世界称为"无机身体"，相对于人来说是一个肯定的存在对象。但是资本主义的现代工业打破了这种平衡，如同马克思所说，人类所生活的感性世界不是与自然界同时产生、永恒不变的存在，而是人类世世代代活动、改造自然的结果。当人与自然和谐共处、融为一体的时候，世界是人的肯定性的对象，人作为改造世界的主体、世界的主人能体会到自己的总体性价值。但是资本主义的到来摧毁了这种总体性和人

的主体性，为了追求利润最大化，资本的运行其实质是把作为总体的世界机械地分割为多个组成部分，从理论上讲，这样有利于对各个学科和技术进行分门别类的研究，建立独立的理论体系，但是这样不可能对世界进行整体的把握，与此对应的人也成为异己的、单向度的人。从这个角度分析，总体性作为哲学问题突显出来，与人类近代以来弘扬理性的实践密切相关。因为进入现代文明理性社会以来，虽然科技的长足发展给人类带来了福音和便利，但是人们无法忍受异化的、片面的生活和纷繁复杂、支离破碎的世界，希望世界是一个完整的、有序的世界，这样人类才能得以更好地生存与发展，建立属于人类自己的生活世界。

与现代性理论、理念同时发展的，除了现代化的实践之外，还有资本逻辑的实践。马克思主义的总体性思想正是在现代性的背景下，其理论价值得到突显。在现代性之间的蒙昧阶段，受到地域和原始的、落后的生产力发展水平的限制，人与自然的矛盾还未显露出来，因此总体上人与自然是和谐共处的。因为在资本主义社会以前，各个民族处于相对孤立隔绝的状态，所以整个世界展现出来的是离散分裂的格局。随着现代文明的开启，人类发展步入了新的时代，人类的交往打破地理区域的限制，从小范围的区域交往走向全球，特别是到了15—17世纪的地理大发现，资本主义制度得到确立和发展，各民族彼此隔绝和相互孤立的状态被打破，自此逐渐通过交往和联系融合为一个普遍联系的整体，就这样彻底地影响了人类历史的发展格局。但是马克思深刻地认识到，资本主义社会由此开始了"以物的依赖性为基础的人的独立性"的阶段。在资本主义社会，资本家凭借对生产资料的占有，在等价交换原则的掩盖下，对无产阶级进行残酷的剥削，榨取工人创造的剩余价值，资本的目标是追求最高的利润，人类的社会生活被物质利益所驱使。马克思进一步分析指出，第一次工业革命极大地促进了生产力的发展，同时也推动了资本主义生产方式的变革，机械化的工业生产由此拉开了序幕。机械化的工业生产虽然极大地推动了生产力的发展，但是却使工人被异化、沦为机器，甚至"由于工人被贬低为机器，所以机器就能作为竞争者与他相对抗"（马克思，2000）[11]。因此可以说，与近代工业文明同时产生的，不仅有资本主义的发展，还有人的本质被资本异化。"资产阶级撕下了罩在家庭关系上的温情脉脉的面纱，把这种关系变成了纯粹的金钱关系。"（中共中央马克思恩格斯列宁斯大林著作编译局，2012b）[403] 马克思指出，资本背后所隐藏的这种"现代性逻辑"使作为总体的有机的世界物化和碎片化，虽然资本具有独特的潜力和能力无限地提高生产力，但是作为生产力主要构成因素的人，又被异化、片面化地发展，自身发展受到限制。在资本主义社会，无产阶级作为被剥削阶级所从事的劳动是异化的，自己也被完全异化。劳动被异化主要体现在，个人进行生产的劳动不属于自己，而是全部被资本家剥夺。人的劳动是内化和外化同时进行的双向过程，其中的外化过程是指将人类的本质转移到劳动产品上，但是内化的过程却并没有从劳动产品中得到其本质，结果导致人类丧失了自己的本质，个体完整的人格也被解体，最终导致人与社会发展的分裂和对抗。因此，马克思认为现代性和资本使世界越来越趋于同质化，应对此问题必须用总体性的思维和辩证的总体观。总体性哲学的建构，表达了马克思对私有制和异化扬弃的基本立场，也标志着马克思对资本主义的根本性批判。社会存在作为一个总体，要有一个起主导作用的关系结构，才能将一切都纳入一个不断运动的体系中，构成一个总体性的存在。马克思的总体性思想不仅揭示了资本主义社会的以资本为中心的逻辑，还指出了进行资本批判的方向——对资本的总体性进行批判。

（二）立足于总体性的批判

总体性方法论的首要特点在于其革命性和批判性，它让我们既能认清历史发展的本质过程，也能从资本主义的内在矛盾着手揭露其剥削本质，还能回应各种对马克思主义的误读和非议。马克思一直对现存的资本主义社会持批判、否定的态度，而且他的批判不是仅仅针对资本主义制度的某些具体方面缺陷，而是针对作为资本主义制度基础的总体性结构。马克思指出作为一种特定的生产方式的资本主义，其发展已经到达了极限，其丧钟即将敲响，资本主义制度是一种暂时的必然被取代的社会制度。

马克思对于资本主义的批判首先从其历史地位着手。作为历史辩证运动中的一个环节，任何一种社会形态都要经历产生、发展和灭亡这样一个不断地自我否定的过程，才能进入下一阶段新的社会形态。资本主义的社会形态也是这样的一个暂时的历史过程，正是基于这种历史辩证法的理论基础，马克思对资本主义的历史地位进行总体性批判。对于资本主义在人类特定历史阶段出现的历史合理性及其积极意义，马克思客观地认可甚至高度评价，但是立足于资本主义的时代背景，马克思从生产资料私有制出发，分析了资本主义不可克服的基本矛盾，受困于被马克思称为瘟疫的经济危机周期性爆发，资本主义已深陷危机而且自己无力解决："资产阶级的关系已经太狭窄了，再容纳不了它本身所造成的财富了。"（中共中央马克思恩格斯列宁斯大林著作编译局，2012b）[406]"生产资料的集中和劳动的社会化，达到了同它们的资本主义外壳不能相容的地步。"（中共中央马克思恩格斯列宁斯大林著作编译局，2012a）²⁹⁹到了这种历史阶段，阶级矛盾激化引发的社会革命不可避免，资本主义制度必将被新的社会制度取代。任何社会形态最终都必然会被取代，那么资本主义被取代也是历史必然，马克思更进一步论证了必将灭亡的资本主义已经走到了历史的终点，这个丧钟即将敲响，从而把其必然灭亡的预见转变为现实。

马克思对资本主义的批判，是深入到其心脏地带，基于总体性的方法和革命性的批判逻辑对其进行解构。任何一个阶级社会，都存在着剥削性的生产关系作为其经济基础，资本主义社会独特的、不同于以往阶级社会的剥削性的生产关系表现为现代雇佣制度，这实际上也是资本主义制度得以存在和持续运行的核心制度，因此这种批判方式和路径，其实质是对整个社会结构做了最深入的剖析和最根本性的批判。

资产阶级的经济学家用歪曲事实的阶级统治的理论粉饰其剥削，掩饰人们之间的社会关系被物化的现实。他们从理论上对抽象的历史范畴进行了简化和认知上的固化，对某些经济关系和经济范畴进行抽象和孤立的认识，而不是从辩证总体的角度去理解。把资本主义的独有特点看成是任何社会形态的普遍存在，甚至认为资本主义社会将永恒存在而不是历史地存在，马克思对此批判性地指出："以前是有历史的，现在再也没有历史了。"（中共中央马克思恩格斯列宁斯大林著作编译局，2012b）²³²总体性强调辩证地认识历史，针对资本主义社会的具体特征，揭露了在资本主义的生产条件下拜物教产生的历史必然性。换句话说，任何社会形态都因为主客体的相互作用不断地变化，资本主义制度也不例外。

表面上看，资本是生产的关键也是财富的代表，但实际上资本的本质是被物化的社会关系。而庸俗经济学家则从纯粹的生产技术的角度将资本抽象化，这样人们之间的社会关系被物化了，被物与物的关系所掩盖。资产阶级庸俗经济学家没能用联系和发展的观点把握资本主义的生产过程，实际上在资本主义的生产过程中不仅生产商品和剩余价值，而且还生产和再生产以资本家和雇佣工人为核心的资本主义的生产关系。现代资本主义通过雇佣劳动制度，联结了社会的两大对立阶级——资产阶级和无产阶级。资产阶级占有生产资料，从而无偿占有劳动产品；而作为劳动者的无产阶级同生产资料相分离，只能靠出卖自己的廉价劳动力才能生存。资本主义剥削制度的隐秘性在于，表面看工人劳动获得了相应的报酬也就是工资，但实际上资产阶级剥削了工人创造的剩余价值。很明显，资产阶级经济学家将货币、资本和地租等经济范畴简化为抽象的、纯粹的物，缺乏对经济对象和事实的总体性考察，在考察资本主义的生产关系时不是用辩证和历史的方法，而是用形而上学的方法，完全地忽视在实际生产过程中尖锐的阶级对抗和阶级矛盾。可以说，通过深入研究雇佣劳动可以洞察整个资本主义经济制度及其运行方式的内在秘密。所以，马克思的总体性批判必然是彻底地批判资本主义的生产关系，他指出：必须彻底崩溃雇佣劳动赖以维系的社会制度，必须构建全新的、平等而自由的生产关系，而不是在维持其根基的基础上对于细节进行调整。

五、以共产主义为终极价值追求的总体性方法

从总体性出发，对于人的片面化和劳动异化的批判，马克思提出了总体性的追求——实现从必然王国到自由王国的飞跃，最终彻底超越资本主义、实现全人类解放。马克思的共产主义构想深刻地体现了总体性，他以科学的理论为基础展望了未来人类社会自由发展的蓝图和解放的空间。其共产主义思想以单个人的生产和交往活动为基础，使全部的人类社会生活在横向和纵向的不断展开中呈现出一种总体性结构，其中横向体现在共时性的社会结构中，纵向体现在历时性的社会发展中。"任何经验事实只有以总体的内部核心为中介，成为其中的具体环节，才能获得本质性表现和必然性展开的正确理解。"（刘宇，2020）马克思关于全人类自由和解放的共产主义的理想不是脱离社会现实的空想，共产主义是一个在人与自然、人与社会、实然与应然的相互作用中逐步实现的历史阶段。

马克思依据生产力的发展水平，把全部人类社会发展的历史进程划分为三个阶段：人的依赖关系阶段，物的依赖关系阶段和人的全面、自由发展阶段。这样，在"历史的总体"中，通过对三个循序渐进的历史阶段的描绘，对应的"社会总体"及其基本社会面貌也得到了全方位的揭示。因此，马克思的社会总体的理论不仅揭示了人类社会发展的基本规律，还预见了人的本质逐步实现的过程。从历时性历史发展的纵向维度上看，前资本主义社会由于生产力水平低下，人类交往关系在封闭狭隘的空间进行，因此人类的自由本质只能部分地得到实现；到了资本主义社会，随着普遍的社会分工和机器大工业的迅猛发展，世界性市场逐步形成，人类的自由本质得到了片面的实现；未来的共产主义社会，生产力高度发展，人类自由本质充分而全面地实现。

与黑格尔和费尔巴哈不同，马克思从人的社会属性，而不是抽象的自然属性出发去研究社会，人的自由和解放是马克思总体观的理论目标。现实的人是社会总体的体现，在前资本主义社会，虽然生产力水平低下，但是个人能得到比较全面的发展。资本主义社会由于交换和分工导致人的片面发展，由于每个人具有的特殊性，个体成为独一无二的、现实的社会中的个体，但与此同时，人作为观念的总体，是被思考和被感知的自为的对象存在，这好比人在现实中，既是社会直观的对象，又作为自我生命表现的总体。作为总体的人其生活的现实基础是现实世界，人是具有主观能动性的特殊存在，是社会的主体。资本主义社会由于生产资料私有制和社会分工导致了人的片面化和劳动的异化，单个人的价值被物的价值所遮蔽，成为资本主义社会这部不停运转的机器中的一个零部件。因此，在资本主义生产方式下，由于机器大工业生产下的社会分工，工人成了流水线上的一个环节，"局部工人作为总体工人的一个肢体，它的片面性甚至缺陷就成了他的优点"（中共中央马克思恩格斯列宁斯大林著作编译局，2009c）[404]。此外，资本主义崇尚利己主义和金钱至上的价值观，人与人的社会关系成为赤裸裸的金钱关系，在利益的驱使下甚至彼此敌对。

劳动是人主动地改造自然使其适应自己的自觉能动的活动，是人本质力量的对象化。全面的人进行自由和自为的劳动，而片面的人被异化劳动所控制，人作为世界的主体，也是劳动过程中的生产主体。可是在资本主义社会，资本成为社会的核心，不是社会生产决定资本，而是资本决定生产的全过程。资本被异化为奴役人的力量，劳动和劳动者都被异化，人沦为资本主义机器大生产流水线上的一个环节，这样的生产方式一切以资本为中心，而不是以生产为中心。人的主体性被掩盖，其价值也被完全地否定和忽略。

马克思在建构超越资本主义、最终实现共产主义的方案的时候，也体现了总体性，集中表现为其阶级斗争理论和阶级分析的方法。马克思指出，社会由无数个单个个人组成，但这些个人并不是毫无规律地、无关联地组合形成的抽象个体，而是处于一定的社会经济关系中的现实的个人，而且他特别强调，在阶级社会，这特定的社会经济关系特指阶级关系。马克思对社会进行改造的目的不仅仅是对单个个体进行改造，而是给出了一个总体性的构想，即通过对社会的经济基础和相应的阶级关系进行完全的变革，使无数个人的自我变革得以实现，也就是全人类的自由而全面的发展。在这个历史进程中，无产阶级要在同资产阶级进行斗争的过程中，全体联合起来，通过革命占据统治地位，然后用暴力手段消灭旧的生产关系，这样与之并存的阶级对立也消失，最终阶级消亡，阶级统治被消灭。

马克思提出的消灭资产阶级的方案，不是对资本家逐步地、一个个地消灭，因为单个的资本家只是资本主义经济基础的外在表现。只有首先消灭资本主义的生产关系和经济基础，才能最终使"资本主义的机器"和"总资本家"的"现代国家"(中共中央马克思恩格斯列宁斯大林著作编译局，2009d)[559]消亡，最后的结果是代表了社会经济关系和阶级关系的资本家被消灭，而不是将他们从形式上消灭。如果保留着旧的以私有制为基础的"存在着阶级和阶级对立"的旧社会的总体结构，那么全人类的自由而全面发展也将无法最终实现。

马克思的全部理论的目的都从属于一个目的，即人的自由而全面发展。只有到了共产主义社会，用共产主义的生产方式才能为人的全面发展开辟道路。只有到了共产主义社会，个人的自由活动才和物质生活相一致，而且这也同个人发展成为完整的人以及消除一切自发性是一致的。只有在这个阶段上，自主活动才能同物质生活一致起来，而这点又是与个人向完整的个人发展以及一切自发性的消除相适应的。"同样，劳动转化为自主活动，同过去受制约的交往向个人本身的交往转化，也是相互适应的。"(中共中央马克思恩格斯列宁斯大林著作编译局，2012b)[210]人的全面发展即人的总体实现，实现的前提就是社会的总体性，而马克思在历史唯物主义中发现了物质资料生产对于社会存在和变革的决定意义，因而找到了实现总体性的现实道路。

第三节　马克思的总体性与黑格尔的同一性的比较分析

总体性作为一个哲学的理论范畴虽然最早是由卢卡奇等人提出，但从渊源上看，它是马克思在黑格尔哲学的基础上对总体概念的革命。它是马克思思想发展史的一条重要线索，也是对资本主义进行批判的理论武器和方法论原则。总体性范畴是一个内蕴于马克思主义哲学体系的重要范畴，马克思在唯物史观的视域下对黑格尔唯心主义辩证法的有机体理论进行了改造创新。马克思以劳动实践为现实基础，构建了人、自然、社会这个有机整体。

一、理论立足点和理论旨趣的不同

马克思认为，黑格尔的哲学是一种颠倒的辩证法，其总体性概念是一个涵盖了宇宙之中万事万物和所有现象的、具有中心的环状结构。在他设定的总体性概念中，统一的基础是绝对的统一理论，所有的差异都只是会被否定掉的、暂时的存在。那么，在这种理论设定的总体性中，市民社会、国家、宗教、哲学等领域中的所有具体差异，都被忽略和否定掉了。为了吸取黑格尔理论神秘外壳中的合理内核，必须将其颠倒过来。

在黑格尔哲学的总体性的方法论原则的理论基础上，马克思将其革命性地变革为剖析和批判现代资本主义社会的理论武器，逐步形成自己独特的社会批判理论。尽管卢卡奇等西方马克思主义者对总体性原则进行了提炼和升华，做出了巨大的理论贡献，然而，将总体性阐明为一种基本的批判原则和方法，是马克思在批判现代资本主义过程中独创的，而且这种总体性的原则和方法不是在批判现代资本主义社会时才偶然运用，而是坚持贯彻到底的，这也深刻地体现了马克思主义革命的、批判的理论品格。

马克思基于特色的总体性思维方法，把社会历史视为在人的实践活动中展开的总体性过程，在这个过程中人将自己的意识和活动作用到作为对象的客体上。他这种以实践基础展开的总体性思维方法使马克思主义摆脱了抽象思辨的哲学，直指社会历史存在本身，所以从实践出发的总体性思维是马克思主义方法论的基本原则。

马克思对黑格尔的思想进行了多方面、多角度的批判，但是却保留和发展了黑格尔哲学的总体性思想，并将其改造为马克思批判资本主义的一个重要武器。对于黑格尔而言，其总体性思想也是建立在唯心主义的基础之上，其总体是精神的总体，而且精神自我区分、自我深化和自我综合，通过这种方式思维认识具体、把握具体。但在马克思看来，社会生活是一个总体而且处于永恒的变化发展中，自从人类社会进入到资本主义社会，彼此隔绝的人类历史转变为相互联系的世界性历史。社会总体以社会存在为基础，在现实生活的生产和再生产的连续运转中得以维系，而且这种生产活动以现实为基础，在现实中才能得以进行和展开，而现实的社会也是生产和再生产的结果。与马克思完全相反，黑格尔的总体是概念的总体，但马克思指出，总体的社会现实才是总体的概念的基础，概念的总体性只是大脑对总体性现实的反映和再现，这也是人类用意识把握世界的方法。思维的总体性与现实本身的总体性是同步发展的。黑格尔曾经探讨哲学的起点和终点，并使二者经过一个封闭的循环后统一起来。但马克思认为，在所有的社会形式中，都是处于支配和主导地位的生产关系决定着其他生产关系。在资本主义社会中，起主导作用的核心因素是资本，只有从资本的角度才能理解所有的存在形式。最后，马克思和黑格尔的理论旨趣有着根本性的区别。从社会历史的视角来看，黑格尔的总体性特指资本和理性的总体性，他还认为只有理性才能对资本恶性发展进行约束，这也是其哲学总体观的实践意义。但马克思认为，资本主义社会的总体性在其存在着不可弥补的内部分裂，不可能自我修复，更不可能如同黑格尔说的可以用理性的力量来调和。在讨论一般社会形态时，马克思认为生产力和生产关系的矛盾是推动社会发展的根本动力。但是对资本主义开展研究的时候，马克思通过对商品生产和商品交换之间的矛盾、资本利润递减、不可避免的周期性的经济危机进行分析，得出了资本主义是暂时性的，资本主义制度必然灭亡的结论。

辩证法的精神要义在于它的批判和否定，这也体现了人区别于其他动物之处——人对自己的类本质及本能的不断超越。人渴望不断摆脱生活的束缚和各种限制，最终达到属于自己的自由自在的人生。到此境界的人是不断超越自我的人，人生有着无限的可能，个人也可以自由选择。在此意义上，辩证法的批判和否定的精神给人类指明了通往自由的道路。在黑格尔的传统辩证法体系中，同一性思维代表着专制，这样个人的自由就淹没在黑格尔的绝对精神中。只有摆脱此种思维方式的束缚，通过彰显辩证法的合理内核——多样性、差异性以及矛盾，才能重新获得自由。马克思通过以实践为基础的辩证法解决了黑格尔的这一难题，使个体的自由和全人类的自由同时体现。

二、社会历史观的差异

在社会历史观上的不同是造成马克思的唯物史观同黑格尔唯心主义的哲学方法迥然不同的主要根源。黑格尔在考察他所认为的真正的历史发展时，范围仅仅局限于西方社会。他认为绝对精神是世界的主宰，维持并统治着世界，世界是绝对精神不断演变的必经阶段及最终结果和阶段。从资本主义社会的发展推演至其他社会形态，全部这些社会形态都是人类历史发展的不可跨越的阶段，在这发展的过程中起主导作用的是绝对精神演化的辩证法。但是马克思认为，整个人类发展的历史其实质是人类的劳动发展史，相对于自然界，人类社会是人通过劳动创造生成的。在黑格尔的以绝对精神为中心的思辨体系中，现实是遵循着绝对的逻辑规律，同时也是绝对精神自我展开的环节。因此，在黑格尔的理论体系中，历史是抽象的精神或者概念自我运动的历史，而不是活生生的关于人的现实的、具体的历史。马克思的历史唯物主义强烈批判黑格尔的思辨总体，马克思历史观的理论基础是人类生活实践的现实，基于现实生活的实践逻辑，深入研究在总体的现实生活中的各个相互联系的环节，通过相互作用引起运动发展的全过程。马克思在《雇佣劳动与资本》中指出："生产关系总合起来就构成所谓社会关系，构成所谓社会，并且是构成一个处于一定历史发展阶段上的社会，具有独特的特征的社会。"（中共中央马克思恩格斯列宁斯大林著作编译局，2012b）[340] 马克思从社会生活的经济基础和生产状况出发，对黑格尔思辨的形而上学哲学体系进行了批判性的继承。他指出，实践活动是人类历史得以形成和展开的基础，社会现实就是主体和客体在实践中通过主体客体化和客体主体化的双向运动同时进行的辩证循环过程。"历史不过是追求着自己的人的活动而已。"（中共中央马克思恩格斯列宁斯大林著作编译局，2009b）[340] 马克思运用科学的实践观去理解和把握总体性人类社会和人类的历史，不同于黑格尔把握历史的方法是思辨总体的逻辑方法，从而超越了以黑格尔为首开创的思辨形而上学体系。

黑格尔认为是绝对精神的自我发展和自我认识形成了历史。在对黑格尔概念辩证法批判并改造的过程中，马克思以物质生产实践为基础，建构起自己的历史辩证法思想：物质生产实践是人类赖以存在和发展的基础，物质生产发展的历史就是人类历史的本质。"必须始终把'人类的历史'同工业和交换的历史联系起来研究和探讨。"（中共中央马克思恩格斯列宁斯大林著作编译局，2012b）[160] 随着社会生产力的不断发展，生产资料所有制关系也不断变化，人与人的社会交往也呈现出新的方式和样态，这样的一个相互联系、相互交往的系统就是历史。不同的生产资料所有制关系构成了不同的历史发展阶段，生产关系和交往关系构成了人类历史发展的两条主线，把人类历史串联成一个统一的整体。正是因为历史的辩证法，社会历史才具有了总体性的特点。

马克思主义的总体性观点体现了理论批判与实践批判之间的巨大张力，为我们勾画和展示了 20 世纪以来马克思主义改造人类社会的历史宏图。由马克思首创的总体性社会批判的方法论，经过卢卡奇的理论论证，被确定为马克思主义的基本的方法论原则之一，批判的、革命的总体性原则不断地突显其深刻的理论价值和现实意义：对于人们从总体性历史视角对世界进行认识和改造，对于资本主义社会经济越发展人类越被物化的悖论进行批判，最终实现对现实世界的变革。

一百多年以来，世界的政治、经济、社会以及文化都发生了全方位的、翻天覆地的巨变，因此，辩证的、科学的唯物史观成为我们理解当今世界和预测未来的关键。虽然随着时代的发展，尤其是后现代主义思潮的蓬勃兴起，唯物史观遭到了质疑甚至理论挑战，但是总体性思想蕴含的基本的方法论原则，是能够为当今世界发展提供方向性的指导的，其在理论的方法论意义上仍然具有强大生命力。一种方法论想要历久而弥新，总体性的方法必须实现辩证的发展。这也是马克思主义值得研究和继承的批判精神和辩证方法。

第三章 卢卡奇的总体性方法

卢卡奇认为马克思主义的正统在于其方法——革命的辩证法,而这革命的辩证法在卢卡奇看来,就是"总体性"。"总体范畴……是马克思取自黑格尔并独创性地改造成为一门全新科学的基础的方法的本质……是科学中的革命原则的支柱。"(卢卡奇,1999)[79] 卢卡奇的代表性著作《历史与阶级意识》是从对无产阶级革命问题的反思开始,其理论的直接目的主要是清理第二国际的庸俗马克思主义对无产阶级革命导致的不良影响,这也可以视为卢卡奇运用马克思主义的基本原理对时代进行的反思。

第一节 卢卡奇总体性方法的理论形成

总体性范畴在理论上是对马克思哲学做总体性(整体性)理解与阐释的必然结果,为重构马克思主义哲学奠定了坚实的理论根基,抨击和扭转了将马克思主义极端本体化的倾向,丰富了总体性辩证法的理论和概念;在方法论方面,科学地预见了现代社会的哲学主题,强调总体决定部分的辩证法认识论。

一、理论来源

人类社会步入近代以来,随着发展的变革和生产力的进步,社会分工制度越来越细化、专业化,知识的分类越来越详细;但是,在这种分工体系和知识的专业化的背景下,社会的总体性以及世界的总体化却被日益打破和分解。在这样的历史背景下,哲学表现出很矛盾的意图:一方面,它试图成为这种转变和发展合理性的基础、历史前提以及存在的依据;但另一方面又力图将这个分裂的世界重新融合为一个总体,以此来描绘社会生活的总体性画面和知识的体系。因此,青年卢卡奇的总体性理论的出发点,其中一个重要的方面就是对分裂世界的失望以及对总体性的探寻。

以马克思的社会有机体理论为切入点,卢卡奇导出了自己的总体性辩证法思想。其代表作《历史与阶级意识》的核心内容就是关于马克思主义辩证法的研究,在此书中卢卡奇直接表达了自己的马克思主义观:在关于历史问题首要原因方面,不是经济动机而是总体的观点起决定作用,这也是马克思主义理论同资产阶级理论的主要区别之所在。卢卡奇的总体性思想其实质是对马克思主义进行了全新的阐释。他认为处于辩证法核心地位的不是矛盾规律，也不是否定之否定规律，而是总体性思想。马克思的总体性理论给了卢卡奇重要的理论启发，此外，齐美尔的货币理论和卢森堡的积累理论也是卢卡奇总体性理论的重要理论来源。

（一）齐美尔的货币理论

卢卡奇不仅从方法论的角度来理解总体性，而且从人的存在和发展角度来理解总体性的意义，这与卢卡奇早期受齐美尔的《货币哲学》的影响有关。

齐美尔认为，如果把资本主义制度比作一棵参天大树，那么货币制度就是树根，文化则是树枝上的花朵。对于相关理论探究越深入，越清晰地洞悉资本主义的货币制度，就越能揭示货币制度与文化内在的本质联系。货币经济同时反映出截然相反的两种文化发展趋势：一种文化发展趋势是货币经济使丰富多彩的社会文化被平均化、数量化和单一化；另一种文化发展趋势是主观化和主体性，即个人的自由和解放的实现。

此外，齐美尔还旗帜鲜明地指出，货币经济还和自由主义有着密切的关系，但是打上了金钱烙印的自由是没有实质内容的消极的自由，在物欲横流、金钱至上的现代社会中，自由也是所谓的毫无定性的自由，人们得不偿失——单纯的、无休止的物欲被满足后，只是短暂的满足之后，更大的欲望又产生，生命的真正的意义和价值追求被完全地忽视。这样形成一种悖论——现代人表面上越自由，其实对生命越感到厌倦；欲望越是被满足，个性越是丧失。个人的本真价值被迷失在金钱文化中，因此现代的"自由人"要在这种迷失中重新寻求生命的真谛，重新寻求物体自身当中的本真的、稳定性的、内在统一的力量。

在《历史与阶级意识》中，卢卡奇高度认可齐美尔对资本主义社会从现象学角度的阐释以及对生命本质的把握。顺着齐美尔的思路，卢卡奇进一步解读生命的本真意义，他指出，生命的过程其实质是生命有机体与客观的环境、存在与意识构成的准超验总体。从这个角度来说，一旦生命有机体将自身看作生命的一个阶段，那么它的世界就被非物化和被自由限制。主体完全能够通过自我意识把握世界，个人作为一个理论上的总体，他内在地克服了各种发生在自己身上的分裂——理论和实践、理性和感性以及内容和形式，其中对他来说，形式不是抽象的形式，而是与内容同一的。但是在研究方向上，卢卡奇进行了调整，在齐美尔对普遍文化研究的基础上加入了阶级意识和历史维度，认为人类面对各种分裂的真正的解决办法要从审美文化中找寻答案，只有艺术才能带给人们生活的情趣和意义。因为科学只是求真，缺乏了对善和美的考量，而艺术才能探及事物的本真，只有通过艺术和审美才能揭示现实生活的本质和本真存在。

（二）卢森堡的积累理论

卢森堡的积累理论对卢卡奇总体性辩证法的影响最深远，在第二国际庸俗地理解马克思主义的几十年后，卢森堡的《资本积累论》开始着手对这个问题进行研究。她指出，修正主义者伯恩斯坦在《社会主义的前提和社会民主党的任务》这本书中首次公开地将马克思主义肤浅化——把马克思主义歪曲理解为资产阶级"科学"。在他的这本书的第一章，就打着精密"科学"的旗号抨击辩证法，最后以布朗基主义对马克思的诽谤作为结束，这绝不是偶然的，而是故意为之。其深层次原因在于，他放弃了总体的观点和方法，也偏离了革命的辩证法的目的和要求。他没有把革命置于社会之中去考察，也没能把革命理解为变化发展的因素，因此马克思的革命理论也被伯恩斯坦庸俗化地理解为倒退到自发的工人运动时代，倒退到布朗基主义。最终导致作为一个体系的马克思主义被分解，总体性的革命原则被歪曲和抛弃。在《历史与阶级意识》中有一篇论文——《作为马克思主义者的罗莎·卢森堡》就是阐述卢森堡如何在资本积累问题上坚持总体性辩证法的。

总体性是西方马克思主义哲学家的统摄性方法论原则。首先明确地用"总体性"来解释马克思哲学的西方马克思主义者是卢卡奇。但对这一范畴的历史考察，不应当忽略卢森堡的理论贡献，因为卢森堡是继马克思之后第一位用"整体性"的视野来理解马克思以及资本积累的理论家。其总体性方法既继承了马克思历史辩证法的思想，又因对帝国主义时代资本主义经济和政治的研究而独具特色，并经由卢卡奇得以弘扬，成为西方马克思主义总体性思想的重要来源。因此，在一定程度上讲，卢森堡起到了连接马克思主义和西方马克思主义的桥梁作用。

1. 理论基础：马克思主义总体性辩证法

卢森堡自青年时代就积极投身于无产阶级革命的浪潮中，通过对马克思主义的深入研究，她深刻认识到：马克思主义学说的不朽部分就是历史辩证法。"马克思的思想之所以具有这种不寻常的作用，不仅是他本人的天才，而且也是因为他始终按他所论述的一切问题之间的最重要的辩证关系，从最全面的历史观点去阐明它们。"（中共中央马克思恩格斯列宁斯大林著作编译局，1984)[403] 也就是说，马克思的一些具体观点、结论可能会随着时代的发展、社会的变迁而不合时宜，但马克思把社会作为一个总体、一个历史总过程来考察和分析问题的辩证法则是永恒的真理。马克思主义学说中"最具价值的唯物主义的辩证法的历史观却只表现为一种研究方法，一些天才的指导思想，它们使人有可能展望一个崭新的世界，开辟独立活动的无限远景，激励我们的思想大胆地飞向尚未研究的领域"（中共中央马克思恩格斯列宁斯大林著作编译局，1984)[472]。

马克思的总体性辩证法是由辩证法、政治经济学和科学社会主义学说构成的总体，卢森堡强调马克思总体性辩证法这一方面的内容，主要是针对当时人们在政治经济学领域和社会学说方面肢解马克思主义辩证法的观点。在《卡尔·马克思》一文中，卢森堡讽刺了资产阶级思想家施塔姆勒等对马克思主义学说片面性的解读。她指出："资产阶级科学能够用什么东西同作为整体的马克思学说相对抗呢？"（中共中央马克思恩格斯列宁斯大林著作编译局，1984)[472] 她在"作为整体"四个字处加了着重号，表明她所理解的马克思主义学说体系就是以整体性为最重要的特征，任何资产阶级的理论学说在整体的马克思主义面前都是不堪一击的。无产阶级革命不但需要马克思主义的具体理论，更需要整体的马克思主义作为指导。

在对伯恩斯坦的庸俗政治经济学批判中，卢森堡把马克思的哲学、政治经济学和科学社会主义看作马克思历史辩证法的三个有机要素：哲学是历史辩证法的历史观点和方法，贯通于政治经济学和科学社会主义之中，也是连接政治经济学和科学社会主义的纽带；政治经济学是历史辩证法的历史起点和基本内容，位于历史辩证法的现实层面；科学社会主义是历史辩证法用于观察资本主义经济现象的理论视野，位于历史辩证法的理想层面。由于这三部分理论体系的有机结合，马克思的历史辩证法不再是空洞抽象的概念体系，而是既具有现实性和客观必然性，又具有理想性和批判性的总体性理论，是面向未来的哲学。这种结构表明，马克思的历史辩证法是思维和存在、现实和理想、理论和方法的总体。在资本主义快速发展和社会稳定时期，无产阶级运动也往往处于革命的低潮，但是卢森堡对此有着清醒的认识，她认为随着工人阶级运动的发展，在如何认识无产阶级和资产阶级关系、如何认识党内新出现的变化上，唯一的科学的办法就是坚持马克思主义的方法论，并在实践斗争中创新和丰富马克思主义的方法论思想。卢森堡强调，整个马克思主义学说的不朽部分是历史的研究法，这种研究方法通过哲学的逻辑论证、政治经济学的科学实证，最终在科学社会主义的理论体系中实现了三者的辩证统一。

2. 卢森堡的总体性方法——《资本积累论》的解读

卢森堡对马克思主义最大的理论贡献就是把总体性理论确定为马克思主义哲学，乃至整个马克思主义的核心内容。卢森堡对马克思主义哲学的研究主要是对总体性理论的研究，因为在她看来，抓住了总体性理论也就是把握了马克思主义哲学的核心和宗旨。

马克思把资本主义社会看作纯粹由资本家和工人阶级构成的社会是一种假设，是他分析资本主义扩大再生产的一个前提。而卢森堡抓住资本积累的问题，将积累置于资本主义社会整体中考察，积累问题就变成了积累条件问题。将积累诸条件汇成相互作用、不可分割的有机整体，在帝国主义时代考察资本积累，卢卡奇（1999）[84]认为这是"根据马克思的思想把他的未竟之作思考到底，并按照他的精神对它作了补充而已"。因此，《资本积累论》是《资本论》的继承和发展，《资本积累论》从某种意义上说是总体性方法运用的结晶。

自从资本主义进入帝国主义时代，它出现了空前的繁荣。"帝国主义时代的经济发展使得虚假地抨击资本主义制度越来越不可能，使得以'客观的和精密科学'的名义'科学地'分析它的被孤立地加以观察的现象越来越不可能。"（卢卡奇，1999）[82-83]对这种形式，人们在政治上是对资本主义采取赞成态度还是继续持反对态度，取决于在理论上究竟采用什么方法来观察资本主义。用马克思的总体性方法把资本主义当前的一些现象放到资本主义整个发展过程来加以考察，就能把握作为资本主义发展最高阶段的帝国主义的本质。相反，面对资本主义的新发展和资本主义无限积累的趋势，机会主义者一下子从资本主义的批判者变成了资本主义的辩护者，他们要求放弃对资本主义社会的一切改革，成为资本主义顺从者。机会主义者置身于"一般的"资本主义中，他们似乎觉得这种资本主义的现状越来越符合人的理性本质。这就是卢森堡《资本积累论》一书出版后围绕它所展开的理论斗争的唯一环境，该书的意义就在于从根本上揭示机会主义者这样做的错误之所在，使人们看清资本主义社会的资本积累这一现象背后所掩盖的东西。其最主要的思想武器就是总体性的观念。

卢森堡的《资本积累论》不仅揭示了资本主义现代形态的本质，也阐明了帝国主义的经济根源，卢森堡认为，资本积累问题是资本主义经济形态的本质问题。这是因为，资本主义不是简单再生产，而是扩大再生产，而在资本主义基础上扩大再生产又"必然表现为资本的积累，这既是它的特殊形式，又是它的特殊条件"（卢森堡和布哈林，1982）[66]。在卢森堡看来，只有工人和资本家的纯粹的资本主义生产方式内部是不可能实现资本积累的，它必须以非资本主义生产形态作为自己的前提，必然涉及资本主义与非资本主义生产方式之间的关系。资本积累只能在"牺牲非资本主义阶层和国家的利益的情况下进行和扩大"(卢森堡和布哈林，1982)[69]，资本主义不可能在某一点上停止下来，它不仅要向国内的非资本主义经济成分扩张，突破地方性市场的限制，造成统一的民族市场和国民经济；而且要向国外的非资本主义国家和地区扩张，突破民族市场和国民经济的限制，造成统一的世界市场和世界经济。这样，在卢森堡看来，一部资本主义生产方式和生产力发展的历史，就是资本主义经济形态同非资本主义阶层和国家之间的斗争史，就是世界市场和世界经济的形成史。

在《资本积累论》和《资本积累：一个反批判》中，卢森堡以对马克思的扩大再生产图示分析为出发点，通过批评与完善马克思的扩大再生产图示，深入探究社会革命如何可能的客观依据。卢森堡认为，马克思的扩大再生产理论论证的前提是把资本积累模式限制在资本主义生产方式内部的生产、消费两大部类，特别是生产和交换的比例关系上，此种分析揭示了剩余价值的生产逻辑，而悬置了剩余价值的实现问题。由于该图示以资本对于世界最后的绝对统治作为分析的基础，是马克思在帝国主义尚未登上世界舞台的时候做出的假设，若从资本积累的长期趋势上看，用该图示无法说明积累在资本主义绝对统治下如何发生(卢森堡和布哈林，1982)[158]。

在揭示马克思图示的剩余价值实现逻辑存在的理论困境的基础上，卢森堡以总体性的历史主义视野重建资本积累模式解释帝国主义时代的资本主义危机机制。其核心思想是：资本主义存在的前提必然是在封闭的资本主义体系之外，同时存在着其他非资本主义的体系，由它向资本主义生产体系提供有效需求，附带地也提供原材料和劳动力来实现剩余价值。从而，资本主义与非资本主义体系成为一种辩证存在的关系。一旦卢森堡把推动资本主义积累的动力确定为剩余价值的实现而不是生产，资本主义的根本矛盾已不再是马克思指出的资本主义体系内部的生产和消费的关系，而是它同非资本主义阶层和国家之间的矛盾，后者的存在是资本主义暂时得以生存的原因，也是资本主义生存发展的历史界限。在资本主义发展的历史进程中，正是资本积累的外部需求推动着资本的侵略性扩张。在卢森堡看来，帝国主义的殖民扩张就是资本"在争夺尚未被侵占的非资本主义世界环境的竞争中所进行的资本积累的"一种生存方式，它"愈是横暴地、愈是残忍地、愈是彻底地摧毁非资本主义文化，它也就愈加迅速地挖掉资本积累自己的立足之地"(卢森堡，1959)[359]。所以，正是资本扩张的无限性与扩张环境的有限性之间不可调和的矛盾，造成了帝国主义时代的资本主义危机与崩溃的历史命运。如果说马克思指出的"资本主义生产的真正限制是资本自身"这一命题揭示了资本主义生产方式的内在限度，那么，卢森堡则是在马克思理论的基础上揭示了资本主义扩展的外在限度(李平，2013)[61]。而这种资本拓展的外在限度将导致资本主义的终极危机——资本主义体系与非资本主义体系的结构性矛盾的极端表现，就是在世界范围内无产阶级革命的爆发。由此，卢森堡以资本主义体系与非资本主义体系的结构性矛盾补充了马克思的从资本主义生产内部矛盾来论证资本主义危机的必然性，探寻了帝国主义时代社会革命的客观历史基础，这不仅为世界经济体系研究奠定基础，而且为坚守科学社会主义和历史唯物主义革命观确定了理论前提。

卢森堡的《资本积累论》实现了资本积累研究范式的转变。资本主义体系与非资本主义体系两者之间的关系又充分体现出资本主义体系天然的侵略性，即它在依赖非资本主义体系的同时又必须不断地崩溃非资本主义体系。这种辩证发展的结果就是，非资本主义体系被资本主义体系蚕食殆尽，而这时失去了对立面的资本主义也就不能存在下去了。

卢森堡对马克思扩大再生产图示的批评：对资本主义封闭积累的可能性的辩护仍然只限于形式逻辑上的成立，问题是形式逻辑有时与现实问题是完全脱节的。"存在一个纯粹资本主义社会"这个前提只能是假设的，而不是一个真命题，由它推出的结论"在纯粹资本主义社会积累是可能的"固然符合逻辑推理，在现实中却不可能。因为无论从资本主义的起源还是发展来看，资本主义与非资本主义始终是联系在一起的。资本主义的萌生、发展及其发展速度都与商业活动的发达相关，而这种商业活动的发达又主要源于非资本主义的逐渐资本主义化或外部交换活动。因此，卢森堡实际上是将整个形式逻辑悬置起来，引入具体的社会经济条件——生产与消费之间的内在联系，从而建构起资本主义与非资本主义之间的辩证逻辑。事实上，资本主义经济之所以区别于以往的经济形态，就在于它是一个开放性的系统，而不是一个可以自给自足的体系，因此，卢森堡的分析把握住了资本主义的实质，从封建生产方式到资本主义生产方式的转化，不仅是私有制方面发生的重大变化，而是系统生存方式的根本变化。

卢卡奇指出，在卢森堡那里"承认积累发生了问题就意味着承认这些'坏的方面'是同资本主义最内在的本质不可分割地联系着的；因此，这种承认意味着必须把帝国主义、世界大战和世界革命理解为发展的必然性"(卢卡奇，1999)[92]，"如同青年马克思的总体考察透彻地阐明了当时还繁荣着的资本主义的垂死表现一样，在罗莎·卢森堡的考察中，资本主义的最后繁荣由于其基本问题放进了整个历史过程中,而具有了一种可怕的死亡之舞、一条走向不可避免的命运的奥狄浦斯之路的性质"(卢卡奇,1999)[86]。在自己的生命史上,资本主义本身是一个矛盾,它的积累运动带来了冲突的解决,但同时也加重了冲突。到了一定的发展阶段,除了实现社会主义外,没有其他的出路。

3. 理论推进——卢卡奇的解读

卢卡奇的代表性著作《历史与阶级意识》是一部论文集,收集了卢卡奇1920年前后的八篇论文。在这部被称为西方马克思主义的圣经的著作中,有两篇是专门研究卢森堡的,即《作为马克思主义者的罗莎·卢森堡》和《对罗莎·卢森堡〈论俄国革命〉的批评意见》。他之所以"在本书中用这么大的篇幅来阐述、解释和讨论罗莎·卢森堡的理论","不仅是因为罗莎·卢森堡是马克思的学生中唯一对他的终生著作无论在经济学内容还是在经济学方法方面都真正有所发展,并且还将它具体应用于社会发展的现状上去的人"(卢卡奇,1999)[41]。他进一步指出:"只有通过对罗莎·卢森堡的基本理论著作的批判性探讨,才能达到真正革命的、共产主义的和马克思主义的立场。"(卢卡奇,1999)[41]沿着卢森堡明示的"整体性"历史辩证法继续探问马克思主义哲学之实质的卢卡奇,通过回答"什么是马克思主义的正统"而系统论述了"总体性范畴"。他开宗明义地指出:"正统马克思主义并不意味着无批判地接受马克思研究的结果。它不是对这个或那个论点的'信仰',也不是对某本'圣'书的注解。恰恰相反,马克思主义问题中的正统仅仅是指方法。"(卢卡奇,1999)[49]总体范畴,整体对各个部分的全面的、决定性的统治地位,是马克思取自黑格尔并独创性地改造成为一门全新科学的基础的方法的本质。(卢卡奇,1999)[79]如果说标识马克思主义根本特质的东西就是其辩证的方法,那么这种方法就是要求将孤立和导致孤立的事实以及局部的体系置放到一个总体的结构当中,根据一种整合性的、总体性的眼界来加以对待。所以,马克思主义的方法,归根结底,应当是一种"总体性"的辩证法。

卢卡奇是在第一次世界大战后投身革命的,此时,西欧国家发动的一系列无产阶级革命相继失败,整个西欧的革命形势趋于低落,无产阶级革命热情受到极大打击,一再消退,而资产阶级国家的统治不断加强,革命产生的客观条件更加不利。在这样的形势下,反思革命为何一再失败,如何才能激励无产阶级重燃革命之火,成为卢卡奇思考的重心。从直面政治要求、参与革命运动转向深入意识形态革命,重在无产阶级阶级意识的唤醒,是卢卡奇开创的西方马克思主义研究路径的一个重要转向。

在卢森堡的启示下,卢卡奇提出总体性,正是对卢森堡著作的阅读促成了对马克思主义的相似理解,并使他进一步从哲学上做出概括,以"总体性"概念对马克思主义进行重大解释,从而标志着一个崭新的马克思主义派别的开端。卢卡奇指出,正统的马克思主义指的只是方法,这种方法在于"把社会生活中的孤立事实作为历史发展的环节并把它们归结为一个总体的情况下,对事实的认识才能成为对现实的认识"(卢卡奇,1999)[58]。更明确地说,就是"把社会看作整体来理解"(卢卡奇,1999)[30-31]。卢卡奇强调卢森堡理论著作中的方法论实质,将卢森堡看作总体性方法具体运用的典范,认为她在方法论上继承和发展了黑格尔和马克思的思路。

卢卡奇认为卢森堡的总体性方法不仅是马克思主义的,而且还通过对总体性的阐述恢复了马克思主义的真精神。因此,卢卡奇在揭示卢森堡总体性方法对于正确认识资本主义和反对机会主义的意义的同时,还努力论证了卢森堡总体性对于复归马克思的本来含义的重要作用。他明确指出,卢森堡在《资本积累论》一书中的表述方式"没有离开马克思的传统","更确切地说,她的表述方式同样意味着向原来的、未被歪曲的马克思主义的复归,向马克思本人的表述方式的复归"(卢卡奇,1999)[87]。

二、理论形成的条件

(一)个人方面

卢卡奇在学习、研究和运用马克思主义辩证法的过程中提出了自己的总体性思想。他在中学阶段就早早地初步接触到《共产党宣言》,在大学时代,虽然主要研习法学和国民经济学,但他对文学、艺术及哲学非常感兴趣,阅读和钻研了大量的马克思和恩格斯的经典,如《路易·波拿巴的雾月十八日》《家庭、私有制和国家的起源》等,对《资本论》的第一卷进行了系统的研究,对一些马克思主义基本原理的科学性非常确定。大学毕业后开始专攻哲学,对康德、费希特、谢林哲学进行了广泛的研究,然后又转向黑格尔哲学。他还对抽象的乌托邦主义尤其感兴趣,克尔凯郭尔的理论对他早期思想的形成起到了很关键的作用。第一次世界大战期间,卢卡奇开始接触到卢森堡的理论,在哲学方面从黑格尔的追随者到转变为马克思主义者,尤其是其总体性理论的形成,马克思的思想起着决定性的作用。1918年卢卡奇加入匈牙利共产党后,当时的现实情况促使他更加努力地对马克思主义的理论进行研究,不断修正自己的哲学观点,为科学地把握马克思主义辩证法打好了理论基础。他认为,《资本论》所使用的方法就是总体性辩证法。因此，和马克思一样，卢卡奇不仅重视理论修养，更注重将理论付诸实践。而这种把理论和实践相结合正是总体性所指向的基本要求。卢卡奇写作《历史与阶级意识》时所处的历史时期，理论上，流行用自然主义、科学主义和实证主义来阐释马克思主义，最终将马克思主义歪曲理解为经济决定论；在实践上，虽然十月革命取得了巨大的、前所未有的成功，但是工人运动的失败所造成的巨大的反差，使人们开始质疑马克思关于欧洲革命中心的预言，再加上第二国际修正主义的煽风点火，马克思主义的理论地位受到了动摇。此时，青年卢卡奇的写作意图，旨在从哲学方法论上确立马克思主义的总体性思想的重要地位，进一步强调马克思主义的历史能动性和实践性。

除此之外，在新的时代条件和革命形势下，推动马克思主义的进一步发展也需要总体性理论。在当时的各种思想理论纷繁复杂的历史条件下，对于什么是正统的马克思主义的讨论就没有停止过，各种众说纷纭的意见和纷繁复杂的看法纵横交错，庸俗唯物主义、五花八门的实证主义和宿命论的观点占据了理论的上风，它们有的从主观主义、经济决定论的理论出发片面化地理解马克思主义，有的建构全新的世界观，并在此基础上使人们只是看到主客体的对立面。在这种情势下，迫切需要确立总体性的理论地位，推动马克思主义哲学的发展。

（二）社会背景

随着资本主义生产力的飞速发展，近代的科学技术也迅猛发展，追求精准、严密是近代科学的一个趋势。但是，科学在执着地追求精准性的同时，完全地忽略了对象的总体性，即在考察对象时脱离了与整个世界的联系，把对象视为孤立发展的事实，并抽象地、简单地规定这些对象，以此获得一些仅仅适用于某个方面的精确的定义。所以，近代科学的发展不是倾向于建立统一而完整的科学体系，而是将分门别类的各学科进行汇总。启蒙运动后的资本主义社会，高举启蒙的大旗，弘扬技术理性，资产阶级将抽象的技术理性运用到政治领域，使其统治合理化和合法化。但是，卢卡奇认为由于工作的专门化，任何整体景象都消失了。分门别类的现代科学技术，运用到生产领域，体现为社会分工，专门的工作化使整体消失了，现实的总体被分割成很多部分。作为一个关注社会发展的哲学家，卢卡奇对这种技术理性的极端扩大化表现出极大的焦虑，因为科学性全然不考虑人的总体性，这样，随着现代科学进步和飞速发展，科学反倒沦为片面的、封闭的、与人无关的体系。更值得关注的是，自然科学被应用到自然时，确实能促进科学的进步和生产力的发展，但是当自然科学被运用到社会时，却沦为资产阶级的帮凶。因此，现代科学已然成为资产阶级维护其阶级统治的工具，科学越发展，科技越发达，资本家对工人的剥削越狠、越隐蔽。

（三）对所处时代错误思潮的批判

19世纪末20世纪初，卢卡奇所处的资本主义时代发展平稳，工人阶级在相对和平的局势中蓄积力量。19世纪70年代，有了飞速进步的科学技术的助推，社会生产力实现了跨越式的发展，各资本主义国家的发展也拉开了差距，资本主义过渡到垄断竞争阶段。这一时期，经济危机周期性地爆发，为了缓解社会生产社会化与生产资料私人占有之间的矛盾，资产阶级采取了一系列措施，缓和矛盾，缓解危机，资本主义进入了相对和平和表面繁荣的历史时期。这给人带来一种假象：资本主义的基本矛盾被化解了，马克思主义已经过时了，其中关于资本主义的发展趋势和最终必然灭亡的预言也是荒谬的。对于这个问题的回应，第二国际内部出现了不同的声音，但都没有明确地表示出来。

资本主义由自由竞争过渡到帝国主义阶段后，社会的矛盾更加尖锐，但是社会关系反而变得简单。处于这一历史时期的人们，首先要对资本主义表明政治站位即是赞成还是反对。理论倾向方面，要么依据马克思主义的理论从总体上考察社会的发展，然后从理论和实践的角度分析帝国主义这种社会形态，要么就是从个别科学发现方面对此问题进行片面考察。庸俗马克思主义者采用的是个别的、片面的分析方法，虽然他们在少数的、单个方面发现了"精彩的"描述，找到了他们以为的恒定的普遍通用的规律，但是帝国主义特有的、区别于前资本主义社会的特征就被忽视了。卢卡奇（1999）[83]对这种思想进行了深刻的批判："机会主义者置身于'一般的'资本主义之中，他们觉得这种资本主义的现状正好越来越符合人们理性的本质，正像李嘉图和他的后继者们资产阶级庸俗经济学家觉得它是'合乎规律'一样。"庸俗马克思主义者因此认为资本主义体系是永恒的，他们也将自己置身于这种永恒的体系之中。

1. 对机会主义的批判

以伯恩斯坦为代表的机会主义者，由于背离了总体性的方法论原则，他们不能从辩证发展的角度理解革命过程，而是撇开整个发展的过程孤立地理解革命行动，这种方式其实质是向现行的资本主义制度投降。在方法论上，他们也将马克思主义歪曲地理解为服务于资产阶级的理论，从而背离了马克思主义的总体性方法。卢卡奇强调出现这种错误绝不是偶然,因为只要背离了总体性的观点,不将革命放在整个发展过程中考察,将其理解为变化发展的过程,最终马克思主义的整个体系和总体性的原则都会崩溃。因为背离了马克思主义的总体性方法,伯恩施坦的提议一直是放弃革命,与资本主义和平共处。

针对当时在第二国际中广泛流传的机会主义的观点,特别是针对伯恩斯坦对马克思主义的修正,卢卡奇用总体性的方法对修正主义产生的阶级根源和社会根源进行了剖析,揭露了伯恩斯坦机会主义观点的反动本质,尤其是他"放弃革命、主张改良,和平长入社会主义"等主张。局限于理论上的表面的批判,沉迷于对于社会的改良,不仅是没有真正地理解马克思主义的总体性,更是从根本上动摇了马克思主义"改造世界"的实践目标。卢卡奇猛烈地批判了伯恩斯坦等庸俗马克思主义者的经济决定论,他们孤立、静止、片面地看待经济因素的决定作用,对于这些因素他们只是简单地拿来,不是融为一个总体,而是进行断章取义的片面理解,所以,他们运用的是抽象的、脱离总体的规律来解释事实,结果这样的事实也是抽象和孤立的。辩证的方法被彻底抛弃,随之总体性方法作为根本的方法论原则也被抛弃;各个组成部分不是置入整体中去理解,而是将各个组成部分简单地总合。"随着总体的被取消,各个孤立的部分的反思联系似乎就是适合一切人类社会的没有时间性的规律。"(卢卡奇,1999)[59]

2. 对修正主义的批判

庸俗马克思主义的另一种理论表现形式就是从伯恩斯坦开始的修正主义,这种理论偏向于人文主义,打着批判考茨基等的经济决定论的旗帜,妄图完全地摒弃马克思的唯物主义,用康德主义作为理论补充,在历史观上用主观唯心主义代替历史唯物主义。

第二国际的理论家们认为,历史发展的进程与自然进化的进程具有某种程度的同质性,认为社会的发展在某种程度上是一种物质经济自然发展的结果。这种理论非常典型地属于历史宿命论,在理论上主要表现为对人的社会活动和人作为历史主体地位的忽视,片面地强调历史规律。这种哲学在理论上表现为片面化,在实践中体现为机会主义,而且忽略主体的能动作用和从总体上进行把握,将各个组成部分看成是既定不变的事实,导致各组成部分之间形成一种僵化、孤立、机械的叠加。资产阶级就是以此为理论依据来宣扬资本主义存在的合理性,他们认为资本主义是由自然界和理性的永久规律决定其存在的。因此,要克服第二国际机械的经济决定论思想,必须重新重视总体性这个核心范畴和马克思主义辩证法的实质。

第二节 卢卡奇的总体性思想

总体性概念是早在卢卡奇的《小说理论》中就已经提及的概念,只是在这本著作中,总体性概念主要表达的是一种乌托邦式的理想,即消解了各种冲突和对立的理想生活状态。他通过将现代世界和古希腊世界作对比来阐述总体性的概念,以此来表达对已逝的美好生活的缅怀和对现实资本主义社会物化和异化现象的批判。在十月革命胜利的影响下,卢卡奇转向了马克思主义哲学研究,在理论上的体现就是《历史与阶级意识》的结集出版。

卢卡奇在该著作中首先对无产阶级革命存在的问题展开了深刻的反思,在此基础上提出了总体性这个核心范畴,其理论目的是针对第二国际庸俗马克思主义对无产阶级革命带来的侵害进行清算,同时卢卡奇也运用马克思主义对所处时代深刻反省。总体性思想是其著作《历史与阶级意识》的核心思想,只有正确理解了他的总体性思想,才能准确理解其阶级意识和物化理论。

一、阶级意识的独创

卢卡奇提出总体性的方法主要是为了无产阶级革命服务。无产阶级要成功地用革命的手段推翻资产阶级的统治,需要的基本条件就是无产阶级的阶级意识。只有当无产阶级用正确的阶级意识进行了理论武装,才能彻底摆脱资本主义商品拜物教意识的影响,实现对资本主义制度进行根本变革。而无产阶级阶级意识的形成,关键在于要对马克思主义哲学尤其是马克思主义的总体性辩证法重新进行理解和把握。卢卡奇认为,无产阶级要真正爆发革命,就必须要有自己的理论,但在强调阶级意识的时候,不能忽视历史这个总体。

(一)无产阶级阶级意识形成的条件

总体性范畴在理论上是对马克思总体性哲学的继承和发展,重新确立了马克思哲学的理论基石,以此来对抗把马克思主义极端本体化的倾向,完善了总体性辩证法的理论体系,开拓了研究马克思主义的新角度和新视野,深刻地影响了西方马克思主义的理论研究。卢卡奇认为,将这种辩证的方法转变为"历史的方法",只有无产阶级才能承担这个历史任务。

无产阶级的阶级意识绝不是在任何的历史阶段都会产生的。只有在资本主义发展成熟，但是资产阶级却无力明确地把握社会历史的情况下，无产阶级意识才能出现。在资产阶级革命胜利和资本主义社会建立之初，主体与客体的发展是同步和协调的。但是随着生产力的高速发展，各种矛盾也开始显露出来，尤其是主体和客体之间的矛盾。主客体出现不协调，表面上看是工人付出的劳动越多，但是他们所获的报酬却越少。其实质是，劳动者的劳动成果不再是一个简单的、单一的劳动产品，而是无数个单一的劳动产品构成了一个不可分割的整体，这个整体用多种多样的方式干扰个体主体，使主体和客体无法和谐发展。在这种情形下，主体如果继续以单一的个体为单位进行社会活动，就不仅无力把握客体，更谈不上社会总体了。但是资本主义的生产资料私有制决定了资产阶级只能以个体为基本单位，这样资产阶级就不可能从总体上把握社会，这主要表现为三个方面：首先，从生产过程来看，物化现象体现在社会生活的方方面面，导致商品拜物教的蔓延；其次，从主体方面看，被异化的人们在商品生产中在人性上受到摧残；最后，资产阶级理论出现了二律背反。针对这种情况，卢卡奇指出只有当资本主义社会彻底地表现出对总体性无法驾驭的时候，无产阶级才有可能承担起这个历史任务，从总体上把握社会历史的发展，最终形成无产阶级的阶级意识。

关于无产阶级阶级意识产生的条件，卢卡奇指出，无产阶级的阶级意识不是和无产阶级同步同时产生的，它的形成是资本主义发展到一定的阶段，而且伴随着商品拜物教的产生而出现的。在资本主义社会发展的早期，商品经济的发展也是刚刚起步，作为核心的商品还没有全面深入地影响社会生活。作为主体的人们是可以控制自己的生活的，资本主义社会的剥削本质也不易被发现。到了资本主义社会的后期，随着资本主义商品经济的高度发展，资本主义社会被全面地商品化了，出现了不受人决定和影响的物化现象，商品拜物教也由此萌发。资本主义的商品拜物教使人们清晰地发现：在资本主义社会，人们之间的社会关系，其实质就是物与物的关系，主体被客体化了。

无产阶级意识得以形成的主观条件是，无产阶级作为一个阶级首先要是一个整体。卢卡奇指出，虽然无产阶级作为资产阶级的对立阶级是一个整体，但这并不意味着无产阶级自身理解这种整体性。所以无产阶级阶级意识形成的必要条件是，他们要意识到阶级存在的整体性。在卢卡奇看来，只有在随着资本主义社会经济的持续发展，物化也继续发展到顶峰的情况下，无产阶级才可能意识到自己的主体地位，继而从个体的主体意识上升到整体的主体意识。

卢卡奇首先从主体和客体统一的角度提出了无产阶级的概念，明确地将无产阶级界定为一个总体，是社会历史发展进程中的主客体的统一体。从客体方面看，无产阶级是随着人类社会步入资本主义社会，资本主义大工业生产的产物。从主体方面看，因为无产阶级是最先进的阶级，是先进生产力的代表，所以只有无产阶级才有能力认识世界和改造世界。无产阶级作为主客体的统一，也是一个行动的主体。除了无产阶级，没有任何其他的社会主体具备认识社会和把握历史这个总体的能力。无产阶级的阶级意识不受任何偶然的、具体的历史事件的影响，成为认识社会和历史必然性的根本力量。

（二）卢卡奇定义的无产阶级意识

无产阶级意识拥有的独特优势在于能够从深入到社会的核心领域进行考察，深刻地认识到社会是一个由各种要素相互联系、相互作用构成的整体。无产阶级的意识不是凭空产生的、虚假的，而是无产阶级通过艰难而漫长的历程证实的。它不仅克服了直观性和片面性，能够从整体上把握社会历史的发展规律，而且具备从总体上认识资本主义的发展规律，预测资本主义社会发展趋势的能力。

卢卡奇所指的阶级意识包括三层含义：一是，无产阶级的阶级意识不是单个人的意识，而是作为总体的无产阶级的意识，单个人的个体意识不能决定历史的发展；二是，阶级意识这个概念具有历史性，是资本主义社会特有的，特指资产阶级意识和无产阶级意识的同一体；三是，阶级意识在推动社会发展方面起着重要作用，只有唤醒无产阶级的阶级意识和自觉的行为，才能最终推翻资本主义的统治。

无产阶级阶级意识的整体性取决于无产阶级首先必须是一个总体，而成为总体的现实途径只能通过无产阶级政党。因为政党是阶级利益集中代表和总体性阶级意识的真正体现。无产阶级意识形成的关键因素是主客体的统一，卢卡奇重视主客体统一，其根本目的是强调无产阶级作为认识的主体实现对世界的认识，强调无产阶级在阶级意识形成过程中的主体能动性。

卢卡奇提出了人是实践的主体，主张以主体性原则为基础讨论主客体统一的辩证关系。"人的主体"是指人是有意识、具有能动性的外在物，以认识客体和最终把握客体本质为前提，通过意识的能动性和创造性对社会客体起作用。主体通过作用于客体，使客体主体化，成为主体的一部分或者主体的延伸，最终回到主体自身。在资本主义社会，无产阶级既是实践的主体,也是认识的主体,又是认识的客体,同时具有主客同一的属性,这决定了只有无产阶级具备对社会进行认识和改造的能力。无产阶级反抗资产阶级的革命斗争是真正的实践。无产阶级作为历史的主体,其意识能对客体发生作用,而这种作用是无产阶级通过革命斗争的实践方式同现实中的客体发生联系,使其融为一个总体,并通过意识把握客体最终达到对主体的全面把握。

无产阶级的实践从本质上说,是作为主体打破现实和变革社会,具体来讲是发挥阶级意识的能动作用,实现对资本主义社会的变革。在卢卡奇的眼中,人变成了一切(社会)事物的尺度,他把实践活动定位在人的现实活动上,把人推出来设立为实践的主体,重申了马克思主义哲学的主体原则是这个社会的鲜明特征。可以说,卢卡奇所处的历史时代,到处充斥着庸俗马克思主义和实证主义的错误思潮,社会的片面化和人的异化构成社会的首要特点,总体性范畴的提出是针对时代的反思。

二、物化理论的确立

从社会的角度看,总体性的提出有着深刻的时代渊源和现实基础,资本社会的物化现实引发了卢卡奇对总体性问题的思考。"物化"是资本主义社会中普遍出现在社会生活一切领域的现象,资本主义社会的社会分工使人成为流水线上的一个环节,人的工作和生活的有机联系被打破,工人的劳动被异化,人异化成物,只有通过建构总体性理论才能消解资本主义的物化现象。

(一)马克思的物化理论

马克思的物化理论是从分析商品开始的。他在对商品进行剖析的时候,指出如果商品不再具有使用价值,就只能作为劳动产品而存在。但是劳动产品一旦没有了使用价值,就成了无用的存在。马克思从劳动的二重性推导出商品的二重性,以此为依据区分了两种物化:由具体劳动导致的对象化的物化,以及由抽象劳动导致的异化的物化。马克思还进一步对异化进行了系统的分析:由于社会分工的深入发展,通过商品的交换,人们之间由于交往而形成的社会关系也被物化为一种神秘的力量,这种力量独立于人的意识之外而且能支配人的意识,进而支配人的行为,而且这种异化会伴随着资本主义的发展长期存在。随着资本主义的进一步发展,劳动力成为商品,货币转化为资本,异化进入新的更高阶段:贫富差距扩大,社会财富越来越向极少人集中,极少数的人控制着社会大部分的财富,还控制、奴役、支配着绝大多数的劳动者。

卢卡奇从齐美尔的理论里吸收了社会分工理论，使自己的批判更加深入，更加具有张力。齐美尔的社会分工理论不是针对具体的分工，而是"一般的个体化进程"。与马克思的集中进行资本异化批判不同，齐美尔泛化地批判一般异化。受齐美尔理论的影响，卢卡奇以社会分工的异化为理论出发点构建的分工学说和马克思《1844 年经济学哲学手稿》中的物化在理论上算是殊途同归。由物化到物化意识，卢卡奇（1999）[183]认为"近代批判哲学是从意识的物化结构中产生出来的"，资产阶级思想走进了它的生存基础的二律背反死胡同中，最多只是尽可能地表现出这种矛盾，但是自身没有能力也不可能解决这种矛盾。总体性辩证法在方法论上找到了解决这个矛盾的出路，而且找到了克服这个二律背反矛盾的主体——作为主客体同一的无产阶级。

（二）卢卡奇的物化意识

资本主义的经济有两大特征：首先是它表现了商品经济在社会中的巨大作用；其次，资本主义商品使整个社会在历史上第一次服从或趋向于服从一个统一的认识过程，客观经济法则——追求物质利益至上的作用突显，在人们的社会关系中经济关系成为核心，物质利益成为支配人们活动的首要和决定性因素。相对于前资本主义社会而言，资本主义商品经济的飞速发展使个人获得了一定的独立自主的能力，个人由此摆脱了对人类形成长久束缚的人们之间的相互依赖关系。依据马克思的理论，处于商品交换关系中的人是一种自由的契约关系，然而在现实中，往往又出现了"以物的依赖性为基础的人的独立性"。物化现象又必然在人们观念中反映出来，卢卡奇把这种注入人的内在灵魂的现象称为"物化意识"或"物化思想"，即物化性的心灵。而在马克思那里，更多地把这种物化性的心灵称为商品拜物教观念。

卢卡奇从马克思《资本论》的"劳动二重性"思想入手，从马克思的商品拜物教思想出发，指出资本主义社会产生物化现象的必然性，通过分析资本主义中的劳动来讨论物化问题。卢卡奇认为，在商品经济中，物化必然会发展导致商品拜物教的出现。商品拜物教现象在资本主义社会成为极其普遍的社会现象，甚至演变为整个社会的统治形式，直接影响了人们的生活方式和行为方式。当然，作为卢卡奇研究对象的物化现象特指出现在资本主义社会的物化现象，特指人的社会活动和劳动者自身的劳动变成对他来说是客观的、对象化的东西。

卢卡奇从资本主义社会的商品经济研究着手展开了对物化的研究，商品是资本主义社会最普遍的存在，卢卡奇通过分析揭示了资本主义社会异化劳动的本质，首先区分了物化和异化。仅仅从主体创造出一个他自己不能控制的客体方面来看，这叫物化；从这个创造出来的客体反过来奴役主体来说，叫作异化。然后，卢卡奇进一步从两个方面来说明异化劳动：其一，从客观的物质方面看，人们通过劳动生产出了产品也就是客体，同时还生产出物与物之间的关系；其二，从作为主体的人的方面来看，人通过劳动生产出来的商品反过来奴役劳动者。

卢卡奇的"实体即是主体"，强调的是人作为主体创造客体的最终目的是满足自身的需要，但是由于资本主义生产资料的私有制，人生产出来的产品不仅不能成为主体的一部分，而且还反过来对人形成奴役。由于工业生产中机器的普及和生产的"合理的机械化和计算化"，劳动产品和工人的劳动都成为商品，劳动产品成为商品的计量方式是定时定量，那么工人的劳动也被量化，这样，人就变成了物。"物化"不仅体现在资本主义生产的全过程，还影响了意识形态领域和社会生活的全方面："物化"的加剧使人的发展背离了本身的意愿，人不能满足个性的要求自由发展，而只能依据社会的需要畸形地发展某一个方面的能力。整个社会生产被分解成许多相互矛盾的部分，而且也不受主体控制和不能为主体服务。社会意识作为对社会存在的反映，也在所难免地出现二律背反。卢卡奇从两个方面对资本主义的物化现象进行了总结：第一，"物化"全面渗透到生产和生活意味着客体越来越趋于成为一个整体；第二，"物化"的不断发展向人们揭示了人与人之间的关系也被物与物关系所取代。在这种情况下，驾驭了客体就能驾驭主体。但卢卡奇又指出，由于资本主义的生产资料私有制，资产阶级的利己主义和个人利益至上决定了其只能从个体的主体出发去把握世界，但是这种把握是不可能全面的，所以，只有当主体作为整体的时候才能把握客体，并且实现主体和客体的统一。到那个时候，自由与自然也能实现统一，"物化"现象自然消解。

在全面分析和探讨了关于抽象的历史和片面的社会之后，卢卡奇开创性地提出并开始系统地研究异化。在《物化和无产阶级意识》这篇文章中，他以《资本论》的基本理论作为理论切入点，对资本主义社会的各个方面进行了全面而深入的分析，然后得出这样的结论：在资本主义社会，工人完全地丧失了人格，而且工人作为劳动力完全成为商品，不仅如此，物化的影响还越来越深入地、决定性地影响人的意识。"人的活动本身被客体化，变成另一种商品，一种服从于社会自然规律的异于人的客观性，它正如变为商品的任何消费品一样，必然不依赖于人而进行自己的活动。"（卢卡奇，1999）[153]资本主义制度已经完全地深入人各个方面，人彻底丧失了的主体性。资本主义工业生产看似合理的机械化不仅影响了人的生活，还深入到人的灵魂，甚至人的心理也被打上了机械化的烙印，然后同人的整个人格相分离，甚至心理同人格相对立地被客体化，以便适应到资本主义的体系中，并在这个体系中能够被量化和计算。人不管是在客观实际上，还是在自己对劳动的态度上，都不能表现出在这个过程中的主体地位，而是流水线上的一个部分，被整合到系统中。基于此，卢卡奇极度地期盼总体性，用全面发展的人道主义——历史唯物主义的中心来反抗异化的世界，真正的社会革命其实是全面革新现实的具体生活。

卢卡奇批判的物化意识主要针对实证主义的认识方法，因为它的出现是直接为了分工服务，只是满足于对合理的部分的认识，而无法认识到从整体上的不合理性。从这个角度来说，它在客观上阻碍了无产阶级认识客观总体的真理，进一步阻碍了无产阶级的阶级意识的成熟。物化意识首先造成了哲学认识上的片面性，它必然会使人们绝望地沦落到粗陋的经验主义或抽象的乌托邦之中。此外，物化意识还不同于一般的经验主义，表现为把物和事实以及客观法则的影响力无限放大，使人作为主体成为没有必要的存在，在社会客观法则的强制影响下，导致个人在社会活动中的主体性和创造性被扼杀。

三、总体性理论的解析

得益于卢卡奇开创性的理论阐述，总体性成为西方马克思主义发展史上的重要里程碑，卢卡奇直接将马克思主义的正统认定为总体性方法，这也为以后的西方马克思主义的发展指引了方向。

（一）总体性思想的实质：总体即是主体

因为卢卡奇想要揭示历史在形成与发展过程中的主客体统一关系，因此可以说其总体性思想的实质就是总体的历史观，总体中的主客体统一，也就是主体与主体的统一，即"总体（实体）即是主体"。

卢卡奇认为，人类社会继续向前发展，只有当人们意识到总体就是主体，也就是人们真正地认识到自己的劳动所得也就是自身时，自由与必然达到了统一，此时必然不再是人类自由全面发展的禁锢，人们也不再被自己创造的客体异化，而是自己把握，自我进行创造，人性也将不会被摧残。但是卢卡奇清醒地指出，无产阶级想要真正地形成自己的阶级意识也不是轻而易举的事，而是要历经一个艰辛而漫长的过程。原因是无产阶级的阶级意识既不是单纯的无产阶级心理状态，也不是单个的无产阶级的主观认识，而是作为统一体的无产阶级对于在特定的历史发展阶段自身所处的主体地位的理解，也就是无产阶级的"自我意识"；此外，由于资产阶级在理论上的误导，无产阶级在建构自己阶级意识的过程中还始终要受其困扰，导致无产阶级错误地认同资本主义社会存在的合理性。

卢卡奇《历史与阶级意识》中的主体性哲学的现实观照是，重点关注如何使自在的群众变为自为的阶级。卢卡奇认为，只有将意识付诸实践，才能使其实现。也就是说，阶级意识在广大群众那里从来就没有，或者只是潜在地存在但是还没有被意识到，需要通过宣传唤醒其阶级意识，这样无产者就蜕变为无产阶级。而这一切如何付诸实际呢？卢卡奇提出的解决方案是：无产阶级的阶级意识不仅仅是单纯的意识，而是内含着实践优先的需求，而且强调将理论与实践相结合，统一于现实实践——社会革命中，"作为阶级的无产阶级只有在斗争和行动中才能获得和保持它的阶级意识"（卢卡奇，1999）[99-100]。这表明强调无产阶级对敌对阶级的阶级斗争是非常重要的。而这种生死攸关的以死相搏对于具有了阶级意识的无产者来说，他们非但不恐惧反而士气高涨，因为他们已经意识到这才是通往自由王国的必经之路。这样，在20世纪初卢卡奇以主客体同一的思想为根基的主体性哲学初步确立理论地位，卢卡奇的理论旨归是追求人的自由，因为只有自由才能体现人的主体性，而且只能通过阶级革命的方式，人类得以解放了才能实现自由。

（二）理论的两个维度

在《历史与阶级意识》中卢卡奇的总体性思想体现为横向的总体性和纵向的总体性两个方面，横向的总体性是批判庸俗经济决定论和自然主义的思想，指出对于一个社会形态的研究和把握：不能仅仅研究其经济基础，上层建筑也要进行研究；不仅要研究其客体的方面，主体方面也要进行研究，并且要研究主客体的相互作用。庸俗经济决定论者将经济发展看成是资本主义发展的决定性因素，而完全地忽略资本主义的政治、文化、哲学、宗教等因素，更不会将这些方面综合起来进行考虑。卢卡奇指出，作为一个社会形态的资本主义社会是一个整体，对它的研究和考察也要进行全面的把握。自然主义者片面地重视社会发展的客观规律性，而忽视了人的主观能动性在社会发展中的重要作用，卢卡奇针对这种片面的观点指出，社会的发展不仅仅是由客体决定，主体也发挥着很重要的作用。纵向的总体性是通过对资产阶级的哲学进行批判。卢卡奇认为资产阶级哲学虽然反映了资本主义社会的现实，但它们未能超出资本主义社会的范畴。但是卢卡奇指出，社会历史不是永恒不变的，而是一个由量变到质变的变化发展过程。任何一个社会形态作为一个"总体"在形成之初，在其内部的主客体是协调一致的，但当它发展到一定阶段时，在其内部开始出现各种不协调和矛盾，此时一定会被另一个全新的"总体"代替。卢卡奇认为社会形态的更替主要是通过主体的随之变化而体现出来，从人类社会的发展演进来看，封建的生产关系不能适应生产力持续不断发展的需要，资产阶级通过革命推翻了封建地主的统治，资本主义社会取代了封建社会。但是在资本主义社会内部，随着社会基本矛盾的不断激化，无产阶级不断觉醒，其力量不断强大，时刻准备着夺取资产阶级的统治，但资产阶级及其理论家没有觉察到社会的矛盾变化，因此也无法正确反映客观的社会结构；而无产阶级想要成为顺应历史潮流的全新力量，就必须首先从理论上把握社会现实，建构自己的历史观和阶级意识。所以卢卡奇是从横向和纵向两个方面对总体性思想进行认识和理解的，针对人类历史发展的各个阶段的主要方面进行具体分析的同时，特别注重把握历史的整体性发展方向。

（三）理论展开——两对重要的范畴

卢卡奇思想的结构是，历史概念是其基础，总体性范畴则是其中心。以总体性范畴为核心，历史的辩证法得以展开，其中直接性—中介、理论—实践、主体—客体都是总体性的展开和说明，卢卡奇这样评价总体性：马克思主义和资产阶级科学的最根本不同就在于，是总体的观点而不是经济动机在历史解释中处于决定地位。

1. 直接性与中介

卢卡奇总体性辩证法的重要范畴就是直接性与中介的辩证关系。卢卡奇指出全部的历史事实首先表现为直接的事实性，但在直接性范围之外的就体现出了事物的中介的特点。作为黑格尔哲学的专门术语之一，中介范畴特指不同范畴事物之间的间接性联系。在黑格尔哲学中，他把中介理解为概念之间的间接性。

卢卡奇批判性地继承了黑格尔的中介的概念，把直接性与中介作为总体性辩证法的首要内容。首先，他强调这对范畴的客观性。他明确地反对把中介这个范畴作为一个价值判断的范畴，当作一种纯主观的东西。但是他所谓的客观性既不同于黑格尔，也不同于恩格斯的自然辩证法。因为他曾明确表示反对黑格尔那种脱离人的神秘辩证法，也反对恩格斯的脱离人的纯客观的辩证法。他所讲的对象、客体不是别的,而是历史,是人的活动。一切都要从主体的活动、从历史性来审视,这样才能理解中介的客观性。

在卢卡奇那里,历史本体论和社会认识论是合为一体的,所以他更多地从方法论和认识论的角度强调了直接性和中介的辩证法。他并不是从纯科学认识论的角度来抽象地谈论直接性和中介二者之间的辩证关系,而是将关于这对范畴的理解与其社会革命理论直接相结合,在他看来马克思主义辩证法首先是革命的辩证法。他进一步指出,直接性和中介正好分别象征着资产阶级和无产阶级两种完全相反的存在方式。虽然这两大对立的阶级都处在类似的直接性的社会环境中,但是资产阶级陷进这种直接性难以自拔,而无产阶级却能够依托中介去对抗自身的直接性。造成这种不同的原因在于他们的不同社会存在决定。资产阶级始终持一种二律背反的世界观,从康德开始的认为主体与自在之物之间存在着永远不可逾越的鸿沟到黑格尔将"绝对精神"视为历史的主体,这些都导致了主体和客体最终走向分裂。这样的世界观导致在对待现实的态度上,"资产阶级思想由于它的出发点和目标始终是(虽然并不是有意识地)为事物的现存秩序作辩护或至少为这一秩序的不变性作证明"(卢卡奇,1999)[104-105],过去是有历史的,到了资产阶级社会历史就停滞了,资本主义社会成了永久的天堂。这样,资产阶级就沉醉于单一的直接性,而不能利用中介范畴获取关于历史现实的总体性认识。

无产阶级则不同于资产阶级,从理论的角度,无产阶级体现了历史的主客体统一;从现实性上来说,无产阶级虽然处在纯粹的直接性中,但它能超越这种直接性。而这种超越靠的就是中介范畴,"中介范畴就是一个克服经验世界的纯粹的直接性的杠杆"(卢卡奇,1999)[245]。

2. 主体与客体

主体与客体是卢卡奇历史辩证法的另一对重要范畴。在主体和客体的关系上,卢卡奇的思想体现出了开创性的、不同于前人的特点。其总体性思想的主旨集中表现为主体和客体的关系,认为主体和客体统一在总体中,总体贯穿着二者的相互联系、相互作用,不可分离,缺少了其中一方,总体便失去了存在的基础。黑格尔的观念的总体性是以绝对理念(既是主体又是客体)的客观运动为基础的,企图以此为基础实现思维与存在、主观与客观的完全统一。对于黑格尔的以主体为中心来理解客体,卢卡奇表示认可和接受,但是卢卡奇一方面肯定了黑格尔的主客统一的具体总体性的重大意义,另一方面也注意到了黑格尔将绝对观念视为历史发展动力的理论不足之处，即黑格尔哲学的思辨性和抽象性，尤其是抽象的主体必然导致主客体运动趋向神秘。其理论包括三个方面。

其一，主体和客体的分离是资产阶级哲学的主要特征。从古希腊的哲学发展到以康德为首的德国古典哲学无一例外地都是从主体和客体的二元对立分裂来考察的。古希腊哲学中芝诺的"飞矢不动"、赫拉克利特的"人不能两次跨进同一条河流"都是这一原则的体现，近代经康德哲学更是将其推进发展到登峰造极。在其著作《纯粹理性批判》中，康德把自在之物悬设起来，认为认识只能达到现象，而不能达到物自体，强调了主体与客体之间的对峙。

其二，马克思主义的唯物史观完成了对主客体统一的理论。卢卡奇通过对以往哲学的分析，认为以往所有的主客体关系的理论都是从纯认知、纯客观的角度出发的，解决这一问题的方法就是将社会历史问题提升到本体论的高度，并把本体论和认识论合二为一，这样主客体就能走向真正的统一，二者之间的对峙就能消解。黑格尔是最早想克服这种对峙，达到主体和客体统一的，他将二者的关系问题转化为一种历史问题，但是他试图统一主客体的尝试失败了，其原因是黑格尔未能找到真正的历史主体。而真正完成主体和客体统一的是马克思。在卢卡奇看来，只有在马克思的历史哲学中，康德、黑格尔所留下的"辩证法的问题及随之而来的主体和客体、思维和存在、自由和必然等等对立的扬弃的问题才可以被看作是解决了"（卢卡奇，1999）[228]。

其三，无产阶级是认识的主体。卢卡奇认为，马克思不仅转换了客体，而且也转换了主体。因为在以往的关于主客体的理论中，两者的对峙关系除了客体方面的原因外，主体方面的原因也不容忽视。作为个人的单个主体在庞大的"自然客体"面前显得渺小、软弱。"对资产阶级来说，历史过程和社会存在的主体和客体始终是以双重形态出现的：从意识上来讲，单个的个体作为认识的主体面对着社会事件的极其巨大的客观必然性，他所能理解的也只是它的一些细枝末节"（卢卡奇，1999）[256]，马克思找到了真正的主体——无产阶级，无产阶级在商品交换中必然超越直接性，从而形成了主体性的认识，最终成为历史的主体。无产阶级才能成为历史的同一的主体—客体，它的实践才能改造现实，这就引出了他的革命理论。

（四）卢卡奇总体性范畴的特征

1. 本体论特征

卢卡奇的总体性和他的本体论思想紧密相连，他把历史作为本体论的原因在于他试图解决资产阶级意识形态导致的主客体相对峙的二律背反。因为自然客体和自在本体都是外在于主体的,全部西方哲学从古代到近代,从笛卡儿到康德都在探寻一种主客体的统一,但因为它们的本体都是自在的本体,所以不可能实现这种统一。卢卡奇认为总体性范畴是与这个历史的本体论紧密相关的,它同时规定着历史的主体和客体,是二者的统一,这种辩证的总体性是解决资产阶级二律背反的重要依据。

从客体来说,历史不是支离破碎的历史,而是总体性的历史。卢卡奇认为历史的总体性可以从两个方面理解:一方面,作为总体的历史不是七零八落的个别历史事件的堆积,而是包含有一种内在的统一性和整体性。另一方面,也不能将历史的总体性当作一种神秘超验的东西,似乎它完全是脱离个别的、具体的历史事实的。

"总体性范畴不仅决定着认识的客体,而且也决定着认识的主体。"(卢卡奇,1999)[171]在资本主义社会,资产阶级思想在认识社会时总是抓不住社会的总体,因为他们"总是从个别资本家的观点出发来考察资本主义的发展",他们不能把总体性作为一种认识的方法是由于其阶级立场的局限。由于马克思从根本上把总体性作为历史的认识方法,因而能从根本上发现资本主义经济的运行规律,而这又是由他的阶级立场决定的,因为只有无产阶级代表着历史的总体性。

2. 认识论功能

卢卡奇的历史本体论和社会认识论是合二为一的,但是作为不同方向的延伸,二者的侧重点不同。卢卡奇认为,从整体的还是局部的视角去认识历史,这不是一个细微末节的问题,而是一个基础性的、关于方法论的问题。因为只有辩证的总体观才能克服资本主义的拜物教,所以也只有辩证的总体观能够使我们把现实理解为社会过程。而马克思的《资本论》堪称总体性认识方法的典范,资本主义社会商品大量堆积,马克思以其犀利的眼光揭示出了物质后面所掩盖的真正的社会关系,第一次科学准确地说明了商品的本质和属性。马克思之所以能超越一切资产阶级的经济学家而达到一种科学的认识,卢卡奇认为,其根本原因在于用这种认识才能看到辩证方法的总体观能使人真正认识社会中所发生的事情,事物本身的总体性决定了在认识论上也必须用总体性的方法。

3. 人道主义的特征

在资本主义社会,人被全面地异化,异化的一个根本表现就是由于社会分工和机械化在生产中全面普及,完整的、总的人格被分裂。因为生产的客体被分成许多部分,那么必然也会引起生产的主体也分成许多部分。

生产的合理化必然伴随着人的异化,这种异化就是人的总体性存在被分割,作为生产主体的人再也不是一个完整的人,而是机械化的流水线作业上的一个零部件。人成了一个抽象的原子,成了隶属于机器的附属品,机器所需要他的只是他总体人格的一部分。

这样,卢卡奇的总体性概念其实是一种规范,一个衡量价值的尺度,成为他人道主义的准则。辩证法人道主义的倾向在总体性范畴中最突出地表现了出来,这样总体性范畴就担负起重建主体的重大责任,总体性也是人克服异化、全面发展的最有力手段。唯有总体性能克服异化的产生和对人的扭曲,唯有"不断地、一再地努力通过与具体表现出的全部发展的矛盾具体联系起来,通过认识到这些矛盾对于全部发展所具有的固有意义,从实践上打破存在的物化结构"(卢卡奇,1999)[300]。卢卡奇的总体性的概念成为其在批判资本主义条件下的异化的最有力的武器,只有在总体性之中人才是完整的、人道的,而且成为一个完满的总体,这样才能克服或者正在克服实践与理论、理性与感性以及内容与形式的分离。

辩证法的问题是卢卡奇思考和研究的重点,他对辩证法的研究不仅表现在从根本上将自然辩证法转换到历史辩证法,还体现在他将历史辩证法的具体内容展开为总体性的辩证法。当卢卡奇提出马克思主义哲学的本体论就是历史,认为自然辩证法游离于马克思主义哲学的理论范畴之外,表明他重新规定了辩证法的性质。卢卡奇的辩证法以历史的发展为线索展开,随着主体活动的发展而逐渐丰富。卢卡奇将恩格斯从自然、社会、思维三个方面展开的宏大辩证法体系融合到人与历史的架构中,结果自然辩证法不复存在了,人的活动的辩证法却成为理论重点而加以强调。

4. 革命性特征

首先,在现实意义上,卢卡奇的总体性范畴是直接反对第二国际的修正主义理论的。他认为,只有从总体性出发才能制定出正确的革命方略。革命党人制定革命策略首先要面对的就是如何看待资本主义社会,在这个问题上卢卡奇认为在德国民主党内产生了严重分歧的原因在于,是否从根本上掌握了总体性辩证法。伯恩斯坦等人不能把资本家和工人的关系放到社会的总体中加以考察,而是从个别资本家的立场来观察问题,从而使这些问题脱离了总体的联系,因而否定了资本主义必将灭亡的结论。与此相反,以卢森堡为首的左派理论家之所以能坚守革命的立场,关键在于他们能把资本主义的基本问题放在整体的历史进程中进行考察,揭示出造成资本主义经济危机的一个重要原因就在于资本积累,揭示了资本积累必然造成资本主义的危机,从而必然导致革命。卢卡奇指出,正是因为辩证法,卢森堡的理论才具有了力量，也正是通过卢森堡的理论我们才意识到辩证法所面临的核心问题是：正确理解总体性概念的统治地位以及黑格尔哲学。

其次，针对第二国际修正主义思想中的经济宿命论，卢卡奇用总体性的观点进行了批判。他通过分析指出，伯恩斯坦等人的经济宿命论的理论根源在于其总体性观点的缺乏，导致他们无法从总体上把握资本主义，从而认为资本主义的经济规律等同于永恒不变的自然规律，在态度倾向上导致了宿命论，然而实际上只要在认识世界时不考虑人的总体性，那就不可能去改造客体，只好听天由命地相信宿命。

最后，卢卡奇论证了革命目标和总体性的关系。当时左派和伯恩斯坦等人斗争的一个重要的问题就是革命的最终实现和现实斗争的关系问题。卢卡奇的观点和卢森堡的观点一样，认为伯恩斯坦等人的错误在于割裂了日常斗争和最终目标的关系，没有认识到社会主义作为最终的目标并不在遥不可及的彼岸，而是和现实的工人斗争紧密结合在一起的。实际上由于最终目标深度关联总体性，工人阶级斗争的每一步才具有了现实的革命意义。社会过程是一个整体，这个总体性的社会过程是由每一个平凡的社会生活的环节构成的，工人阶级只有意识到每一个这样简单的环节和社会总体性的关系，才能重视日常斗争在实现最终目标中的重要意义，卢卡奇也强调了只有单个革命行动在被总的运动远景所控制、单个的革命过程成为能动的无产阶级意识的一部分时，这种单一的行动才能有意义。

第三节 从《历史与阶级意识》到《否定的辩证法》

从理论逻辑上看，否定的辩证法可以看成是对卢卡奇历史辩证法批判性的继承和发展。一方面，可以说否定的辩证法是受到了《历史与阶级意识》的思想的启示，然后将马克思主义辩证法的批判精神推进到一个新阶段。但是另一方面，否定的辩证法又明确地表示了对青年卢卡奇的"总体性"、"历史的主客体"和"总体性辩证法"等观点的批判，提出了要重新重视被历史辩证法忽略和抛弃的客体，因此《否定的辩证法》实际上标志着由《历史与阶级意识》开启的西方马克思主义传统的终结。

卢卡奇极力恢复总体性范畴在马克思主义辩证法中的核心地位，阿多诺却批判总体性，提出了否定的辩证法，二者的理论看似是完全对立的，然而这种对立背后的立场却都是马克思主义的立场，即对资本主义的有力批判。只是随着资本主义社会的发展，社会批判的理论也在随之发展。因此，阿多诺对卢卡奇总体性辩证法的批判，其实质是对传统革命路线的理论反思。

一、主体性之维：阿多诺对卢卡奇的反思

在西方本体论哲学特别是黑格尔哲学中，作为社会主体的人被抽象为"绝对精神"，是与现实对立的抽象存在。马克思哲学的一个重要推进就在于转变了传统哲学的主体——由抽象的主体转变为从事感性活动的"现实的人"，实现了将哲学从"天国"降到"人间"。可是，在马克思的理论体系中，资本主义社会中作为主体的人其本质仍然没有摆脱对物的依赖。

卢卡奇理论展开的思路是，将无产阶级及其阶级意识界定为历史的主体，而且将二者并列放在主体中同等重要的位置，其理论思路实际上是将意识形态划归为主体。虽然表面上看是从马克思主义向黑格尔哲学的回归，但是与马克思主义相比较却是一个巨大的倒退。卢卡奇认为，资本主义在一定的历史阶段还将继续存在，一个关键的原因是无产阶级意识还未完全觉醒。无产阶级进行革命的一个重要前提是无产阶级自我意识的觉醒。因此，卢卡奇（1999）[8-9]高度重视无产阶级的意识形态，指出："历史是实体，无产阶级及其阶级意识就是主体。"而且无产阶级及其意识开始超越现实。

在卢卡奇的关于主体的思想上阿多诺进行了批判性的继承。卢卡奇利用黑格尔的主体性范畴，对集体性的阶级意识高度肯定，阿多诺却完全相反，他首先否认了人类社会的最终解放需要黑格尔哲学意义上的总体性，还进一步提出个体主体性完全动摇了集体主体性的合法性。对于集体主体性，阿多诺认为正是由于这种集体性的意识形态，导致了社会意识失去自由、被控制甚至出现极权主义，个体主体性也被扭曲。当个体的主体性被同一化约为社会主体性时，不仅个体的主体性被扭曲、异化，还导致了个体对自身的生存环境、价值和地位的歪曲认识。因此阿多诺认为个体的主体性才是真正的主体性，要解放主体性首先就要恢复个体主体的思考能力。阿多诺强调恢复非同一性哲学的使命就是恢复主体性，而湮没主体性的元凶就是同一性的社会形式，对于个体主体，其关键是要在意识层面拒斥虚假的主体性，最终实现自身的觉醒和社会的进步。

在对"同一性"意识形态进行批判的过程中，阿多诺认为资本主义的商品交换遮蔽了社会意识形态层面上的重重问题，这种遮蔽造成的意识形态幻象使人的主体性被忽略，主体完全丧失了反思和批判的能力，导致主体不仅遭受劳动奴役还受到精神控制。正是从这个视角，阿多诺提出的解救主体其实质就是解放主体。阿多诺试图从认识论的角度出发，重新审视过去的历史和现实社会中导致的虚假主体性，将主体从社会同一性中完全

抽离出来，最终实现主体的觉醒和自我认同，继而在未来社会为自我实现提供更多的可能。主体性是阿多诺致力于批判和拯救的核心概念，通过对传统理性哲学内部矛盾的反思和批判，建构全新的主客体关系，揭露了被启蒙理性蒙昧的虚假主体性，解救被同一性异化和遮蔽的主体性。

在批判理论的具体实现方面，阿多诺理想中的、不受理性社会同一性控制的个体主体性，要通过"绝对否定"的方法才能得到。阿多诺认为，用黑格尔那种否定之否定等于肯定的传统辩证思维方式去把握世界的想法最终是会落空的。任何关于现实世界的理论预设其实都是换了一种方式进行思想的奴役，是同一性、总体性的思维形式精心打造的、一个看似井井有条的关于世界的幻象。基于此，阿多诺对卢卡奇的做法持否定和批判的态度，因为卢卡奇的从外部对无产阶级进行革命思想的灌输的做法，其实质是同一性的集体主体性。阿多诺提出解决这一困境的唯一途径就是对"理性自负"和人类思维模式中主客体的关系进行"不断否定"的批判，对任何意欲单纯用理论就能对现实进行全面把握的企图进行绝对批判。

在批判理论的理论基点方面，阿多诺是基于一种理想的主客体关系，通过"绝对否定"确立个体意识的主体性。为了全面抵抗同一性的压制，需要"经验"这个概念，"经验"的首要特征就是差异性的"客体极力地认可和保护个体意识主体之间的差异性"，与之对应的理论方面也需要一个充分尊重差异性的哲学理论与之相适应。在阿多诺的理论中，这个理论基础就是"经验优先"原则，其认识论基础是客体由于差异性不可能被还原为同一性的意识，这样就保证了独立的个体意识主体性，进而确保了认识模式的非同一性。在这种哲学逻辑思维模式下，对于客体，我们的态度是去接近、了解，最终达到与之和平共处，而不是强制地以主人自居，压制对方。

这样，阿多诺哲学中的个体主体性实际取代了传统哲学的集体主体性，他一方面力图从认识论上全面瓦解一切总体性的意识形态，但另一方面，他又在瓦解的过程中确立了具有差异的个体意识的主体地位的至高性。在这个双向运行的进程中，总体性越是分崩离析，对现实世界的分析就越零散，而个体意识的主体地位就越突出。在阿多诺看来，主体对客体的同一越弱化，主体和客体的状态就越真实地展示出来。阿多诺的这种方法其实质是将人与社会的矛盾表现为主体与主体性的矛盾，而且将卢卡奇开创的主体性更进一步上升为主体的思想推向顶峰。

二、物化现象之维：阿多诺对卢卡奇的推进

卢卡奇的物化理论是阿多诺的否定的辩证法最基础、最核心的社会历史元批判基础，其物化意识通过总体性辩证法和历史辩证法强调主体性，但不同于卢卡奇从社会分工理论出发，阿多诺对于物化理论的分析是从价值的形成和交换的角度着手的。

阿多诺的理论展开始终围绕着与海德格尔的理论交锋，从这个意义上说，阿多诺哲学与海德格尔哲学的关系同马克思哲学与黑格尔哲学的关系非常相似。它是进入到海德格尔哲学的内部进行批判，对其进行颠覆之后再重建，所以《否定的辩证法》的开篇就是对海德格尔哲学的批判，全书的整个理论架构也在此基础上得以展开。海德格尔颠覆了传统的本体论的哲学思路被称为"哥白尼式革命"，阿多诺首先揭露了其深层次的本质，即这种方式其实是以一个更加隐秘的逻辑结构使本体论成为不可或缺的内在需要；海德格尔的理论本质上体现了存在和存在物之间不可调和的矛盾：他意图用存在去超越存在物，并打着存在的旗号不允许人们认识和超越存在物，但存在物却又被存在完全地掩盖。海德格尔赋予了存在高于一切的神圣的本质，在存在的反衬下，现实的存在即物化世界是非内在、非本质的，也就是不值得重视和改变的。所以阿多诺得出这样的结论：海德格尔哲学表面上看是革命的，这正好迎合了资本主义制度和物化的世界。当物化被关注之日就是物化被扬弃之时，马克思指出物化必然会随着社会历史的发展而被扬弃。而对卢卡奇和阿多诺来说，扬弃物化的政治理论前提是扬弃物化意识，正是在这个节点上，阿多诺的理论开始走上了完全不同于卢卡奇的道路，不同于卢卡奇将总体性辩证法作为物化意识解决方案，阿多诺的具体方案就是由启蒙辩证法演变成否定的辩证法，而且展开对总体性辩证法的全面批判。

由物化现象到物化意识，卢卡奇认为近代的批判哲学就是发源于意识的物化结构之中。因此，资产阶级思想不可避免地陷入了二律背反之中，它只能极力想要表达但没有克服、也没有能力克服这种背反。总体性辩证法从方法论上克服了资产阶级思想的局限性，在此基础上，指出了无产阶级才是最终克服二律背反的现实承担者。卢卡奇反对的物化意识主要是指向了实证主义的认识方法，因为它虽然能体现社会分工的要求，满足于对部分合理化的认识，但无法把握整体的不合理。因此，物化意识作为一种意识形态，不仅在客观上阻碍着无产阶级认识客观总体真理，还是无产阶级的阶级意识走向成熟的一大障碍。

阿多诺对物化现象的形成和本质有着自己独特的理解。他所属的学术团体不仅有经济学研究的传统，其中的格罗斯曼和波洛克更是当时重要的经济学家，因此阿多诺明确地指出，现代资本主义制度的产物——物化现象的出现要从资本主义制度的内部去找寻其根源，资本主义社会中的交换原则将千差万别的人类劳动还原为抽象的社会平均劳动时间，这从根本上也是同一化原则。通过商品交换这一社会模式，"不同的个体和成果成了可通约的和同一的。这一原则的扩展使整个世界成为同一的，成为总体的"（阿多诺，2020a）[126]。所以，阿多诺认为物化的本质就是：由于资本主义社会以私有制为基础的商品经济，商品的价值只能通过交换实现，跟使用价值相比，交换价值具有绝对性的优势，直接代替了事物的本质，而此时事物自身的本质却被隐匿了。物化最为核心的要点是客体的使用价值被主体的交换价值所掩盖，因此，和卢卡奇提出的主体之间的平等不同，阿多诺重点关注的是主体和客体之间的平等。

作为方法论的总体性辩证法要想突破自身的界限，也就是将方法论运用于实践，就必须在现实中找到作为物质承担者的无产阶级，从这个方面来说，总体性是一个具有实践品格的"革命原则"。总体性辩证法首先把无产阶级从资产阶级意识形态思想的影响和束缚中解放出来，使其认识到具体的总体真理，最终达到无产阶级的阶级意识的成熟，然后通过革命消除物化和资本主义。但当时的现实情况是：总体真理已经呈现在了无产阶级的面前，但是无产阶级却置若罔闻，自己放弃了获得自由的希望，转而支持独裁的国家社会主义。因为卢卡奇在进行理论分析的时候，只是关注了劳动过程中人与人的关系，而忽视了人与自然的关系，所以他没能意识到，人表面上看是在统治自然，其实质是在统治自身。

因为阿多诺和卢卡奇对于物化问题的理解相异，结果是二者的推导结论也不相同甚至完全相反。卢卡奇从社会分工开始着手分析，最终得出了总体性辩证法的结论，他的总体性辩证法针对的是资产阶级科学实证的方法，指出此方法只是对现实的资本主义生产方式进行考察，因此不能从总体上对社会历史进行把握。针对这个困境，卢卡奇提出的解决办法是通过克服资产阶级思想的二律背反，最终把握社会历史总体，达到理想的总体性的生活状态。但是他认为革命取得胜利的关键是唤醒无产阶级意识，在阿多诺看来却是"总体性霸权"。至于阿多诺，他一直认为是资本主义制度导致了物化，究其根本是资本主义的商品交换方式，受到资本主义交换体制的影响，商品的使用价值被完全忽略。因此，阿多诺始终反对黑格尔的体系和卢卡奇的总体等方法论，认为体系会导致封闭和僵化以及虚假的总体，总体性辩证法只能把握具有同一性的概念，根本无法把握概念之外的非概念物，为此阿多诺提出用"星丛"理论把握概念之外的个体特点。阿多诺虽然反对卢卡奇的"总体性辩证法"，反对概念的同一性统治，反对形而上学和工具理性，但是其否定的辩证法理论是在现代化范围之内展开的，强调以中介为特点的主客体关系。阿多诺对卢卡奇的思想在批判的基础上进行了推进，旨在建立一种人与自然、人与人和谐相处的理性化状态，其实从某种角度来说，这也是一种总体。

所以，否定的辩证法是深入到了客体的向度对总体性辩证法展开了批判，但阿多诺的理论实质不同于马克思。马克思通过研究资本主义的雇佣劳动，指出了最终消灭资本主义物化的办法，即在反对资本主义私有制革命的基础上实现社会的总体革命；阿多诺却从自然这个作为对象的客体入手，通过恢复对自然的记忆重构主体和客体之间平等的、伙伴式的"星丛"关系，以此对抗理性的同一性强制。因此，否定的辩证法批判总体性辩证法的理论意义是：在破除了对理性的迷信和理性对于人的压制之后，发挥总体性辩证法的认识功能。也就是基于此，阿多诺被詹姆逊称为"同一性哲学家"。

三、卢卡奇与阿多诺思想之异的时代背景分析

在主体性和物化思想上，阿多诺对卢卡奇既有继承又有推进和发展，两人所处的时代背景不同，导致了其思想的差异。

卢卡奇的《心灵与形式》与《小说理论》采用浪漫主义的美学的方法反对资本主义，十月革命的胜利让卢卡奇看到了希望，他积极投身于社会实践，并将理论研究的关注点由马克斯·韦伯和齐美尔转到马克思与黑格尔，在理论与实践相结合的过程中，写成《历史与阶级意识》一书，正式推出了总体性辩证法。他从普遍存在于资本主义社会现实生活的物化现象出发，指出物化现象导致了资产阶级思想中具有蒙蔽性的物化意识。针对此社会问题，卢卡奇提出的解决方法是用"总体性辩证法"恢复无产阶级的阶级意识，达到主客体的统一。自觉地运用无产阶级的阶级意识对社会现实进行客观的分析，将"无产阶级主体性"提升到最高的地位。

卢卡奇认为：黑格尔的总体是"绝对精神"的总体，马克思对此进行了改造，他从经济基础的决定作用出发把握整个人与人的社会关系，也就是说"总体"要求对人类生活进行全面整体的把握，把主客体统一的全部社会运动作为历史的基础，而不能仅从单一的自然的角度来解释历史。但是到了阿多诺所处的时代，随着资本主义的进一步发展，其思想统治更加成熟，以私有制为基础的剥削方式也更加隐蔽，在这种情况下，作为社会革命主体的无产阶级在思想上已经丧失了反抗的能力，也就是说，卢卡奇提出的无产阶级社会革命因为无产阶级意识的缺乏而没有现实的土壤。深

受第二次世界大战和奥斯维辛种族灭绝伤害而惨遭流亡的阿多诺，虽然对社会现实深深忧虑，但他从没有放弃社会批判，在他构建的理论体系中他意图通过理性来打破理性的魔咒，运用概念击破概念拜物教，通过祛除思想同一性的强制而通达非同一性的事物，即他试图通过对理性的反思和批判实现对资本主义的批判。

　　由于处于不同的时代环境和面临的社会问题不同，阿多诺和卢卡奇两位哲学家所面临的任务也不同。阿多诺认为，此时的人类世界已经彻底被总体化，总体性使人类丧失了自我的本质和生活的终极意义，而且对于现实人们无力对抗。由于资本主义剥削方式非常隐蔽，资产阶级不断采取一些手段缓和阶级矛盾，加强了两个阶级的联系，使无产阶级根本无法摆脱这样的一个总体性社会，所以阿多诺对无产阶级意识的觉醒已经不抱有幻想。因此，他提出要彻底粉碎总体性，破除生产、文化等方面的工业化，使人获得独立性的发展。卢卡奇渴望总体，用总体性辩证法观照现实，从物化的角度想要拯救人性。阿多诺以否定的辩证法揭露现实的人的异化，通过批判现实的总体性到达非同一性。卢卡奇的理论始终是一种向往和追求，目标指向未来理想的乌托邦，而阿多诺由于对苦难现实的体验更加深刻，所以其理论根植于现实，旨在发出饱受苦难人的内心深处的呐喊。

第四章 阿多诺对同一性的批判

阿多诺继承并发展了法兰克福学派的批判理论传统的精髓，提出了否定的辩证法的思想，着重批判了古往今来的哲学对"同一性"（即追寻一个绝对的起点和万事万物可最终还原于某种原初的东西）的痴迷，特别是在批判同一性哲学集大成者黑格尔的思辨辩证法的基础上，提出了非同一性的思想，以解救传统的形而上学和对社会进行批判。

如果把《启蒙辩证法》看成是在历史性溯源基础上对理性文化的非批判性、奴役性作动态的考察与批判，梳理技术理性的来龙去脉，那么，《否定的辩证法》则是用非同一性的矛盾思维去反思和批判技术理性统治下的"被管理的世界"。可以说，前者是对病态社会的病史的追溯，后者则是对病理的探究。从对社会进行批判的角度来看，后者是对前者的扩展和深化。

第一节 阿多诺对同一性批判的理论源起——《启蒙辩证法》

在《启蒙辩证法》中阿多诺和霍克海默指出，人类的发展史就是启蒙的历史，启蒙具有两面性：启蒙既给人类带来了福祉，又戕害人类；启蒙带来了科学和民主，促进了人类的文明和进步，但又使社会倒退，它放大了人的欲望与权力，使人良心消泯、道德沦丧。这正是阿多诺所指称的启蒙的辩证性："神话已经是启蒙，而启蒙则退回到神话之中。"这样的告诫和指控与其说是源于对启蒙的反思，不如说是源于对救赎的欲求，因为启蒙理性所带来的人类解放是以人的某些更为重要的东西的丧失为代价的。启蒙理性批判作为阿多诺社会批判的主题之一，是建立在其对传统理性思维方式的分析和反思之上的，其视角涵盖了整个人类历史。在启蒙、人、自然这三者的关系上，启蒙作为人与自然的中介，唤醒并张扬了人的主体性，从而在认识自然方面获得了巨大成功，遗憾的是启蒙最终取代了人本身而取得了统治与支配一切的地位。此外，启蒙催生出了新的神话和蒙昧，工具理性的巨大破坏力与杀伤力就是最明显的例证，这使得启蒙也走向了自我毁灭的不归之路。难能可贵的是，阿多诺指出："在自由主义时代，启蒙也始终与社会动力保持一致。受到操纵的集体统一性就在于对每个个体的否定,因为个性正是对那种把所有个体统归于单一集体的社会的嘲讽。"(霍克海默和阿多诺,2006)[1]个体之所以失去了独立的意志与思考能力,就是同一性的强制与工具理性的不合理使用的合谋所致。

一、启蒙运动对主体的弘扬

启蒙运动之前是神话逻辑支配的世界,在神话世界里,人民生活的原则是以巫术和宗教的原则为指导,16世纪的宗教改革和17—18世纪的启蒙运动打破了这种生活原则,宗教改革和启蒙思想家的预言打破了神话和巫术的迷信,为现实社会确立了一种生活的理性原则,这样也就为人类掌握科学技术和支配自然力量创造了基础,同时也构成了资本主义的发展前提。

在这个前提下,以工具理性为基础的主观理性便开始构建自己了,而且其发展不是仅仅停留在经济领域,而是走得更远。进入资本主义社会以后,以工具理性的模式实现了专门化,上层建筑的各层次也开始分离出来,于是上层建筑的各种国家机器以高效、可计算性的原则确立起来,社会以纯经济、工具理性的方式来组织。阿多诺对工具理性这一概念的诠释是沿着韦伯的思路展开的。

在韦伯看来,人类生活的世俗化即对神话和宗教的脱离是与工具理性的合理化联系在一起的,资产阶级把一切现象都当成手段和工具,完全忽略了工具之外的人类的真正目的。沿着这个思路,阿多诺在《启蒙辩证法》的开篇就指出:"就进步思想最一般意义而言,启蒙的根本目标就是使人们摆脱恐惧,树立自主……启蒙的纲领是要唤醒世界,祛除神话,并用知识来代替幻想。"(霍克海默和阿多诺,2006)[1]在理论上,应该到启蒙本身中去寻找启蒙衰退为神话的原因。阿多诺正是想通过理论来提醒人们:公众社会的进入使得思想不可避免地成为实证性的了,而语言成了对这种状况的弘扬;以批判来消解这一切,正是批判理论本身的目的。进一步来解释,启蒙精神是"用主体的设想来解释自然界"的,启蒙精神把一切异于自己的东西都还原为主体的人的形象。这就是启蒙思想的核心。启蒙精神是通过统一公理或范式来表达的,其本质是"统一科学的结构",数字成了启蒙的规则,一切质的东西都被摧毁了,留下的只有公式与一般性形式。

于是,在现实生活中,主体的思维简化为数字公式,这种公式以数字为中介,具有最抽象和最直接的形式,这样的认识局限于重复,思想也只是同义反复。从而启蒙倒退为神话。启蒙的原初设想是,人成为世界的主人、主宰,但是结果却相反,人成了工具理性的牺牲品,不仅人对自然界的支配以及人所支配的世界被异化了，人与人的关系也变成了手段与目的之间的关系，直至个体的自我反思性关系全被异化了。主体思维逐渐地被取消了，主体萎缩为一种认同直接性的工具。

启蒙思想把主体实体化，也就意味着"人"作为主体与自然分离开来，这样就产生了主客的二元对立，也就意味着马克思所说的"人与自然界的辩证的本质统一"关系消失了。德国唯心主义者努力尝试克服这种主客体的抽象分离，其方法是把客体统一到抽象的主体之中，也就是由主体对客体进行强制的"同一"，而不是人与自然的辩证"统一"，这其实就是近代认识论的思路："认识"的实质就是用精准、简约的概念代替客观事物本身，是主体反映客体的方式。所以阿多诺才有了下面的观点：作为秩序的概念系列"是贪得无厌的东西"，它"伴有一种不宽容任何他物而又以一切理性的狡狯来追求所有他物的妄想狂似的热忱"（阿多诺，2020a）[16-17]。"认知"的本质其实是主体自我意识的觉醒与膨胀，即主体与客体的明显区分并且主体把客体吸纳到自身的框架之中从而建立起某种秩序，以实现主客的同一。同一性的实质就是主体支配与统治客体，或者从更宽泛的意义上说就是一种统一他者的思维方式。阿多诺非常认可尼采的观点：认识论从表面上是追求真理，实质上却是权力意志。

二、对启蒙理性的批判

启蒙运动把上帝驱逐走了，把人类自身封为理性主体，从而形成了理性主义和主体主义这两大被视为现代性之内核的思想。遗憾的是，启蒙却走了反面，产生了现代性的悲剧，本着堂而皇之的理由屠杀人类的悲剧在两次世界大战中达到了顶峰，引起了战后深刻的反思：张扬人类主体性何以反而导致大屠杀的悲剧？高扬理性何以导致了极端非理性的行为？科学技术何以沦为杀人工具，启蒙为何导致了愚昧？阿多诺在《启蒙辩证法》里给出了答案：近现代史从康德提出"人为自然立法"伊始就是一部启蒙史，虽然它宣称理性主义和主体主义两面旗帜，但是由于理性本身的褊狭而沦为技术理性与工具理性，所谓"主体"也是主客对立意义上的虚妄主体，因此启蒙的"自我毁灭"乃是其宿命，它必将走向现代野蛮愚昧。启蒙的悖论表现在：在认识论上，正确认识世界的初衷却因程式化、抽象化思维而歪曲了世界；在主体性上，强化人类主体性却走向了把人贬低为合理化统治工具的歧途；在政治上，反对封建极权却走向了纳粹极权主义；在历史观上，旨在追求进步，却退化到史无前例的大屠杀。

（一）启蒙理性与工具理性

作为思维功能之一的理性的启蒙理性，是人类生存和发展的重要知识条件，是伴随着人类和人类社会不断进步发展的。从猿进化为人，从人类开始制造和使用工具，理性的启蒙性是人类发展着的重要的思维功能。它表现为人的经验总结能力和抽象思维能力，突出表现为人区别于其他动物的优越性。随着科学技术的不断进步，理性的启蒙性不断发展完善，在一定程度上实现了体系化，并开始以科学的面貌、以具体的学科形式存在。

西方哲学在其诞生之日起就与理性结下不解之缘。古希腊哲学伊始，就指出可变化无常的可感知的现象世界是非真实的，而通过理性把握到的无形的真理世界才是真实的，近代开启的理性启蒙运动驱散了笼罩中世纪欧洲的黑暗，进一步使理性成为人类唯一至上的思维能力。自笛卡儿开创了科学的定量化分析模式以来，"启蒙"理性指导下的科学研究由于过分注重于量的分析导致不重视对质的区分，科学研究所主导的整个社会思维方式便有排除质并把质变成可测的量的规定性的危险。在这一过程中，量成为贯穿一切的主导因素，在思维的起点上就高于质并统摄质。在意识形态领域，这就表现为客体与概念之间的差异被量化的思维标准所忽视。启蒙理性最终走向反面的根源在于它本身蕴含的抽象同一性的无限扩张，使得启蒙理性沦为工具理性。因此，对工具理性的批判就意味着对启蒙理性的抽象同一性的批判。

"工具理性"思维方式的特点在于量化，也把理性、一般、抽象推向极致，由此造成了概念的唯一至上性，也就是说主体在现实、个别和具体的领域中只剩下了概念，而概念所表达之物都消失不见了，随之而来的是现实世界的真实面目也被抹杀与扭曲了，新的虚假意识形态幻象粉墨登场。启蒙在思维形式上表现为工具理性的高扬，在内在建构上却表现为主体的强制"同一性"思维逻辑。阿多诺把启蒙理解为"思想的技术化"，它存在于整个人类文明史中，其统治地位的确立是在启蒙运动中实现的。启蒙理性中同一性的逻辑思维方式以绝对客观性为旗号，借助于抽象"还原"的方法把经验世界中的具体的、个别的对象物抽象掉，产生了"社会必然性"的假象——现实世界中的主客体表面地混合在一起，而且相互依赖。抽象量化的工具理性定式，由于主体把借以把握世界的概念本身与概念所表达之物完全分离开来，由此造成概念自身的虚假性和"工具理性"功能的无限扩张。同时建立在这种虚假的概念基础上的社会意识形态也一定是虚假的，反过来又必然阻碍对现实世界的正确认知，结果使张扬科学思维方式的启蒙理性旨在解放，却使启蒙倒退为神话。

阿多诺还进一步指出，工具理性的统治造成启蒙理性对经验世界的忽视，在启蒙理性的统摄下的传统哲学由于过分注重量的超越性形式层面而忽视了现实世界中经验性客体的质的差异性，使经验性的客体最终被还原到主体的精神层面，主客体关系扭曲，质的差异性消失了，千差万别的客体被同一了，并造就了"同一性"的抽象哲学。正因为如此，唯心主义哲学表面上打着绝对客观性的旗号对经验进行抽象还原，实际上却抹杀了客体的客观差异性。结果是张扬科学思维方式的启蒙理性背离了解放的愿景，走到了自身的反面，走向了奴役。

（二）启蒙理性与同一性

阿多诺指出，启蒙的宗旨就是用知识取代幻想，以战胜恐惧，达至自主、理性。而做到这一点靠的正是同一性思维，因此，同一性便成了启蒙的工具与最终归宿。"对启蒙运动而言，不能被还原为数字的，或最终不能被还原为太一（Eine）的，都是幻象……从巴门尼德到罗素，同一性一直是一句口号，旨在坚持不懈地摧毁诸神与多质。"（霍克海默和阿多诺，2006）[5]在阿多诺看来，同一性正是启蒙的帮凶。韦伯也早已指出工具理性追求目的性并简化为数列，无视过程的结果，以此来控制自然。

启蒙的目的是"唤醒世界，祛除神话，并用知识代替幻想"，用韦伯的话来说这是一种"祛魅"，即用人取代神的主体地位，这个过程促进了人类知识的进步，这是有目共睹的事实。吊诡的是，启蒙在祛除"原始神话"的同时，却进行一种新的施魅，创造了"理性神话"——同一性的、总体性的抽象思维模式，在这一思维模式的主导下，抽象概念的集合遮蔽和取代了生动的现实世界。可见，启蒙理性本身代表着社会的进步，它的问题是人将理性概念化，抬高为绝对的理性同一性。近代哲学的缺陷就是理性绝对主导下的抽象的同一性思维方式占据了统治地位，最终导致了独断论。因此，阿多诺对传统哲学的批判不是指向理性本身，而是指向禁锢理性反思精神的传统哲学形态——封闭的概念逻辑体系。

启蒙理性固有的同一性思维方式甚至渗透到现实经济领域中，具体表现在商品交换原则的泛化并导致物化现象的产生。阿多诺认为，商品交换原则、物化和启蒙以来的理性思维方式的致思取向是同构的，即都是同一性思维方式的表现与外化。启蒙理性由此而给社会和人类带来了新的社会关系上的奴役，即资本主义社会商品交换原则带来的强制同一性的社会关系，把人们之间的差异性状态抹去了，还原成了以货币为中介的商品交换关系，从而产生了"物化"现象。

阿多诺指出，启蒙在一定意义上就是把个别的知识汇集为体系，让思维通过对事实的认识推导出原理，主体按照同一性思维原则获得先天的观念或者抽象的认识，形成统一的科学秩序。从启蒙的角度来看，理性的功能就是寻找概念之间的逻辑关联与系统的统一性观念。这与康德对理性的阐释是相通的，康德的观点是，纯粹的悟性模式保证了普遍与特殊之间的同质性。悟性也就是康德的先天判断，是主观判断在事物身上所发现的事物的可理解性，当事物还没有进入自我以前，判断就已经发现了作为客观质的事物的可理解性。在康德那里，主观对事物的认识是已经预设的，主观判断甚至在面对事物之前就已经设定了事物的特性，所以是先验的。但是这种模式却不符合实际的认识模式，"因为理性的主体，即这种理性的持有者与理性自身之间实际上处于对立状态"（霍克海默和阿多诺，2006）[72]。也就是说，认识主体并不现实地接触实际的客体。

主体为了把自己投射到对象上去，制造主客体一致的假象，它必然要改装自己：为了让所有的存在能够继续下去，主体必须建构自己的原则，即主体必须提升自己。通过对康德哲学的分析，我们将进入一个内在的转变过程，通过这一原则的转变，我们将真正面对"先验世界"的领域，这是一个早就被感觉到的但一直隐藏的领域。在这个领域中，过去一切可设想的哲学和科学问题都应在此基础上来提出和解答。

当主体把自己独立于客体并试图去支配客体时，只会是自己退化为抽象的思维，因为实际上，客体并不在主体的掌握之中。主体支配自然，结果是导致一切作为主体理性胜利所表现出来的东西、一切存在的东西对逻辑的公式所作的从属，都是以理性顺从直接出现的东西的形式出现的。

《启蒙辩证法》是对现代理性的批判性诊断："神话已经是启蒙，而启蒙又退化为神话学。"这两个论断的意思是，神话用想象的方法把无法预测的东西强制性地嵌合到固定的解释架构之中，所以从这个角度来说，它本身已经是启蒙；但是，随着神话不断背离人们的现实生活，哲学概念也变得更加抽象化和神秘化，因此从这个角度看启蒙又倒退为神话。阿多诺和霍克海默只是向人们说明了启蒙与神话的同质性，并不是为了反对启蒙。他们认为，由于神话的远去和科学的进步，主客二分的关系逐步显现。主客二分使得自然作为意识之客体而存在，并不可避免地沦为作为主体的人类掌控与主宰的对象。正是这个极端的理性化过程使启蒙倒退为神话。

综上所述，从神话到理性的启蒙是主客二分的过程，是人对自然获得统治地位的必然结果。问题是，人对自然的理性控制在资本主义制度条件下，必须伴随着对他人的统治和对人性的控制。同时，为了对付自然，人们不得不结成各种各样的共同体，最终人对自然的统治变成社会对自然的统治，造成各种异化的产生。

(三)启蒙倒退为神话

《启蒙辩证法》特别地强调对否定性现实进行关注和反思，霍布斯鲍姆在《野蛮主义：使用者指南》里指出，1914年第一次世界大战的第一声枪响宣告了"野蛮战争"对"文明战争"的全面取代，而第二次世界大战的爆发，几乎整个欧洲随即陷入了战争和奥斯维辛所制造的野蛮与恐怖中，战争已经由政治、经济、文化信仰等层面的利益冲突与争夺，蜕变成了精心编制的、纯粹的、赤裸裸的屠杀和灭绝行动。在人类文明的核心地带以及启蒙运动的诞生地，这样的战争缘何得以可能并堂而皇之地上演？霍布斯鲍姆一针见血地指出，"现代野蛮主义"即是"启蒙的逆转"，不仅如此，更糟糕的情况是"现代野蛮主义"的日常化倾向，即不人道和不宽容的事物似乎构成了人们生活的一种常态。(霍布斯鲍姆，2015)[429] 与霍布斯鲍姆相比，阿多诺的反思更为深刻，《启蒙辩证法》不仅追溯到了启蒙与资本主义，而且将启蒙的绝对核心主义即理性精神向前追溯到了"神话时代"。面对人类为何在高度文明时代却陷入了新的野蛮状态这一沉重问题，阿多诺特别指出，牢记和反思灾难的目的是不让灾难重演。但是现实状况是，在启蒙的演进和发展过程中，理性自身的建设性日益稳固，以至于被推到了被膜拜到登峰造极的地步。但是与此同时，理性的节制和批判维度却遭到搁置和漠视，导致其滑入虚无，最终被虚伪地乔装打扮成一种肯定的意识形态。

因此，阿多诺认为启蒙与神话关系复杂、深切缠绕。这二者的核心关联，可以用日本哲学家细见和之的精辟概括来表述，即"神话已经是启蒙"与"启蒙退化为神话"。这也与阿多诺的见解"由启蒙带来的神话恐惧与神话本身同出一辙"(霍克海默和阿多诺，2006)[22]相契合，而这一点被法西斯主义、极权主义以及"文化专制主义"等挪用并在"进步"名义下被改头换面，而得以在人类历史上不断上演。

《启蒙辩证法》在开篇就判定：已经彻底启蒙的世界却陷入了因胜利而招致的灾难中。这就明确地揭示了，启蒙的胜利似乎并没有如人类所愿给我们带来光明、和谐和进步，反而退回到了它自身决然否定和誓死宣布摆脱的黑暗、野蛮和蒙昧状态。或许这正如霍克海默和阿多诺强调的，启蒙与神话的关系并非我们想象和理解的一种泾渭分明的状态，而是一种盘根错节、犬牙交错的状态。而究其根本原因，是启蒙理性与资本主义共同作用的结果。20世纪两次世界大战、核武器、东西方的冷战，对于这些，人们似乎仍然相信这只是人类社会发展进程中的小插曲或者偶然。不仅如此，艺术和文化的同质化、庸俗化，乃至整个"娱乐工业体系"的泛滥等，也被视为进步名义下的常态。

《启蒙辩证法》在揭示启蒙与神话复杂的相互渗透、缠绕的关系的过程中，通过摆脱与克服传统二元认识论，尝试和实践更为复杂、更为客观的认识论，并回溯到了荷马史诗。理性拥有矛盾的两个方面，既具有自主性的力量，同时又具有破坏性的力量。正是这两种力量的纠缠与混沌，造成了启蒙与神话纠缠不清的关联。

第二节 阿多诺对黑格尔的批判

关于黑格尔和阿多诺的关系，哲学界很多人都有过论述，黑格尔研究的复兴影响了法国一些主要的思想家，更为突出的是黑格尔派对阿多诺的影响。阿多诺被视为20世纪中影响最大的黑格尔思想家，"因为他努力使人们重视黑格尔的辩证法，以一种新的反唯理智论的意义来理解它，把它当作解决当代社会问题的一种方法"（杨寿堪，1988）[311]。詹姆逊这样评价道：在这个被支离破碎解体的世界，想要坚持对黑格尔体系化精神的信念，"唯一方式就是断然成为非体系性的，在这种意义上说，阿多诺的思想是深刻的黑格尔式的，以真正的黑格尔精神彻底思考它的母题"（詹姆逊，1995）[39]。这种判断看似很辩证，实际上却没有切中阿多诺的真正要义。一方面，阿多诺批判的目标不是碎片化与感性经验的世界，而是被片面同一化与一体化的世界。詹姆逊在这里混淆了阿多诺与卢卡奇，后者哲学的批判对象才是世界的破碎性，从卢卡奇灵魂与形式论（早期）—小说替换史诗理论（中期）—整体性哲学（后期）的发展历程来看，都是为了整合破碎的生活。另一方面，说阿多诺的非体系性仍然保留着对黑格尔体系哲学的教条其实质是完全背离了阿多诺否定的辩证法的精神本质。詹姆逊仅仅单纯依据他们都运用辩证思维的方法就得出他们精神实质是同一的结论，是由于他完全忽视了阿多诺的否定的辩证法与黑格尔思辨的唯心辩证法本质上的差异。

一、对黑格尔同一性哲学体系的批判

阿多诺的否定的逻辑，与黑格尔的哲学最大的区别是黑格尔哲学的时

代背景是阿多诺哲学所不具备的。黑格尔所处的时代神学的思维具有至高无上性，黑格尔哲学甚至把神学也作为他的绝对精神理论体系的一个发展阶段，也因此破除了思维方式的僵化和迷信。反观阿多诺的否定的辩证法，虽然他对一切强制性的统一性因素进行了猛烈的抨击，但是其否定性仍然是一种理论上的批判性。

阿多诺与黑格尔的理论的相似之处在于，究其理论的最深处，二者都是一种虚构的逻辑——他们都不是从人类社会历史的现实情况出发去探讨历史的逻辑，而是将自己在理论中虚构的逻辑强加给现实的人类历史。当然二者还是略微有所区别，黑格尔的哲学虽然一贯坚持总体性的思维图示，但是对于历史中的差异性的存在仍存有接纳和包容，他是通过这些差异化的因素转化为自身发展的一个阶段。阿多诺的否定的辩证法看似彻底，其实是一种不分青红皂白的眉毛胡子一把抓，在他看来，一切与他的理论逻辑和框架不相符合的社会历史因素都是传统同一性哲学和理性同一性的帮凶，都是应该彻底批判和打压的。因此，在阿多诺的理论体系中，历史是被排除在辩证法之外的，其目的是将以概念统治作为根源的整个西方文明都纳入辩证法体系之中。这样，批判理论名存实亡，甚至其自身不断地退让也仅仅是为了不被社会的总体性侵袭。阿多诺由于自身逻辑的非历史性，其批判最终是虚伪的、毫无目标的，不但不可能进行彻底的批判，甚至更加脱离和远离了革命性。

值得我们注意的是，阿多诺继承了黑格尔当年热衷讨论的一些哲学命题，甚至黑格尔使用过的哲学范畴，诸如精神、否定、同一性、辩证法等。从这里可以看出，阿多诺的思想及其写作就与黑格尔有一种看似十分自然的继承关系。阿多诺（2020a）[5]在《否定的辩证法》导言中指出："在历史的高度，哲学真正感兴趣的东西就是黑格尔按照传统而表现出来的他不感兴趣的东西——非概念性、个别性和特殊性。自柏拉图以来，这些东西总是被当作暂时的和无意义的东西而打发掉，黑格尔称其为'惰性的实存'。"这十分清楚地表明了他与黑格尔哲学根本不同的哲学旨趣。

阿多诺把黑格尔哲学放到整个西方哲学发展史的宏大背景中进行考量和批判，甚至指出连主张要从关注存在者返回到关注存在本身的海德格尔也是空洞的思想家。阿多诺指认出黑格尔的思辨哲学其实是柏拉图遥远的回声，因为黑格尔把非概念物都看作"惰性的实存"，而对于这些"惰性的实存"，黑格尔毫不感兴趣，并且这些非概念物淹没在他那宏大的思辨体系里。虽然在耶拿时期，黑格尔曾怀疑过概念的万能性和无限性，但是当他借助歌德的帮助和宏大的概念体系的魔力而晋升为哲学教授，随之而作为普鲁士的官方哲学的代言人之后，他更是把哲学看成无所不包与具有无限权能的，而完全排斥那些他认为生硬得无法被思维的偶然性、异质性之物。阿多诺凭借他经历了奥斯维辛生活苦难而练就的对恐怖的洞察力与忧郁的穿透力，一语中的地道出了黑格尔小丑般的个性，阿多诺所谓的小丑是说黑格尔虽然和他的思维对象很远，但是他总以为他完全能把握他的思维对象。但是吊诡的是，德国著名的哲学家，诸如从歌德、费希特，一直到现代的海德格尔，思想中都可以看到黑格尔的影子。

因此，可以说阿多诺采取了很强硬的态度批判黑格尔，但是在思想上如哈贝马斯所言与康德更近。阿多诺（2020a）[9]自己也是承认这一点的："哲学的反思要确保概念中的非概念物，否则，根据康德的名言，概念就是空洞的，最终由于不再是任何事物的概念而成了虚无。"阿多诺和维特根斯坦都指出西方哲学出了问题，积重难返，亟待解决。然而他们解决的思路却不同：维特根斯坦由于把传统哲学的所有命题都看作伪命题，他的治疗方法简单粗暴，就是认为至善至美和信仰都不可言说，而对于不可言说都必须保持缄默。这种做法事实上就是等于放弃了哲学。阿多诺则反其道而行之，坚持表达不可表达之物，他的处方是改造哲学，即对黑格尔绝对统一的思辨哲学进行彻底批判以出现黑格尔式的假象。因此，阿多诺开出的治疗哲学的药方就是"概念的清醒是哲学的解毒剂"。所谓"概念的清醒"指的是哲学思维要批判和摒弃对于概念的沉迷和崇拜的"概念拜物教"思想，就是要把概念定位在它应有的位置：一方面，我们不可能放弃概念，因为没有概念就没有哲学思维；另一方面，我们要认识到概念没有那种凌驾于客体之上的无限的权能与自大。阿多诺的策略是用概念来超越概念，认为真正的哲学就存在于对象化的多样化之中，并且这种多样性不是由任何主观图示臆造的，从而捍卫了对象的丰富性和多样化。

阿多诺正是通过把多种多样的客观外在物引入哲学之中，从而使思维和非概念之物永远保持关联，在概念和对象之间保持一种动态平衡是阿多诺哲学思维的特色。阿多诺和他的哲学盟友本雅明形象地把这种运思称为"星座"的思考方式。通过这种方式，阿多诺哲学唤醒和激活了黑格尔所反感的"惰性的实存"。对阿多诺的哲学批判而言，哲学的治疗与客体的救赎是一体的。在致思取向上，阿多诺哲学是对黑格尔那种主体支配客体、思维主宰非概念之物的哲学的反动。

如果把阿多诺哲学放在后现代主义语境中来考察，那么正是其反体系性引起人们普遍的兴趣，因此，他的理论才会被美国学者道格拉斯·凯尔纳和斯蒂文·贝斯特评价为"原始形态的后现代理论"。阿多诺认为所有体系都是故弄玄虚,由此看来,他反体系的立场是十分明显和彻底的。体系使哲学严重瘫痪。阿多诺一再表明自己批判体系化哲学的态度,更为重要的是,他还追溯了对体系痴迷与崇拜的内在根源与动机。一方面,体系哲学是资本主义处于上升时期自身地位还不稳定时心理上的一种慰藉:资产阶级通过构建宏大的哲学体系似乎能获得一种心理上的满足感与安全感,其隐蔽的意图其实是合法化资产阶级统治。另一方面,阿多诺认为哲学不断体系化的原动力和人类的前精神史甚至动物性的原初历史存在着某种内在关联性,哲学体系化与人类前精神史的内在精神其实是一致的,即野蛮,为此,阿多诺又一次用了野兽的比喻:体系哲学如同野兽一般张开了贪婪的大口,发疯似的吞食着所遇到的各种猎物。阿多诺(2020a)[17]指出:"伟大的哲学伴有一种不宽容任何他物而又以一切理性的狡猾来追求所有他物的妄想狂似的热忱。"黑格尔的体系在所有哲学体系中以宏大和完善而著称。它比康德的哲学体系更加完美,因为康德的批判哲学体系在应然和实然、超验和经验之间存在着无法弥合的鸿沟。它比费希特的体系文明,因为费希特的体系更贪婪,他的自我疯狂地吞没非我。它比谢林的体系科学,谢林的同一性哲学过于急进而显得没有层次感与动态感。黑格尔的哲学体系看起来无缝对接,也不粗野,且给人一种辩证的动感。

黑格尔的这个体系可以溯源到柏拉图和普罗提诺,阿多诺将黑格尔哲学比喻成遥远的柏拉图的回声。柏拉图哲学那里就有"本体—形体—本体"的圆圈式封闭循环,这是一个粗糙而简陋的循环。到了普罗提诺那里,黑格尔式的绝对理念自我演绎的循环就已初具其形态,还有普罗提诺的"流溢说"预设的体系哲学基石即"太一"概念(一个先于一切存在物的无差异的无因自成的初始概念),就是黑格尔绝对理念的原型。

黑格尔哲学体系有着严格的等级秩序:在绝对精神三段论中,自然是处于最下面的;在绝对精神自我认识三段论中,艺术是低级阶段;在世界史演变的三段论中,东方是最低级的。而最高级的是客观精神,在黑格尔看来,以普鲁士帝国所代表的日耳曼世界就是现实的客观精神。从这里可以看出,黑格尔体系哲学具有很强的霸权主义的色彩。阿多诺指出:表现为征服、奴役、残害的奥斯维辛的人类文明史上的灾难,其深层原因其实就是纳粹分子打着保护种族纯洁的旗号,妄图消灭与纳粹不同一的一切存在。通过分析我们就明白了阿多诺对体系哲学深恶痛绝和拒斥的原因所在。在他看来,真正的哲学不是黑格尔的总体性哲学,而是与体系没有任何关联性的"那种生动地表达苦难"的哲学。总体性哲学总是想方设法地把自然、个体、异质性甚至整个人类历史全部都置于一体化的谋划之中,那些不能纳入一体化的就被忽略不计，其背后隐藏着的是企图统治自然，进而统治人类的内在天性。因此阿多诺警示说，奥斯维辛之后，如果还要固守总体性的思维，那么同样的悲剧仍会发生。

黑格尔体系的衰败也说明，体系哲学是一个自相矛盾的学说。黑格尔的体系所预示的主体与客体的同一性，实际上是社会的强制性结构。其预示的主客体的同一性也预示着体系本身努力探索的精神的首要性。

黑格尔的同一性的辩证法之所以最终走向了失败，是因为其在同一性的原则上自我封闭。黑格尔意图使他的辩证法包罗万象，甚至将第一哲学也囊括其中，还号称全能，并依照同一性原则使第一哲学成了他的绝对主体。这样，在黑格尔那里，逻辑学这个词在最简单的意义上是抽象的，它排除了所有的具体因素，排除了一般概念的对立面，向一般概念还原。

反对黑格尔的体系哲学和同一性的辩证法，为此我们必须首先意识到，思维意味着思想某物，但并不意味着逻辑抽象形式可以设定某物，某物总是和思维不相同一的东西，甚至说某物根本就不是思维的东西。如果理性忘记了这一点，如果理性通过使思想的产物即抽象物实体化，来反对思想的意义，那么理性就成了不合理的。他指出，正如内容和形式的关系是相互对立、互相否定的关系，思维本身即是对对象的否定，即使是肯定性陈述从某种意义上说也是否定的，即对他物的否定。资产阶级在革命时期即使在思维层面成功地对封建的思想方式进行了否定，但由于否定的不彻底，仍存有旧体系的残余，所以革命是不彻底的。哲学在"体系"的意义上的不可能性是由任何事物都是变动决定的，"从自身的不变性中产生的不变项不能从可变项中剥出来，好像这样人们就把一切真理握在手中。真理同实质相结合，实质就发生变化；真理的不变性是第一哲学的幻想。"（阿多诺，2020a）[33]阿多诺觉察到了以黑格尔为典型代表的哲学因为企图创建无所不包的完整体系而导致了体系和内容之间的对立，针对此他提出"反体系"的观点，向所有宣称掌握了绝对真理的哲学体系开战。

二、对黑格尔辩证法的批判

阿多诺改变和否定的直接对象自然是黑格尔的辩证法。黑格尔的辩证法的批判性的要素在于其否定性原则，正如马克思所认为的，在黑格尔的《精神现象学》及其辩证法中,否定性是非常重要的推动原则和创造性原则，那么其否定性原则的突出理论贡献表现为"黑格尔把人的自我产生看作一个过程，把对象化看作非对象化，看作外化和这种外化的扬弃"（中共中央马克思恩格斯列宁斯大林著作编译局，2002）[320]。

阿多诺继承了马克思对黑格尔辩证法的批判事业，它指出黑格尔以先验概念阉割事实的主客同一，其实就是一种理性专制，这种理性专制不仅同纳粹主义同源、同构，而且与纳粹是一种"同谋共犯"关系："奥斯维辛集中营证实纯粹同一性的哲学原理就是死亡。"（阿多诺，2020a）[316]

在黑格尔的《逻辑学》中，辩证法只是理性形而上学的分支，表面上是对立的，两者实际上具有同质性与同构性，因为它们都痴迷于建构一种超历史、纯思辨并脱离实践并以"范畴、原理、规律、逻辑"为核心的独立话语体系，不惜以牺牲偶然性、个体性、特殊性、时间性和差异性为代价，来达至所谓超验、纯粹、绝对、同一、普遍、必然的"真知"。从这里可以看出，研读过《1844年经济学哲学手稿》的阿多诺也洞察到了辩证法蕴含的理性专制主义实质与现实危害。

黑格尔的体系，一方面体系作为概念"有原则"的联合，它必定跟偶然的流变领域、跟经验无关；而另一方面，体系却无时不在构造、生产着自己的内容，而且在黑格尔看来，体系便是真理的内容的展开和生成，这种展开和生成是不需要外力的帮助的。但是在阿多诺看来，黑格尔的生成并不是真实地生成，它在每一个单个的规定之中就被隐秘地预先设想了。阿多诺对黑格尔体系批判的实质在于，体系始终在以其特定的方式要求获得它的内容，但是最终的结果却是虚幻的，体系按其自身的标准结果是失败的。因为在任何一个概念的操作过程中，我们得到的仅仅是概念性或者非概念性，而非真正的非概念物。

阿多诺指出，黑格尔的辩证法其实是对同一性的吞噬倾向的一种反抗。黑格尔认为作为"知性式的思维"的认识论是以主客二分为前提的，概念是不依赖于其对象的"自足存在"。不过同时我们要看到，这种辩证法又离不开"中介"原则，也就是说，概念的"自足存在"不等于概念是一种抽象存在——先于和独立于其对象，而是指包含概念在内的任何一种事物都与他物存在一种"否定性对立"关系，并在这种关系中证明其自身的存在。因此，这种"中介"的实质就是"否定性的承认"。中介辩证法的基本观点是任何事物的存在是以对方为前提，因为对方存在，自己才得以存在的。即它只能是"它自己的对方的对方"（黑格尔，1980b）[252]。也就是阿多诺所说的"无此便无彼"。所以，概念和客观存在物、主观和客观的东西是缠绕在一起、不可分离的，否定这个概念和主观本身的真理性就无从谈起。

黑格尔指出，概念和对象之间是一种"他者"关系，这种"他者"关系其实就是中介关系也就是"否定性承认"关系：相互否定的对立统一关系。二者的区别在于：概念是静态的，而非概念物有"显微镜下的一滴水的混乱状态"的运动性（阿多诺，2020a）[134]。黑格尔说，作为"普遍的东西"的概念，永远不可能达到"具体的这一个"（黑格尔，1979）[65-66]。同时，概念与非概念物又通过中介紧密地联系起来，从而它们之间静态与动态的矛盾是无法克服的。这样就形成一种悖论：对于概念表达的运动性，概念既无法表达，又无法摆脱而维持自身的静态。概念和其反映的对象构成一种"他者"关系，即对象和概念体系的同一性逻辑构成了一种挥之不去的对立与否定关系。在此意义上，"概念被体验为非同一性"（阿多诺，2020a）[133]。

黑格尔伊始就对中介进行了限定：所有否定性对立一定是"成对"出现的，如酸与碱、正与负，还有概念和对象。这里的"成对"本身就构成了一种秩序，即同一。依此逻辑可以推出，所有这种"成对"的以否定方式出现的两个极端最后都会追溯到一个先定的、历史的和逻辑的终点即"精神"。所以阿多诺判定黑格尔的否定是不彻底的，因为"在辩证法的最核心之处一种反辩证法的原则占了优势"（阿多诺，2020a）[136]。黑格尔其实是在原地绕行一圈之后，回到了吞噬他者的同一性的出发地，虽然这里的同一性由原初的概念性的认知转变为后来的"精神"。对此，阿多诺认为，黑格尔的辩证法其实是不成功的尝试——妄图用哲学的概念去结合全部与之相异质的东西。

三、对黑格尔普遍历史和世界精神的批判

1793年雅各宾派上台后采取血腥暴力的手段镇压异己，残忍屠杀数千人。黑格尔（1981）[119]在《精神现象学》中对此作了非常准确的评述："普遍自由所能作的唯一事业和行动就是死亡，而且是一种没有任何内容、没有任何实质的死亡，因为被否定的东西乃是绝对自由的自我的无内容的点。"他指出，人类在追求绝对自由过程中主体会渐渐对外物采取冷漠和中立的态度，最终必然导致专政的恐怖。不过，黑格尔又认为当主体性意识觉醒之后，绝对自由导致的恐怖将不复存在，坚信法国大革命倡导的精神会在曲折的革命后得以实现。黑格尔追问道："就算我们把历史看作是各民族福利，各国家智慧和各个人德性横遭宰割的屠场——这个问题便自然而然地发生了——这些巨大的牺牲究竟为的是什么原则，究竟要达到什么最后的目的呢？"对这个问题，黑格尔提出了"世界精神"和"普遍历史"的理念来进行回答。黑格尔（2006）[134]在《历史哲学》中说："上帝统治着世界，而世界历史便是上帝的实际行政，便是上帝计划的见诸实行。"意思是说，历史是神的本性活动，那么普遍历史其实就是世界精神的展现，

是上帝存在的一种证明。所以，当神取代了启蒙理性，启蒙就成为被改造过的神正论，这样历史的本质就是理性与自由在世界历史的发展进程中自我实现的过程。

黑格尔生活在革命席卷整个欧洲的时代，到处充满着朝气蓬勃的乐观气氛，所以认为现实的社会制度理性发展是理所当然的，在不管是家庭、市民社会还是国家，在各层次的伦理生活层面，自由都能够得以实现。个体也能在社会中找到合适的位置，但是深层需要只有通过社会共同体才能得到最大的满足。

阿多诺生活的时代与黑格尔相比已经发生了深刻的变化，他见证了史无前例的大屠杀，这对身为犹太人的他来说更是有切身之痛。奥斯维辛凭借先进的科学技术手段和纳粹狂热理想的结合足以粉碎所有人对理性的信心。令人恐惧的不是里斯本地震这样的自然灾难，而是社会灾难，奥斯维辛犯下的滔天罪行撕裂了西方文明，任何神正论都已寿终正寝，启蒙理性也遭遇前所未有的质疑。于是阿多诺在《否定的辩证法》中"世界精神与自然历史"一章专门对人类历史上的灾难与黑格尔历史哲学的关系进行了分析，批判其"世界精神"和"普遍历史"理念。

奥斯维辛这个空前的浩劫留给阿多诺的是震惊与悲愤。古希腊哲人说过，哲学源于诧异。但是对于在20世纪大灾难中身心都饱受折磨的阿多诺这类思想者，说其哲学源于恐惧，一点也不为过。不过与克尔凯郭尔所说的宗教意义上的"恐惧与战栗"不同，阿多诺的遭遇则是实存与生活上的。除了恐惧，更有恐惧后的反抗和坚守。哲学必然相关于哲人的生存境遇，是其境遇的反映，从这种意义上把阿多诺哲学称为境遇哲学可谓是实至名归。"在奥斯威辛集中营之后你能否继续生活，特别是那种偶然地幸免于难的人、那种依法应被处死的人能否继续生活？"（阿多诺，1993）[316] 逃生后的负疚要求一种无法推卸的思想责任，这些想法迫使阿多诺的哲学来源于灾难带来的负疚感，即由幸运的逃生者承担起反思的重责。

黑格尔的总体性无疑是成功的，与那种简单粗暴的普遍至上主义者不同，他细致地对"个体—特殊—普遍"这组概念进行了辨别，并阐明了它们之间的辩证统一关系：一方面认为对立观点的各自合理性，同时也指出它们的各自局限性，提醒我们努力去克服它们，给我们全面和公允的印象。并认为普遍与特殊是一种相互依赖的辩证关系，普遍是建立在特殊的基础之上的，并指出普遍历史是普遍与特殊和解的结果，这看似克服了哲学史上长期以来特殊与普遍的抽象分离的倾向。但是这并没有摆脱目的论的纠缠：特殊性都以普遍性为目的，个体本身并不具有单独的价值，个体的最终结局就是只有通过最终导向普遍才能使自己得到实现。与普遍的事物相比，特殊的事物大多显得渺不足道，没有多大价值；"各个人是供牺牲的、被抛弃的"（黑格尔，2006）30-31。从这里可以看出，黑格尔的思想看似博大精深，但其思想体系中，有限与无限、同一与非同一最终还是统一到无限、同一这边，前者优先于后者，总之，普遍始终优先于特殊。阿多诺认为，虽然黑格尔承认个体在"绝对精神"的演变中由于其否定性的作用使其成为不可或缺的重要环节，但由于他痴迷于普遍的优先性思想而缺失了被普遍性蒙蔽的特殊性所内蕴的乌托邦的想象力，从而使得普遍的概念最后变得空洞抽象而丧失了应有的辩证性与张力。

阿多诺把黑格尔这种普遍优先的理论倾向确指为同一性思维。受到这种思维模式的影响，黑格尔只是对个体进行统一的概念化，概念通过简化与还原的方式看待特殊并完成对个体的统治。被理性统治的个体虽然统一了，但是被强制的，而且丧失了其多元差异性。阿多诺对此指出，体系是完全合乎逻辑的还是被完美调和的完全是两码事，它们之间实际上是对立和矛盾的，"体系的统一来自于不可调和的暴力"（Adorno，1993）27。这种强制并没有消除普遍与特殊的矛盾，普遍为了实现自我，一定要压制个体，所以这种暴力本性必然与个体产生矛盾。这时，普遍只有借助某种强迫和暴力来对待个体，不过企图用暴力方式来掩蔽矛盾，最终只能是被迫的和解与表面上的和谐。

具有讽刺意味的是，人类想要达到诸如理性、自由这些至上目的，却往往要依靠暴力的手段，这种"普遍"用暴力统治个体的做法实际上偏离了理性与自由，而步入了盲目的黑洞之中。黑格尔的普遍历史其实是万能神学原则的世俗化，他膜拜着这个神，这个充满苦难与错误的世界精神成了人的宿命：个体总是处于被统治与支配的状态，特殊总是逃脱不了被普遍压制的命运。

暴力合理化的理论使它走得更远，不断地僭越自身的边界，奥斯维辛的出现实质上是极端技术完美与整体上盲目的结合，为了将普遍性的绝对精神具体化为国家或民族的荣耀，就要以抹去人的存在为代价。虽然我们不能把黑格尔的绝对理性和大屠杀直接画上等号，但是那种不断同化一切的理性对于奥斯维辛起到了极大的推波助澜的作用。阿多诺表明了两者的内在关联性，黑格尔绝对精神吞噬一切的逻辑被纳粹集中营所利用来清洗掉他们不能容忍的所谓的"异类"，种族灭绝政策正是这种强调整体思维和绝对同一逻辑的普遍历史观的现实写照。依照此种逻辑，个体被夷平，或依纳粹的说法就是"被擦掉"。

普遍历史观内蕴着人类社会越来越日臻完备与合乎理性的进步观念，个体沦为推动社会发展进步的工具，类似农场主心目中的羊。面对这种命运，个体感觉到的只能是持续的恐惧与战栗。这样的历史如同一个"绞肉机"，使多少人在合理的理论下沦落为牺牲品。更令人忧心的是，"如果他把历史苦难的总体性美化成自我实现的绝对的肯定性"（阿多诺，2020a）[278]，那么，直到今天仍在滚动着的——偶尔停下喘口气——整体在目的论上就是绝对的苦难。经过黑格尔历史合理性理念的导引，尽管世界精神弥漫着血泪，但是历史终归会受到目的论的构架的影响而不断发展进步，历史总是趋向更高形式、更自由、更文明发展前进。于是，在理性的号角下，个体沦为理性实现自己的工具，世界精神沦为弱肉强食的代言，种种社会灾难被转化为绝对精神自我实现不可避免的环节。"世界精神概念中的不合理东西是从世界过程的不合理性借来的，但它仍然是一种拜物教的精神。不管怎样解释，直到今天，历史都缺乏总的主体。"（阿多诺，2020a）[265]这样的个体在可以自己定义的进步中被吞噬掉，在永恒的绝对面前有限之物只不过是过眼烟云，个体幸福的满足与普通历史没有任何关联。社会遭受的苦难是为了崇高目标必须付出的代价，从而在理性的逻辑下被合理化，成为绝对精神自我实现的手段和工具。似乎在这种逻辑中，所有的人都获得了满足与慰藉，强者用它来开道，弱者也求得了自己的生存慰藉，所有人都能在这样的历史中觅得安身立命之处。奥斯维辛成了形而上学谋划的一部分，也成了"有意义"的教训。

黑格尔的世界历史强调的是胜利者，把胜利者视为历史的主旋律，而阿多诺特意强调的是在黑格尔普遍历史发展中被忽视的非同一、非连续的环节，尤其是被世界精神丢弃的个体。阿多诺指出黑格尔的哲学体系与奥斯维辛导致的灾难是格格不入的，它给自我标榜理性和进步的历史哲学以迎头痛击。意味着历史的断裂的奥斯维辛从而成为非同一性的标志事件，说明主体与客体、理性与现实之间始终存在着非同一性关系。换句话说，即使客体被主体化了，现实被理性化了，也还是会留下残余物，即没有被主体和理性涵盖的那部分的非同一性。这也适用于历史，历史文明永远不能通过理性逻辑获得全面整体的认知。

阿多诺的哲学是现实苦难的一种表达，正是对死难者的负疚这种情感使阿多诺开始了对同一性的思索和批判。这种思索和批判直接来源于经历了第二次世界大战所带来的切肤之痛，即以深恶痛绝为主的身体反应与情感经历为起点，无法忍受的肉体痛苦是所有思考与行动的原点，阿多诺据此企图以肉体痛苦来唤醒冷淡无情的形而上学。传统的形而上学偏执地追求永恒，但是对现实的感性生命却极其漠视，这些在奥斯维辛的灾难面前显得软弱无力和苍白，因此，阿多诺思想的主要动力就是这种为死难者控诉的立场。卢卡奇继承了黑格尔的世界精神，不过是通过无产阶级意识表现出来的，阿多诺对卢卡奇赋予无产阶级的历史主体地位已失去信心，但还是继承了卢卡奇从下层民众看问题的立场，只是具有更多批判反思的色彩，其实整个法兰克福学派都认为把历史主体落实在具体的某个阶层之上是靠不住的。法兰克福学派从当时美国和苏联的现实中认识到，任何阶级都不可能承担此种重任了，在总体性占据主导地位的资本主义社会，尤其是文化工业塑造的假象更容易使人顺从和认同。阿多诺由此抛弃了所谓的历史主体，重新看待历史，认为历史只是真实个体的功能性联系，是由个体的活动构成的。阿多诺恪守辩证法原则，并没有抽象地否定或者简单地颠倒黑格尔的历史哲学，他充分认识到黑格尔哲学所具有的潜力，因此阿多诺没有全盘否定理性的作用和普通历史，也没有放弃对真理的追求，因为全盘否定普遍历史就会掉入虚无主义或相对主义之中，历史将成为碎片式的，而是辩证地认为"历史是连续性和不连续性的统一"（阿多诺，2020a）[279]。

黑格尔对特殊性和个体性的强调与阿多诺有着明显的区别和不同。虽然黑格尔也提及普遍与特殊的辩证关系，不过其理论前提是以普遍性为主，也是强调个体对于普遍的功能，只有融入到普遍之中的个体才能实现自己，并且要借助普遍来定义自身。这种个体对普遍的适应便具有了进化论的意味，即强者对弱者的主宰。所以，他在《法哲学原理》中指出，个体只有在义务中才能实现自身的自由与解放。在实质上，黑格尔并不是辩证的，普遍具有绝对的优势地位。他片面强调个体的非理性在一定程度上阻碍了世界历史的发展，但是对于个体遭受的来自普遍历史的非理性的暴力却只字不提。阿多诺认定黑格尔的这种态度其实是达尔文式优胜劣汰的伪辩证法态度，因此指出个体有权反抗这种外在和易错的趋势，虽然黑格尔在关于个人的"靠他自己"的实质性学说中包含了这种见解，然而，他"没有发展这种学说，而是坚持普遍和特殊的抽象对立，一种对他自己的方法来说是不可忍受的对立"（阿多诺，2020a）[283]。

但阿多诺在批判黑格尔偏袒普遍性一极之后，却并没有走到其反向的极端，而是强调普遍和个体之间的辩证关系，指出普遍与个体的辩证法不是用普遍压制、淹没个体，并不意味着对个体的抽象否定。难能可贵的是，他同时清醒地意识到个体自足性是有限的，没有片面地强调个体的地位与作用而使之绝对化。个体意识也是随着资本主义的发展而逐渐生成的，问题是随着资本主义的发展,个体与社会在分离的道路上渐行渐远,使得个体最后沦为实现理性的工具。资本主义商品交换的铁律成为社会的主宰力量,并发展为总体被宰治的社会,成了普遍历史的趋势。

黑格尔指出,普遍历史是自由不断实现的过程,国家体系是世界精神的完成,世界历史就是世界精神的社会化过程。因为黑格尔辩证法的不彻底性,普遍和个体、历史和理性的矛盾在辩证的运动中得到和解,结果就是时间凝固化,实然与应然和解,历史因失去可能性而终结。历史哲学认为,世界精神不过是上帝概念的世俗化,永恒化的资本主义就是它的现实对应物。黑格尔辩证法的根本目标就是"消除观念和现实性之间的矛盾"(阿多诺,2020a)[291]。但是阿多诺不能容忍黑格尔否定的最终目的是肯定,因此他用否定的辩证法把黑格尔辩证法彻底否定。否定的辩证法强调自我反思,因此它要求思维也是一种反对自身的思维。阿多诺认为,否定的辩证法才能远离对现状的迷信,只有借助持续否定进行思考才能忠于自身。由此可以看出,阿多诺与黑格尔的致思取向是不同的:阿多诺坚守对历史的批判性态度,认为未来的发展是开放的,具有无数种可能性。黑格尔却痴迷于依赖理性的算计,最终导致了屈从强权和对于主流的同流合污。罗斯评论道:"阿多诺似乎只停留在辩证法阶段而未前进到思辨阶段,只沉醉于辩证思维。"(陈旭东,2012)意思是说,阿多诺由于在对思辨或肯定方面的理解方面存有偏见,干脆连历史理性也否定了,这正是他与黑格尔哲学的根本性不同。阿多诺指出:"否定之否定并不会使否定走向它的反面,而是证明这种否定不是充分的否定。""被否定的东西直到消失之时都是否定的。"(阿多诺,2020a)[137] 从这里可以看出,否定是普遍与特殊之间无法跨越的鸿沟,而不是它们的最终同一。"只有那种从一开始就以肯定性——作为总概念性——为先决条件的人才会坚持否定之否定就是肯定性的命题。"(阿多诺,2020a)[137] 所以,黑格尔的理性思辨阶段纯属概念性的假设,仅仅是普遍与个体之间不情愿的和解,此种和解也解放不了个体。

除了在理论上进行批判,阿多诺还在现实中寻找根源,阿多诺说,历史上各种各样的普遍对个体的强暴与压制的概念化表达其实就是个体被迫服从普遍历史。个体虽然也会感觉到普遍的胁迫与支配,然而个体出于自我保存的压力,只能臣服于普遍,这样使普遍的力量变得越来越强大。全球化时代,个体的命运显得更加碎片化,更加无助,个体的利益都用资本来衡量,在这个整体中个体无路可逃。除了在经济领域,在个体的心灵世界,在普遍性的强迫下个体也无处藏身。这样个体就"自我选择"走上了异化的不归之路,并且内心里安于和谐的幻象。黑格尔的贡献就是把这种幻象由现实层面抽象到哲学层面，相应地，普遍的统治地位由现实生活层面向思想层面转化。由此可以看出，黑格尔的思想体系的虚假性其实根源于社会虚假性。

阿多诺还依托自然和历史二者的辩证关系来突出普遍历史的本质。自然意味着理性之外的易变、具体，即人类实践尚未达到的"自在自然"。历史具有同一性、普遍性，而自然体现了理性与现实的非同一性，突显了理性与现实的张力。因此，普遍历史掩隐和抑制了真实存在的苦难史，如果存在历史连续性，那也是灾难而非进步的连续。

此外，阿多诺用"星丛"的理念批判黑格尔"世界历史"的观念。黑格尔认为世界历史是一部普遍史，即历史是被一个或多个基本原则所支配的连续整体。这种普遍历史的观点是一种基础本体论思想，就是要为历史发展找到一个基础，这其实就是总体性的基础，从而在这个基础上我们可以把世界理解为一个连续发展的过程。也正是在普遍历史观念的地基上，世界获得了它的总体性，并且这个总体性被黑格尔认作是哲学的主体的绝对的总体性。黑格尔哲学运用矛盾范畴将多样性或差异元素纳入它的体系之中并使整个体系运动起来，"黑格尔本人仅仅根据世界史的矛盾就把世界史设想为统一的"（阿多诺，2020a）[278]。阿多诺指出，这种将多样性或差异元素纳入它的体系之中并使整个体系运动起来的肯定方式，终究必然地丧失了其否定的和批判的力量。而黑格尔借助矛盾范畴所构建的辩证法体系因为不能真正引入、包容不同于它自身的因素，最终不可避免地变成了一个封闭体系，阿多诺正是用"星丛"的概念来反对这种封闭的体系。这种封闭体系失去了自我变革、自我发展的能力，而这种能力正是阿多诺尝试用否定的辩证法力图拯救的。其深层原因在于，封闭体系终究是要完结的，而反体系的最后归宿便是开放，是要不断地被革新，不断地否定的。

第三节 非同一性对同一性的批判

阿多诺是法兰克福学派的第一代巨擘，他与霍克海默一同开创了社会批判理论的新时代。他与霍克海默共同完成了著作《启蒙辩证法》，从而开辟出了一条社会批判理论的独特道路，随后阿多诺终其一生都在围绕社会批判理论进行学术研究，阿多诺指出，自己的所有大部头著述只不过是《启蒙辩证法》的附注而已（施威蓬豪依塞尔，2008）[50]，这样一种延续，特别地体现在霍克海默和阿多诺所指称的"不要遗忘灾难"核心议题的进一步思考和探索上，以及为推进这一思考和探索而在理论和思想工具方面所展开的深层清算上。为了将《启蒙辩证法》的具体分析升华为抽象的理论，他通过《否定的辩证法》终于发现这一理论异化的根源就是"同一性"，认为犹太人大屠杀的元凶其实就是理性的"同一性"，从而发出了震耳发聩的呐喊："奥斯维辛之后写诗是野蛮的。"

一、同一性——理论异化的根源

同一性范畴在阿多诺之前仅仅是十分普通的一个哲学术语，它有四种内涵，其中作为个人意识统一性和作为社会意识统一性的同一性，这两种并不是阿多诺关注的重点。他重点展开批判的是同一性思维的同一性和作为资本主义交换原则的同一性，这也是阿多诺对否定的辩证法做出的开创性的贡献。阿多诺关注并作为自己理论突破的核心是同一性思维，即认识论上的主客体一致性。

（一）同一性哲学的理论基础：传统认识论的内在性

最早可追溯到柏拉图的《巴门尼德篇》，"一"与"多"之间的关系开始成为哲学或本体论的核心问题，对于这个问题，直至今天仍然吸引着诸多哲学家们探索和讨论。柏拉图以降的西方形而上学传统就一直沉迷于探究杂多世界背后的那个具有普遍必然性的本源的"一"，"同一性"便成为传统哲学研究的内在动力。哲学家在论述诸如思维与存在、理论与实践、主体与客体、共性与个性等这些二元对立的传统哲学范畴时，都惯于运用还原论的思维方式把其中某一范畴框定为第一性，并借助大致相同的话语来探讨种种事物，致力于使世界的各个方面达至统一，因此，几千年寻求"根"和"起源"的"同一性"思维传统是形而上学哲学的根源和基础。

传统形而上学把同一性视为亘古不变的原则，把整个世界作为一个总体来看待，从而使得任一哲学体系都成了与这一总体相适合的思维总体。启蒙运动以后，同一性思维不仅成为控制理性主义哲学的力量，而且变成一种奴役、统治人的因素，从原来只将概念作为崇拜对象的自我运动变成了一种绝对同一性的现实运动。

为了探究同一性哲学的理论基础，阿多诺在其著作《认识论元批判：胡塞尔与现象学的二律背反研究》中专门展开了探讨。对阿多诺来说，传统的认识论包括唯心主义和实证主义在内，对认识论的内在批判是需要辩证法的，它是一种内在性批判，而不是从认识论之外来旁观它。阿多诺所要批判的认识论具有这样的本质，即主体通过同一性原则主观地把客体逻辑还原到主观内在性,因此认识论批判的首先目的在于消解这种同一性。同一性思维归根结底是主体的同一性,即是与无中介的客观主义相一致的,而且与历史现实相协调,认识论批判的标准是概念的中介性,这种批判应当做的是预告直接的客体主义,这是当代本体论完全放弃了的工作。马丁·杰伊曾指出,阿多诺把对认识论的批判称为一种元批判是因为,这种批判超越了哲学本身的范围而进入了社会与历史的基础结构。

社会的批判是对知识的批判,而知识的批判也是对社会的批判。在阿多诺那里,认识论的批判、社会的批判与对知识的批判是一致的。他认为,传统认识论主要探究的是思维与存在的关系问题,此问题在不同的历史发展阶段有着不同的表现形式,有主客关系,也有思存关系。从古希腊的柏拉图就已经在思考主体精神与客体的关系问题,他曾尝试调和主体与客体的现实的张力关系。不过之后的哲学家渐渐地遮蔽了它,他们开始把主体性赋予概念这一方法当作哲学的基本方法,这样,这种方法一开始就是以主体的第一性为前提预设的,因此它仍避免不了独断论,依然坚持主体的第一性和支配性,而且这种方法使客体彻底丧失了言说的可能性,因此这种思想方式也就在实际上避免了现实客体的纠缠:"方法为了认识未知的实事,只能必须对之不断施以暴力,并且按照自身将他者模式化。"(阿多诺,2020b)[8]方法的这种无条件性就是纯逻辑同一性,也就是承认了主体性存在的不可对抗性。"同一性"哲学强调"总体性"的目的,不过这种"总体性"目的由于落入"同一性强制"的窠臼,终究只能是极权性的、单向度的、空洞的、虚假的"总体性"幻象,而不是在其中一切都如其所是、一切都保持着其自身丰富可能性、一切都使本性自由发展的"总体性"。

(二)同一性与第一性

阿多诺强调:同一性是第一性的理论假设和理论基础。一切都应当全然地从哲学上被断言为第一者的原则中产生出来,无论这原则被称为存在或是思维、主体或客体、本质还是事实性。所有的哲学家对于第一性都要求它是直接的、非中介的。也就是说,第一性和同一性假设是互为因果的。

第一性之为第一性,是通过对第二性的压制来确立的。因此,对第二性的东西,对非概念物的压制和排除就成为第一哲学的主要任务。在这个过程中,主体扮演着关键的角色,也就是说,第一哲学实质上就是主体能力的确认与呈现,因此第一哲学的本质是唯心主义。当主体的抽象概念形成了体系,第一哲学才算作真正实现。

在阿多诺看来,对传统哲学而言,任何第一哲学一定内含概念的第一性，第一哲学的思维方式都脱离不了和无法回避概念第一性的问题。然而如果所有一般概念的基本特性在遭遇外在的存在物时分解了，那么总体性哲学就失去根基而成为不可能了，第一性的死亡就是同一性的终结。对传统哲学来说，第一性的发展必须越来越抽象才能巩固自己的地位，但与此相悖的是，它就越来越不能解释自己的基础，也越不能被信任作为哲学的基础。因此，为了保证其第一性的地位，第一性便开始"改造"世界以达到与现实的一致性，但结果是它什么也没有说出来，它所接近的只是无意义的同义反复。

阿多诺进一步从哲学发展史的角度进行分析，他认为，康德是较早地认识到哲学第一性问题的，他从认识的可能性入手，在其著作《纯粹理性批判》中，开始意识到了哲学内在性本身的矛盾，即处在其中的主客二者的等级化、同一性无法抹杀的对抗。康德把问题进行了转向，转到通过区分内容和形式来解决第一哲学的矛盾，当然他没能解决实质性的矛盾。但是作为第一哲学的忠实拥趸，他提倡形式的优先性。对康德来说，自成一体的给定性的形式，已经成了绝对的第一性。他达到了同一性、纯粹的思想本身，那么纯粹的主体也就成为脱离了内容的主体，这样，他通过退回到形式主义，退回到形式与内容的区分，用先验的知识形式来整理与规定现存的事物与事实，结果是他缩小了真理的概念。

由此可以得出如下结论：之所以预先设定其中一个为本体，由此造成的二元对立的方法是错误的，是因为由第一性和第一性的派生物直接形成的这种等级制是不合法的，甚至任何想使优先特权的范畴合法化的努力最终都会是徒劳的，而且陷入自相矛盾的纠缠。因此对阿多诺来说，对第一性的方法的消解更为重要。阿多诺（2020b）[4-5]非常肯定地指出："作为概念，第一者和直接之物总是被中介的，并因此不是第一者。"因此，严格意义上讲，认识的等级化情形是不可能的，第一性问题也是不可能的。

那么，对"第一"的追求又意味着什么呢？阿多诺认为，追求"第一"，就意味着否认中介、排除中介，从而达到非中介性。任何第一的一般性原理都包含着抽象，既然所有的"第一"都是抽象的结果，那么它们就必定都是概念。"凡在宣扬某种绝对'第一性'之物的地方都会谈到次于它的东西，谈到和它绝对异质的东西，即它的意义上的关联物。第一哲学便和二元论走到一起来了。"（阿多诺，2020a）[120]阿多诺下此论断的依据是，第一哲学是对概念的某一要素，也就是概念性要素的极端追求，而这种追求是以对非概念物的排斥作为手段的，因此又不可避免地证明了非概念物存在的真实性。所以说在第一哲学的意图得以贯彻的任何一个地方，它的对立物必然客观、对立地存在。而阿多诺揭示这些事实的目的不是证明"第一"的虚假性，并转而肯定其对立面的真实性。他的论证思路在于，破除形而上学作为第一哲学的幻象，必须要正面地揭示其中包含的中介关系。

（三）同一性与社会现实

阿多诺一再强调，同一性起源于主体的支配性。在人类摆脱神话进入启蒙时期以来，自然界也渐渐变成了纯粹客体，成为受主体统治与支配的客体，主体以对客体的异化以彰显自身无穷无尽的权力。启蒙精神与自然界的关系，犹如独裁者和被统治者的关系——独裁者只有在控制人们时才知道人们，科学家只有在制造事物时才知道事物。于是，在具有极强支配欲的主体的统治下，现存世界的成千上万的事物和事物之间纷繁复杂的关系被主体暴力地简单化了，它们被简单地分为对主体具有合理意义的东西和只有偶然意义的东西。

在现实中，同一性哲学理念同时又与现实社会中的总体性社会和个人关系有关，"关于先于个人及其意识之前的客观性的经验，就是关于总体社会化的社会的统一性的经验"，这种统一性具有优先地位，"统一性与多样性的非同一性的确像囊括一切体系的同一性一样具有了'一'的优先地位的形式"（阿多诺，2020a）[274]。阿多诺接着指出，"数"是同一性思维与现实之间进行兑换的中介，在现实生活中，"数"本身就是同一性，它的存在方便了主体支配性欲望的实现。因为"数"作为一个衡量工具，使非同一性、受管制的"多"成为主体可测量物，成为整体之范式，把经验的繁杂性转化为抽象物。

与此同时，"同一性"思维有其现实的社会根源，即商品经济的交换原则把人类劳动抽象还原为"社会必要劳动时间"这一范畴，本质上讲，交换原则与同一性原则是一致的，表现为同一性的社会模式。资本主义将各种不同的商品的使用价值进行抽象化，然后转化为交换价值，并且是使用价值从属于交换价值，这背后暗含的正是同一性原则。"交换原则把人类劳动还原为社会平均劳动时间的抽象一般概念，因而从根本上类似于同一化原则……正是通过交换,不同一的个性和成果成了可通约的和同一的。"（阿多诺，2020a）[126] 同一性思维使商品交换原则变成了一种社会形态，这一社会形态使整个世界成为同一的世界。

同一性思维模式的支配和控制还造成主客二分理论的出现，并导致主体对客体的控制和奴役。阿多诺批判了把主体和客体、精神和物质之间的关系设定为同一的思维方式。阿多诺认为产生同一性思维方式有两个方面的原因：一是与自然科学所要求的方法论的普遍有效性有关；二是与资本主义的社会现实相关联，尤其与商品交换原则是契合的。其中第一个方面即主体与客体的关系是阿多诺思考同一性问题的起点，当人们将自然界只当作单纯的外在客体，即产生主客分化之时，也意味着人们开始步入了同一性思维的不归之路。

同一性思维模式还直接导致"死亡"灾难："奥斯维辛集中营证实纯粹同一性的哲学原理就是死亡。"（阿多诺，2020a）[316]"死亡"的现实就是特殊性、非同一性以及异质性等遭到抹杀和碾压，这种碾压的力量就是同一性思想。在这里，灾难的概念意味着"概念统治"、哲学对"死亡现实"的傲慢和漠视以及无能。"自然和历史可互相通约的东西之时，也正是消失之时。""这就是形而上学向历史的演变。它以非常世俗的范畴、非常衰败的范畴把形而上学世俗化了。"（阿多诺，2020a）[311]

最后阿多诺回到了非同一性与同一性的辩证法，"绝对同一性的原则是自相矛盾的，它使非同一性以被压抑和被破坏的形式永存下去"（阿多诺，2020a）[277]。黑格尔竭力用同一性压制非同一性，然而他歪曲了事实的真相，因此他误解了否定性本身，在他那里，否定是为了同一性的肯定。由此，拯救被传统哲学所遮蔽了的非同一性成了必要，而为了揭示这种非同一性，就必须重构一种新的哲学，这也正是阿多诺毕生努力的方向。

二、非同一性——批判同一性的武器

阿多诺从根本上否定了马克思哲学中最为基础的理论内容，但在基本旨趣与方法论上却继承了马克思的批判传统。其否定的辩证法主张用"非同一性"取代"同一性"，"非同一性"原则成为辩证法的主要特征，因为"辩证法是始终如一的对非同一性的意识。它预先并不采取一种立场"（阿多诺，2020a）[3]。

（一）阿多诺的非同一性的含义

杰姆逊[①]指出，在阿多诺那里，"同一性本身已经被从功能上概括为统治和压抑"（杰姆逊，2008）[22]，因此阿多诺用否定的辩证法批判传统哲学的同一性，其中既包含有崩溃同一性原则的旨趣，又表达着对非同一性的追求。霍克海默和阿多诺在《启蒙辩证法》中主要批判了工具理性和同一

---

① 本书中另有提及詹姆逊，与此处杰姆逊均指学者 Fredric Jameson，实为不同引用源采用不同人名译法。——编者注

性原则，而阿多诺在后来的《否定的辩证法》中体现了用非同一性拯救辩证法的谋划。

阿多诺的非同一性并非要颠覆本体论，他再三指出："在批判本体论时，我们并不打算建立另一种本体论，甚至一种非本体论的本体论。"（阿多诺，2020a）[118] 他认为，既然传统形而上学的同一性意味着主体与客体、概念与非概念物之间的强制关系，那么"非同一性意识"就不是简单的主体与客体、概念与非概念物关系的颠倒，而是体现为主体与客体、概念与非概念物之间保持"和而不同"、差异而不分裂、斗争而不互相伤害的状态，在这种状态中，主体与客体是相互中介的。阿多诺的否定的辩证法思想的内核就是非同一性："非同一性是同一化的秘密目标，它是解救的目标"（阿多诺，2020a）[128]，"非同一性的认识想说出某物是什么，而同一性思维则说某物归在什么之下、例示或表现什么以及本身不是什么"（阿多诺，2020a）[128-129]。以前的哲学家片面地强调了同一性并把它抽象地绝对化，却恰恰没有注意到正是非同一性确认了对象自身的特质，所以阿多诺才把思考的逻辑起点锁定在同一性之中的非同一性。

阿多诺对非同一性的思考主要有以下四个方面。

第一，非同一性不是外在的拒绝，即简单的说"不"，而是内在于同一性逻辑中的差异性或非同一性，即矛盾之中无法消除的差异性。

第二，非同一性是指同一性中的异质性，它是一种客观的矛盾，与黑格尔把矛盾视为一种全盘同一性的载体不同，阿多诺把矛盾当作批判同一性逻辑的中介，"辩证法打算靠在同一性强制中贮存起来并在它的对象化物中凝结的能量来破除这种同一性强制"。

第三，非同一性是他者对同一性的永远的抵抗。阿多诺指出，黑格尔承认矛盾及其对矛盾的否定和批判，但认为否定还是为了实现其对立面的肯定，通过同一性来平息矛盾。阿多诺指出，真正的否定不可能"认可现存事物"，非同一性的实质正在于永远的否定。

第四，非同一性并没有因反对抽象同一性而走向另一极端，即把与一般相对的个别当作形而上学的终极之物，原因在于，当一种理论变成只有少数思辨学者或只靠个体的感悟内省才能领悟时，人们就丧失了从中获得反抗的力量。

（二）非同一性之维对同一性哲学的批判

在阿多诺看来，作为罪魁祸首的同一性根植于人类社会的思维和社会现实的各个层面，根深蒂固，让人置于其统治之下还感觉理所当然。在现实的社会层面，同一性渗透到社会的各个方面，贯穿于全部人类的社会关系中，全面主宰着人的思维方式和交往形式，导致了现代文明发展的极端性，甚至灾难性的后果。在人的思维方式中，主要体现在人与自然、人与人的社会关系中。正是这几个方面的同一性，它们还进一步地相互呼应，不断加强对于人类的控制，构成了现代性的枷锁，反过来现代性也成为统治人类的帮凶。也正是从这个视角，否定的辩证法与马克思主义对于资本主义的批判有着异曲同工之妙，或者说在社会批判上是殊途同归。特别是马克思早期的一个关键性的概念：异化。在资本主义高度"同一性"的社会关系中，"彻底的社会化意味着彻底的异化"（霍克海默和阿多诺，2006）[52]。这种资本主义高度同一性的社会关系后来被法西斯极权主义者利用并进行扭曲，导致了奥斯维辛集中营的出现。阿多诺的以同一性批判为视角，然后深入到现代性的批判，特别是对资本主义社会的批判，与马克思对于资本主义的批判有着明显的不同，甚至与传统马克思主义的解读模式也存在着很大的区别。

吊诡的是，现代哲学在批判理性同一性时，自身又陷入了形而上学同一性之中，仍无法逃脱同一性原则，从而吞噬了人的主体性。阿多诺正是在此基础上，对过去种种同一性形而上学进行了批判，以建构非同一性哲学。不过阿多诺并不是要从根本上批判传统形而上学的超越性本身，而是要根除在本质—现象、普遍—特殊、存在—存在者之间二元对立与超越关系中生成的前者对后者的宰制、压制与统治的同一性本质，从这个意义上可以说：非同一性是对同一性的反动与批判。

传统认识论哲学一个最显著的特征是热衷于构建体系，这些体系的主要特点是借助同一性思维构建基于精神总体的理论体系，在当时的哲学家看来仿佛无体系即无哲学。但是，阿多诺指出，这种主体统治、支配客体的思维模式只是人类的形上追求，事实上是无法达成的，因为世界上根本不存在所谓的"第一性"，康德批判近代理性认识论哲学所昭示的二律背反正好表明客观世界是存在矛盾的统一体，所有追本溯源的哲学都是理性的僭妄。阿多诺由此得出结论，以往哲学一直追寻的那种终极与永恒只是一种理论上的虚构，而真实存在的唯有不断的否定，这种否定彻底击碎了所有意欲给予世界以"同一性"并把世界绑定在同一原则之上的臆想。

从字面意义上看，"非同一性"哲学与"同一性"哲学是对立的两种不同哲学。然而在阿多诺那里，他已经旗帜鲜明地批判了同一性哲学和与之相伴随产生的概念拜物教，如果他仍然按照传统的思维方式明确地对"非同一性"进行了下定义式的界定，那么就等于他把"非同一性"变成了"同一性"，因此为了规避这一悖论，阿多诺哲学思考的策略是后现代主义式的"无调"方式。

阿多诺的非同一性哲学实质上就是一种"无调式哲学"，对无调式的强调，与他早年的经历有关。他自幼在家人的熏陶下研习音乐，天赋卓越的他从16岁开始学习作曲，在他的音乐生涯中，勋伯格的无调性音乐对他影响很大。勋伯格被尊称为后现代主义的思想大师，他首创了"十二音体系"的无调性音乐。勋伯格的音乐与传统音乐以某个音为中心不同，主张不同音高的各音之间的结合，摆脱了有调中心变化的风格。用后现代哲学的话语说就是勋伯格的音乐有超强的解构性，这种与众不同的风格给了阿多诺灵感，他把这种"无调式"的解构精神融入到非同一性哲学。阿多诺指出，"勋伯格的无调式音乐恰恰是对'我们灵魂无居性'的舒展，它打破了古典调式音乐对人的音乐欣赏结构的压抑和统制"（张一兵，2001）[6]。

阿多诺认为，这种"无调式"的哲学意味着一种否定旨趣，是不受任何标准束缚的自由立场。"哲学既不存在于理性的真理中，也不存在于事实的真理中。它说的任何话都不服从'是实情'的有形标准"（阿多诺，2020a）[92]。阿多诺借助于无调式哲学，为了进一步批判"同一哲学"，创造性地提出了一个新范畴"星丛"。其实"星丛"并不是严格传统意义上的一个概念，可以将它理解成用来阐释"非同一性"的一个意象："星丛"就是一个很具体生动的隐喻，茫茫的夜空里由众多闪亮的星星组成了一个松散的集合体，但在这个集合体中，各个星星都是有别于别的星星的独一无二的个体存在，彼此之间并没有相互隶属与统治的关系。在阿多诺哲学中，"星丛"就是"非同一性意识"的一种隐喻，传达的是一种多视角"看"世界的方式，特别是反同一性的思维。

阿多诺指出，否定的辩证法是拒斥同一性的，而同一性是主体运用特定的范畴体系来捕捉，进而认识和吞噬客体而达成的。因此，同一性批判的实质就是拒斥通过范畴体系和认识论对客体的同一化，从而使客体成为一个不被主体吞并的"他者"而存在。阿多诺否定的辩证法的重点是对以往哲学迷恋"同一性"的批判，指出古希腊以来西方哲学的所有哲学形态，无论是形而上学还是近代认识论哲学，不管哲学家本身是否意识到，以往哲学的致思取向都是寻求"同一性"，即找到一个绝对的起点和所有事物都可还原于它的原初本源。这样就在理解诸如精神与物质、特殊与一般、实践与理论这些对立范畴时，往往习惯于还原论的思维方式，把其中一个范畴当成第一性的，并运用统一的概念与话语来解释每个事物，企图建立宇宙的统一图景。然而阿多诺认为这样的宏大愿望最终是不可能实现的，因为实际上根本不存在所谓的绝对第一性和统一性，哲学谈论的所有事物包括被认为是第一性的事物都是依存于与之对立的事物，所有追求事物的本源与统一的哲学都是步入了一条错误的道路。并且更令人担忧的是，正是因为哲学在发展过程中倾其所能地追求着秩序和统一性，从而强化了社会上的极权和盲从主义意识。因此，阿多诺总结道：哲学所追求的秩序和同一性实际上是虚无缥缈的，唯一真实的是否定，它拒斥一切把世界同一化进而用一个原则解释世界的独断论。这也是阿多诺把自己的思想称为否定的辩证法的原因。

阿多诺认为，传统形而上学在处理本质与现象、普遍与特殊、主体与客体的关系中，通常都是强调前者对于后者的优先性与统摄性，概念被称为是"世界背后的世界"，同一性逻辑就是在对待概念与非概念、抽象与具体的关系时强调前者对于后者的"暴政"，"概念的实质对概念自身来说是内在的，即精神的，同时又是先验的，即本体的"（阿多诺，2020a）[9]。作为强大的"概念帝国"的"同一哲学"，对经验世界甚至对人的生活世界都加以集权统治。可以说，阿多诺对作为近代理性形而上学之完成者和集大成者黑格尔的"同一性"哲学的清算十分彻底，甚至指证了传统形而上学的实质。黑格尔之后的许多现代哲学都举起"拒斥形而上学"的大旗，但始终不能逃离概念的同一性逻辑。这种同一性逻辑正是唯心主义的本质，当然受到同一性逻辑影响的并不仅仅在唯"心"的思辨领域，还包括在经验世界中统摄人的生活的同一化。阿多诺认为，唯心主义一方面强调自身的自足性，即承认自身的范围和界限，也就意味着承认了他者的存在，另一方面又不断吞噬着自身之外的异物，这表明它又在僭越自身的界限，吞占他者。这种二律背反在资本主义是有现实基础的，即是对"一个核心的二律背反"的效仿：后者同样是为了无限扩张而无视一切边界。其历史的实现方式是：用"交换"原则抹去了商品的差异，即排除了物的异质性，这就是商品经济的同一化逻辑。阿多诺把这种吞噬异己者的同一化的冲动称为"唯心主义的狂怒"。

最后需要指出的是，同一性逻辑与现代性逻辑存在关联性，"现代主义"主要指启蒙运动以来的理性主义传统，即所谓的现代性。现代性就其本质来说，和同一性在哲学上的表征方式和言说特点都是完全一致的，二者在哲学话语的根本是一致的：二元对立的思维模式，认识论上的基础主义、本质主义，整体主义，人类中心主义，等等，所以阿多诺批判现代性实质就是批判同一性。但是阿多诺也不否认同一性思维的重要意义，传统哲学总体上是将万物归为理性的"一"，用"一"认识万物，这是同一性思维的可取之处，但是，在"个别——一般—个别"的思维行程中，哲学与真实的个别渐行渐远，只剩下了理性的"一"。因此对于同一性，阿多诺虽然不遗余力地进行批判，但他的观点是辩证的。

第四节　否定的辩证法的理论核心

阿多诺虽然把他的思想称为否定的辩证法，但是，他认为辩证法既不是一种方法，也不是一种客观认识或其思维方式的概括，而是反对任何一般方法与理论图式的一种立场。他坚持这样的观点：世间万事万物是千差万别的，现实生活是复杂多样的，历史发展的各个因素是相互关联的，因此他批判用抽象同一的思维方式对事物进行简单还原的做法，他认为辩证法的实质就是否定性——不包含任何肯定的否定性，是绝对的否定性。

一、反体系

否定的辩证法既表现了阿多诺对传统形而上学的批判，又体现了他对构建非同一性哲学的渴求，阿多诺批判传统哲学的真实意图是破除传统形而上学中存在的现象和本质、特殊和普遍、存在者和存在之间二元对立与超越关系中生成的后者对前者的宰制、压制与统治的同一性本质，确认否定的辩证法只能是"反体系"的。

阿多诺所反对的体系并不是一般的哲学表述体系，而是本体论意义上的哲学逻辑体系，其原型是现实"被管理的世界"。如同现实生活中的商品交换通过货币体制使一切商品同质化从而吞噬差异性一样，这种哲学体系也"残忍地"把所有思想同质化。不过哲学体系的建构是自相矛盾的，根源于它们自身的不可能性一直缠绕着这些体系的根基，也就是说，哲学体系是凝固不变的，而其现实根基却是一直处于变动状态的社会运动，这样就使得企图建构形而上学架构下的永恒不变的哲学体系只能是一种不可能实现的幻想而已。因此，最终体系遭遇自身的界限，于是出现了唯心主义哲学无法摆脱的内在本质即总体和无限的二律背反。而且这种二律背反是资产阶级现实社会二律背反的真实映照，资本主义为了保存自身、保持同样，必须不断推进其边界，然而这又导致了它不尊重任何界限，不能保持同样；也就是说，资本同一性的扩张运动的结果必然是产生非同一性。

否定的辩证法批判建构封闭的哲学体系。西方哲学史上，哲学家们陶醉于预设一种前提作为逻辑起点，进而建构一种形而上学的知识体系，企图建立起一个宏大的具有包容性的哲学体系。在阿多诺看来，哲学体系的构建虽然首先就保证了其理论在逻辑上的自相一致，但不能保证这一理论的事实的合法性。哲学的体系性其实质只不过是在同一性的强制操纵下悉心雕琢的一件作品，看似完美精致却不能帮助客观有效地认识世界和探求真理。因为任何一个体系，无论它如何被动态地建构，如果它实际上是一个封闭的不能包容在它之外任何东西的体系，"它也就成了一种肯定的无限性——即有限的和静态的东西，并以这种方式维持自身"（阿多诺，2020a）[21]。他认为所有自我封闭的哲学体系都避免不了失败的结局，其原因在于所有体系看似高深莫测，甚至康德的、黑格尔的结构烦琐的体系，因为其先验性所以最终不可避免地会归为失败。

在阿多诺看来，同一性哲学必然走向体系，这种体系由于内容与形式不协调又是自相矛盾的，必然被冲破，因此阿多诺称自己的否定的辩证法是反体系的。阿多诺此举的目的是批判作为"第一哲学"的本体论，批判把某种东西当作第一性的思维方式。因为概念和事物都不具有第一性，一方面概念并不是简单的对事物的模拟，而是具有显著的自主性，另一方面概念与事物相比也不是第一性的，而是两者彼此不可分离地辩证联系着。

阿多诺最具代表性的本体论批判是对海德格尔的存在主义本体论的批判，他批判海德格尔把所有"存在者"归入到不受反思意识与行为干扰的"存在"那里，这样其实就使主体和客体分离与割裂开来，使一切存在者都"物化"了。他认为主体和客体都是反思的不可割裂的部分，彼此是互为中介的关系，从而都不能还原为认识论上的第一性。

同一性哲学最终会体系化，这从西方哲学史上得到验证，同一性哲学是作为体系哲学而发展演进的，它抹去了一切质的规定性，它靠支配客观性来实现其抽象的客观性，因此必然与现实客观性相抵触。随之而来的就是真正的理性逐渐消失在现实客观性中了，而现实客观性也就一定屈服于同一性的体系。这样就不难理解体系是排斥非同一性的，即使是最微小的一点非同一性的痕迹都足以否定被概念看成是总体的同一性。而真正的哲学是反体系的，因为概念否定了界限，并在理论上确信在概念之外一定存在着某种东西，并竭力否定这种东西，这样就形成了体系。解决这个问题的思路是把注意力从体系范畴转移到对象上，这样思想就会开始关注与探究现实对象的本质，体系便就此崩溃了。

同一性思维最开始的原初形式是"数"，但还不是同一性思维的成熟形态。从笛卡儿的近代哲学开始，由于思维与存在、主体与客体的同一性被明确地提出，他提出了著名的"普遍数学"的设想。"普遍数学"是一种对事物进行排序和测量的通用方法。数学是同一性思维最好的例证，但二者不等同。同一性思维是一种适用于构成一切理性知识的最一般的方法。这个方法的理论基础是，万事万物之所以能够被理解就在于其秩序和度量，而人类固有的天性就是通过秩序和度量或者说通过"普遍事物"对事物进行认识和把握。阿多诺指出，只有到了人们把世界看成是统一体并当作主体从总体上加以理解时，同一性思维也就意味着踏上体系哲学之路了。根据阿多诺的论断，柏拉图之后的哲学同一性主张这一教条已经被烙上了同一性的印记，于是，事物的秩序颠倒过来了，精神自身的同一性依靠同一性的方法被投射到事物上，而不是从现实事物的多重联系出发，真实地去把握现实的事物。阿多诺一针见血地指出，"这就是第一哲学的原罪"的同一性思维要清除所有和自身判断不自洽的元素，从而达到主体的统一性与完全性，这样就把哲学体系最终还原到令人畏惧的主观性那里了，那种绝对地自我包含、无所不包的内在性结构必然已经是而且总是体系的了。哲学要求有说服力，为此，客体的经验无奈地被逐步排除了，而且正是为了说服力，一致性的逻辑忽视了客体的经验。在此过程中，第一哲学把知识让渡给欺骗性的主体，放弃了客体经验。体系以包容性和完全性的名义把一切客体还原为一个抽象的公式，为了追求终极的一致性而贬斥和铲除客体经验，"这或许是第一哲学最黑暗的秘密"。但它又在无意中解释了本质与现象的区别，它的最大发现就是在本质和现象之间存在着很多显著的区别，同样具有"我知道你不知道"这样的外表，但是有很多无情的和自我外化的生活，需要这样的区别来作为矫正物。这里的矫正物就是阿多诺所指的非同一性，即现实生活的客体经验。

阿多诺之所以要批判体系哲学，是因为它最后不对现实开放。哲学回到了自己沉思的岩洞，而把内容放逐给了严格分裂的科学。所有的主体性都被忽略地委托给了分类严格的科学，如历史学、心理学和社会学。哲学号称能理解任何东西，但其实什么都不是。当哲学越能放弃这种想要把握一切的企图的时候，其价值越能得到彰显。

二、反对概念拜物教

概念系认识论的首要职责，承担起概念的艰辛。阿多诺将概念工作分为两种不同的类型：一种是传统类，它遵从认同强迫逻辑，追求的是对认知对象的"概念统治"；另一种是评判类，是转入仿作理性。（瓦尔特-布什，2014）[196] 前一种方向，其根本病症在于，"概念工作"的方向是概念自身体系的"持续性"、"完备性"及"完整性"，根本不关注如何更好地领会和把握现实世界。更恐怖之处在于，它已经在西方世界根深蒂固，而且已经逐步演变成人们习以为常的支配性原则、秩序和日常生活的常规，乃至血腥的战争和惨绝人寰的大屠杀。

阿多诺定义的概念拜物教是概念脱离了并最终取代了它所表达的事物的主观建构模式，他甚至将这种费尽心机地通过概念的手段去把握非概念的东西称为哲学的原罪，因为事实上概念并不能完全地代表概念所反映的事物，一切概念，哪怕是哲学的概念，在概念之外都一定有非概念物的存在，因此传统哲学在完成了对概念的界定之后，就把概念完全等同于逻辑推演的客观事物，以至于本末颠倒地忽略了概念反映的客观对象。虽然主体统摄客体，但自身也被局限在思维的领域，现实的个人被思维代替，思维成了精神实体，取代了人的认识主体的地位，彻底地脱离现实的经验世界。自我成为否定和扬弃一切特殊性的纯粹自为的存在，此时的思维和自我达到了某种程度的同一，现实的、形形色色的个人成为抽象的、没有任何感性之思的存在物，成为了纯粹的自我，毫无灵魂地追求着某种必然性。作为客体的对象直接沦落为被抽象的主体建构的抽象的概念，经验的客体本身有其自身的特殊性，但是在抽象的理性的主体看来，它必须经过理性主体的改造，成为思想中的客观事物，才能最终成为客体。最终，主体和客体概念都面临着被抽象化的命运，在此基础上，在绝对性的概念中，二者被强行混合到一起，而且彼此依赖，哲学由此实现了构建抽象的体系。阿多诺认为，体系不是绝对精神的体系，而是受主体的制约，但主体根本不知道在多大程度上占有体系。由于概念与概念反映的事物相脱离，概念本身就是虚幻的，导致了以这种概念为基础而形成的思维体系也是虚幻的，这样人类想要获取对现实的正确认识也就是不可能的，这就是认识论上的乌托邦。这种主体理性的进一步发展的结果就是现代的合理化的社会，阿多诺称之为"被宰制的社会"。在这种社会中，非理性毫无存在的意义和价值，也无立足之地。通过分析我们可以发现阿多诺思维的路径，不是通过总结社会历史去概括思维方式，也就是说不以特定的历史发展阶段作为思维方式的基础，而是完全相反地认为，社会的现实状况是由主体的思维方式决定产生的，这样也导致了他的否定的辩证法看似是全面的彻底的批判。

在传统哲学中，没有任何一种哲学可以把全部的特殊性囊括其中，针对此，阿多诺认为哲学的反思就是为了概念中的非概念物不被主体所吞噬。根据康德的名言，概念就是空洞的虚无，最终结果是概念也不再代表任何事物而变成虚无。因此，破除概念的"自在存在"的幻象，使其能够容纳非同一性的概念之物，成为否定的辩证法的一个基本的理论诉求。

概念的同一性原则和逻辑所进行的反思与探索，意味着概念的内在性本质需求是始终如一地建立秩序，并以这种不变性来对抗其包含的东西的变化。概念企图抹杀客体的易变性以达到对不同于自身事物的统治之目的。但是，一旦主体放弃了现实对象，传统认识论便陷入了困境，于是同一性便产生了。思维的同一性因为客体的不可分解性、不可规定性，即思维同一性无法真正把握客体，所以索性顺从了现实。这样，"主体去非理性主义地或唯科学地自我满足，不去接触任何和它不同一的东西。它是要向流行的认识理想投降，甚至表示效忠"（阿多诺，2020a）[138]。

　　虽然概念有同一性的欲望，但它的实现还是依靠哲学来完成的。因此，以前的哲学家都希望创造一种真正的哲学以理解整体世界，他们企图追求一种永恒的哲学方法，以自己的方法支配一切。于是，同一哲学的构建就获得了充分的依据，不过哲学家们对主体控制性方法的痴迷与此方法自身的排他性使得它容不得其他任何相异的思想。任何事物统统被主观性纳入到概念的客观性逻辑之中，这样就貌似真的做到了对世界的统一，并自认为真的掌控了现实世界主客体的命运。这样看似调和了现实世界，而事实上，主体进入了自我欺骗，变成了客观性的神话。

　　概念自身表明认识由现象向本质、由偶然向必然的质变过程，也就是说概念是理性思维的基础。阿多诺不否认概念的存在，相反，他认为概念及判断和推论都是理性的必然形式，理性批判的基础就包含其中。显然，阿多诺反对的是传统形而上学将概念先验化的同一性，他将其称为"概念拜物教"。他所说的概念拜物教实质就是观念强权——这种观念强权其实质是一种荒诞的概念体系，它企图利用"其强制性的思维方式、虚假性的本质观和总体性的意识形态来遮蔽或消解客观存在的非本体性、差异性和非同一性"（张一兵，2001）[92]。阿多诺认为，概念是一种运用思维同一性的方法来揭示客体本质规定性的哲学范畴。纵观整个认识论发展的历史，同一性的概念思维图式是人们对这个世界进行理解和把握的行之有效的主要方法，这是不争的事实。然而，这种概念拜物教式的认识模式在逻辑上所具有的缺陷也受到了众多哲学学者的批判。在阿多诺看来，这种沉迷于同一性的概念思维模式更是成为主体认识世界和探求真理的阻碍，继而成为一种遮蔽客体真相的意识形态，这样概念就不再是手段而是目的。

　　因此，通过概念理解和认识事实与对象，很易掉进同一性的思维模式之中，进而与客体的真实性失之交臂，甚至偏离它。阿多诺认为下定义这种理解客体的方式是不稳妥的，因为下定义就意味着从主观出发，利用一成不变的概念去把握某种客观的东西，而忽略了其本身到底是什么。忽略掉的东西其实就是客体其个性的真实性。概念更令人担忧的就是形成构建秩序的"概念帝国主义"的特权，秩序意味着永恒，容不得一点变动，初看起来这种主客同一是合乎理性的，人与自然之间乃至自我的同一貌似达到了极度和谐状态。然而阿多诺指出：所谓的同一自始至终都是不真实的，主体的第一性地位是坚不可摧的，从而客体要不被忽略，要不就是被主体践踏。

阿多诺认为，一切概念都不是自主的，它以非概念物为前提，哲学使我们明白，破除了概念的自满性，我们的眼界都开阔很多。即使它表述的对象是客观存在的事物，概念就是概念，这也不能改变概念本身和非概念的整体杂糅在一起的事实。"它同这个整体的唯一间隔就是它的物化——那种把它确立为一种概念的东西。"（上海社会科学院哲学研究所外国哲学研究室，1998）[207]反之，如果概念一旦背离具体的客体被当作抽象的形式，就有可能变为纯粹的概念走上形而上学并导致概念拜物教的产生，进而概念便拥有了统治一切的力量。阿多诺指出，当人们意识到这一点，就能摆脱概念拜物教。

阿多诺揭示了概念拜物教的形而上学实质，并指出哲学是用概念洞悉客体内在实质的，但它所洞悉到的仅仅是事物的普遍性与同一性，因而不能整体洞悉客体自身的本质，因为客体除了具有普遍性与同一性之外，还具有特殊性与非同一性。以前的哲学家在概念的发展历史中，通常忽视后者，把概念与客体等同起来，从而产生概念拜物教，并孕育出形而上学。阿多诺认为，概念只能片面地表现客体或事件的某些方面，而不能对客体或事物的全部内容进行全面的把握，它和所表达的客体之间不具同一性，概念的同一性与总体性仅仅是思想掌握的纯粹外在表象而非客体本质及全部。

哲学的反思是和概念中的非概念物不可分割的，否则，概念就成了空幻的、虚无缥缈的，最终也不能指向任何的事物。因此，阿多诺认为要纠正概念性的这个基本特征，使其趋于非同一性，这才是否定的辩证法的关键。洞察和捕捉概念中的非概念物的基本特性，"将结束这种概念所产生的（除非被反思所终止）强制性同一"（阿多诺，2020a）[9]。否定的辩证法的旨趣在于通过概念并超越概念，从而达到消除人们的概念拜物教意识的目的；通过变更形成概念的路向，从而使同一性转向非同一性。非同一性代表着现实世界存在着实实在在的差异，而这种差异才代表着和平与生命，交流也必须首先以承认事物的差别性为前提，"和平"是一种没有相互支配，地位平等，虽然有差异但是相互渗透的独特状态。阿多诺和以前的哲学家分道扬镳，也可以说是背道而驰，展开了对概念的批判。亚里士多德以来，主导的观念就是概念的优先性，为了保障范畴的优先地位，亚里士多德给予了概念普遍性的功能。这样，概念依托其主体观念性工具的作用，不再隶属于思维领域的范畴，它使得主体能够征服自然与自我保存，并借助此工具，主体得以理解客体，然而这种理解仅仅意味着主体对客体的强暴，通过这种强制得到的认识，只是幻象罢了。

三、反实证主义

法兰克福学派的社会批判理论中也包含对实证主义的批判，霍克海默在展开对启蒙理性批判之前的一个重要理论思考就是对实证主义的批判。但是在法兰克福学派的传统中，阿多诺是始终如一地拒斥本体论和同一性，以及实证主义。法兰克福学派使用的实证主义这一范畴与以前西方哲学史上的以孔德和穆勒等为代表的实证主义哲学流派不同，其外延显然广得多，既包含一些实证学科与实证主义的哲学流派，又包含自然科学方法与社会科学方法等方法论方面的内容。从这里可以看出，它蕴含着经验论的原则、科学主义的观念与肯定性的思维方式。霍克海默认为实证主义意味着资产阶级政治统治与社会控制的某种合法性证明，因为它在某种程度上内含着与现存的秩序一致的意蕴。对作为科学主义主张的实证主义的批判，深刻影响了阿多诺此后对科学创立知识体系的批判。总之，对实证主义的批判是全面展开对启蒙理性批判的先导。因为霍克海默认为实证主义的最大的弊端是将事实和价值分离。

实证主义的出发点是经验原则，这起源于把经验作为知识的来源的英国经验论，这种经验原则认为人仅仅能认识经验到的客体，真理也只能通过知觉实证，所有概念都可以还原为经验，现实世界都是由感觉经验形成的现象构成。科学所承认的只是实存的纯粹经验，当这种经验由知觉所证实时，也就形成了科学知识，这种知识的表现形式是普遍的、可计算的，诸如数学、物理学这一类的科学。只有得到科学承认的、严格意义上的纯粹经验才能称其为知识。认识既不是信念也不是希望，而应该是实证科学。这种方式从科学衍生到了对社会与个人都要用到的科学方法。

批判实证主义是法兰克福学派始终坚持的立场，可以说法兰克福学派社会批判理论的形成和发展是与实证主义的论战分不开的，这从其创始人霍克海默就开始了，他继承了西方马克思主义哲学批判科学思维方式与实证主义方法的传统。众所周知，作为人类理性的工具的科学建立和完成了现代工业体系，由此获得了对自然界与人类社会的支配与统治力量，并作为知识的储备批判了社会现实，而即使科学得到了飞速发展也无法证实实证主义的知识，因为知识的成效性在于最终接近真理，但是这里的成效性不是外在的实效性,而是内在的科学的东西。科学在使用科学的思维方式所面对的客体的特点在于:它是一种静态而不可能是一种变动状态,这样就容易导致产生僵硬与拜物的概念,这种内在于科学的理性元素成了科学自身发展的一种障碍。科学所推崇的实证的精神和方法具有两面性,一方面确实促进了科学的发展,但另一方面这种思维模式也会形成惯性而移植到社会领域中,从而容易将个人嵌入到社会运转的机械环境之中,由此可以看出,实证主义的发展却遮蔽了社会的实际情况,实证主义对社会现实采取肯定的态度导致的结果就是静止地、僵死地看待与理解现实结构与知识结构,最终形成了资本主义社会对人性的抽离。因此,霍克海默旨在用辩证的思维方式以克服科学思维方式的不足,形成对整体社会的批判能力。

实证主义言说的"因果性"与"自由"实质上是一种总体还原的同一理论的结果:要不把总体还原为主体,认为主体是第一性的,要不把总体还原为客体,认为客体是第一性的。阿多诺认为,在这个个性被普遍压抑的社会,反社会的自由仅仅存在于单个人的特点之中,而且个人的自由个性还是被支离破碎和滥用的。这种自由隐蔽在历史的环节中,而且隐蔽的方式和地点还要处于不断变化中。为了对抗压抑,自由在不断变化的压抑形式变得越来越具体化。他认为自由的唯一意义就是否定,也就是反思地否定各种各样的奴役,他把自由与压抑勾连起来并得出结论:自由是对压抑的抵制。

阿多诺认为,因果性的重要理论价值只是体现在对于朴素的自由意志论的批判过程中。因果性不能被异化为经济主义的决定论,他对实证主义"因果性"的批判还具有政治意义,就是制度最终达到了被"整合"的程度,在这种社会制度下,每个要素都处于相互的普遍依赖之中,在这种条件下就无所谓因果。"在一个铁板一块的社会中探寻可以作为原因的东西是无聊的,因为只有这个社会本身才是原因。"(阿多诺,2020a)[230]

阿多诺对实证主义与同一性的批判最终又回到社会批判这一法兰克福学派传统主题这里来了。马克思在《资本论》中指出,资产阶级的社会运行机理是奠基于商品交换价值法则之上的,人与人之间的关系异化为纯粹的金钱关系。阿多诺继承了马克思的观点,并指出:资本主义种种弊病的根源就是商品交换法则的渗透与泛滥,把人和物还原到同质的无名地位与同一水平上,这也正是同一性哲学谋划的社会根源。

四、反对形而上学

在生产力极其低下的农业经济时代,人类在强大的自然面前是无能为力的，被强大的客体力量所支配，在这一客观条件下形成的社会生活，主要表现为外在的物质性和客体性，在意识形态层面上就体现为客体形而上学。进入18世纪以后，飞速发展的科学技术带来了生产工具的革新，极大地推动了生产力的发展。资本主义社会经济形态打破了传统的主体和客体的二元划分，人类通过实践作用于自然，通过劳动使客体主体化，人类作为主体的作用得到突显。随着资本主义社会的文艺复兴和资产阶级的启蒙运动，作为主体的人开始坚信，人通过自己的主体能力的发挥，不仅能认识自然和利用自然，克服自然的障碍，还能最终实现自身解放。此时，以前的客体形而上学显然已经无法满足这种主体发挥巨大作用的资本主义经济形态，全新的以主体性观念为核心的主体形而上学由此开启了一场哥白尼式革命，所有的一切都要以主体性或者主体理性为基础进行衡量。

因此阿多诺对近代主体形而上学的颠覆是从近代形而上学的根基"纯粹概念"入手进行内在颠覆。阿多诺指出，传统哲学都可归入到同一性哲学的范畴，特别是近代理性主义达到了极致——以黑格尔哲学为典型，他的"绝对精神"自我演绎的本质就是把精神当作第一性，建构试图超越一切非同一性与差异性的"同一哲学"体系。在近代以来的哲学发展史上，自柏拉图以来，哲学一直不关注非概念的、个别性的和特殊性的东西，这些东西被认为是暂时的、无意义的而被忽视。黑格尔哲学延续了这种传统，并将其称为"惰性的实存"。阿多诺指认了黑格尔"同一哲学"的实质，作为哲学的主体的是质，但是同一哲学将质贬抑为可以经常被忽视的量。"对概念来说非常紧迫的，但它又达不到的东西，是它的抽象论的机械论排除掉的东西，即尚未成为概念实例的东西。"（阿多诺，2020a）[5] 阿多诺认为传统的一切形而上学本质上是用概念吞噬客体的特殊性与个别性，把包含有特殊性与个别性的多种多样的质还原为可计算的只有同一性的抽象的量。

阿多诺解读形而上学是通过把握概念和非概念物的辩证关系去理解的，他认为形而上学越是追求概念的纯粹性和绝对性，就越是要清除非概念物，也就越强烈地感受到非概念物挥之不去的影响。概念的绝对性取决于它能将所有非概念物捕捉进自身的"牢笼"，清除"他性"，从而保住非概念物的"内容"。阿多诺认为，当概念被理解为是一种操作过程时，它的两端便是主体与客体，他分析了在传统形而上学概念体系中主体与客体的不合理关系：主体在极力通过概念的抽象手段将非概念物的内容排除出去，在实现自身的纯粹性的同时，又试图把握作为客体的非同一性；客体愈要逃离主体，主体愈要捕获它，结果造成了主体与客体之间出现不可调和的对立。

对西方形而上学传统的批判,是阿多诺对问题进行思考的核心和最重要的部分,也是他一生开展批判的起点。否定的辩证法的批判是一种"内在"的批判,因为否定的辩证法深入到形而上学的"硬核"即概念的内部,通过揭示其内部矛盾将其打开,并且还通过形而上学自身的力量完成了对它的否定。阿多诺在《否定的辩证法》序言的开篇就指出"否定的辩证法是一个蔑视传统的词组",这里他所蔑视的"传统"实际上就是传统的形而上学,即作为同一性逻辑与理性思维的形而上学。他认为传统形而上学的旨趣就在于探究现象世界后面隐藏着的蕴含必然永恒性的"一",从发生学意义上讲,形而上学其实就是对现象世界与本质世界之间矛盾思考的产物,可以说所有形而上学的问题都离不开对现象与本质关系的反思。虽然形而上学源自现象与本质、客体与主体之间的关系,但是在传统形而上学中,它们之间的关系始终是:本质优于现象、主体统领客体。阿多诺没有首先给形而上学下定义,在他看来,定义或概念本身与形而上学的本质相关,形而上学的对象就是概念。概念蕴含着两方面的内容:概念的本质及其非概念物。形而上学既想方设法来建立概念的普遍性权威地位,又企图借助概念来保留非概念物,这正是传统形而上学的悖论之处。从苏格拉底开始,形而上学的真理之路便自觉地将自身理解为是对概念的探索,理解为是对概念本质的规定,形而上学总是处理概念。形而上学是这样一种哲学形式,它的对象是概念;而且这里着重强调的是,概念被赋予一种更高级别的本质性与优先性,这种优先性是相对于被它当作客体的存在者而言的,形而上学就是以概念的两个要素之间的关系为对象并活跃于两者的张力之中的理论。

五、反对抽象的普遍性

阿多诺和霍克海默一道展开了对启蒙理性的批判,指出启蒙理性与工具理性之间的逻辑关联,并指出当代资本主义社会就是由抽象的普遍性所支配的,它把人看作是由抽象的社会必要劳动时间造成"量"的差异而其他方面都同质的个体,而那些不能被还原的个体将面临被资本主义社会清除出局的悲催结局,人成为丧失主体性的可怜的生命,他们被历史的洪流剥夺了纠正错误的权力,为了生存他们被迫地适应了技术和失业,最终处于贫困可怜的地步。在阿多诺看来,具体的普遍性仍然是纯粹的自我同一的总体,与黑格尔所说的抽象的普遍性并无区别,实质上依然是一个封闭的绝对总体,与不同于它自身的一切东西没有任何关联。阿多诺更深入地指出,就连黑格尔提出的"差异"范畴在这里也被消解了。这充分表明,黑格尔所谓的"差异"并不是实质上的差异，这些差异只不过是整个"绝对精神"在自我演绎过程中的一个手段或阶段罢了。

阿多诺认为，黑格尔的普遍性虽是一种包含了个别事物之间差异的普遍性，不过这种差异仅仅是停留在事物发展的自在阶段，即这种差异仅仅还是概念的差异，而不是事物自身的差异，不过是人们在反思过程中产生的差异。

在黑格尔的否定之否定之后，一种新的超越于那些抽象的普遍性的范畴问世了，这是一个更加复杂的总体，其内部包含了一切个别事物的差别，因此相对于普遍性，差异就显得不重要了。

阿多诺对此进行了分析和质疑。究竟是什么使得这些互相矛盾、互相对立的事物最后达至和谐一致的状态的呢？阿多诺在《黑格尔三论》中指出，在黑格尔的理论体系中互相矛盾的事物最终指向两种结果：如果它抛弃了从始至终贯穿于总体的矛盾，总体将能达到和谐；反之，如果允许旧的矛盾和差异存在，最终结果是指向灾难。实际上，阿多诺指出黑格尔的唯心论带有深刻的德国浪漫主义的传统，因此他为未来设想一个大团圆的结局。在这种圆满的结局中，所有矛盾的东西被超越了。黑格尔的唯心论用同一性反过来压制了非同一性，原先被黑格尔所抛弃的同一性又返回了，并重新通过压制差异而将同一性逻辑渗透进总体的各个组成部分之中。

与认为相互对立的事物最后会达到和谐状态的观点相对，阿多诺认为，终极的总体中消解不了差异与对立，"因为未被调和的事物恰恰缺乏被思想所代替的同一性——是矛盾的，从而抵制任何一致性解释的企图"（阿多诺，2020a）[125]。就是说，阿多诺意欲始终坚守差异与对立原则，不让它们消解于总体之中。

当然阿多诺也意识到，消解同一性逻辑并非单纯地摒弃同一性，因为在理性认识层面，他深知概念和思维就是同一，同一是进行思想和理性活动的首要前提。离开同一性人们根本无法思维，"任何规定性都是同一化"（阿多诺，2020a）[128]。还强调，"传统思维的错误在于把同一性当作目标"，这样就产生了带有绝对性和强制性的同一性原则。阿多诺并不是简单地反对同一性，因为他也承认概念中必然包含的同一性，但他反对绝对同一性，他意欲拯救出包含在同一性中的非同一性。否定的辩证法所意指的"非同一性是同一化的秘密目标，它是解救的目标"（阿多诺，2020a）[128-129]。这里包含着辩证法：非同一性思维是要非常具体地表述事物，但同一性思维是将事物进行归类、举例，或探讨事物表现了什么。传统思维的弊端正在于人们往往过重地痴迷于归并式的同一性思维并将其绝对化，反而经常忽略了所表征事物的非同一性。阿多诺的否定的辩证法思想的原初起点正是蕴含和隐藏在同一性之中的非同一性。他的非同一性不是单纯地拒绝与摧毁，不是简单地说"不"，而是基于同一性并内在于同一性逻辑的差异性与非同一性。

第五节 阿多诺的非同一性理论的终极目标——"星丛"

阿多诺批判的哲学或否定的辩证法憧憬的理想境界是"星丛"，提出"星丛"理论，尝试在主体与客体和概念与非概念物之间保持一种既存在同一性也存在非同一性的状态，是阿多诺对同一性原则批判之后的理论建构。"星丛"理论的要义旨于拯救特殊性与非同一性，这样对象在脱离同一性的束缚后重获新生。"星丛"的范畴作为否定的辩证法的基本逻辑框架，与本雅明的"星丛"概念有着千丝万缕的关系。阿多诺对于本雅明的"星丛"理论的某些方面是表示赞同的，同时也基于自己的理论立场对其进行了改造。

一、非同一性哲学目标的理想表达

本雅明与阿多诺是非常真挚和密切的好朋友，同时两位哲学家在研究视角和研究方法方面还有很多相似之处，尤其是本雅明的《德意志悲苦剧的起源》对阿多诺影响至深，"本雅明一直拒绝从旧世界逃到没有文化和传统的新世界，尽管旧世界的文化已为野蛮所充斥"（魏格豪斯，2010）[413]的这种经历，影响了阿多诺的否定的辩证法在希望和绝望之间找到了平衡。

卢卡奇是在西方学术理论体系之内进行的批判性解读，本雅明和阿多诺则是在体系之外从一种非常规的路径进行的对于现代文明的反思和批判，如果以卢卡奇论及的关于马克思的方式为正统，那么阿多诺和本雅明的方式就是非正统了。他们没有被实证主义的思想所影响，希望完整地保存辩证法，但他们选取的实现方式和卢卡奇完全不同，卢卡奇是从整体性这个结构概念出发，本雅明和阿多诺则选择了具有解构性特点的"星丛"。

在本雅明的理论中，"星丛"是一个立体的、松散的集合，这样的一个集合最大的特点就是没有在黑格尔哲学中无处不在的强制同一性的"绝对精神"，相反，每一个构成要素彼此之间相互影响，"星丛"的最终特质也是由全部的构成要素共同决定的。"星丛"实际上是一个天文概念，它尽管是由星星组成的，却并非星星的本质，并且星星之间地位是平等的。本雅明的思考其实是想回答这样的问题：在工具理性占主导地位的背景下，人类是否能够认识真理，以及如何把握真理？本雅明借用了"星丛"这个术语给出了答案，就是能把握真理，而且形象地解释了自己的真理理论：真理能把握，但是真理绝不是主客体之间通过概念能获得的，而是在于客体通过概念自我呈现。概念本身其实是人类认识的成果，是不可能取消的，要批判的仅仅是主体的支配性；当这种主体的支配性被否定后，概念也就重获新生，客体就凭借这种新生的力量利用概念构建出"星丛"这样的理念，因此向主体"展现"出真理。

阿多诺的"星丛"并不是对本雅明"星丛"理论的完全照搬和硬套，而是将本雅明"星丛"理论中的碎片化逻辑和瞬间化逻辑发展到极致，从而推演出其独具特色的以崩溃性为特点的非同一性逻辑。为了达到这个目的，首先需要对主体进行限制。但是实际上，在阿多诺的理论建构中，他对主体进行限制只是手段而不是最终目的，他的最终目的其实是防止理性的极度膨胀，为了达到这个目标，一个首要的基本前提是肯定差异和尊重差异。但是在传统的理性思维中对于差异性因素其目标不是协调它们之间的关系，而是采用了强制性统一的方式，为了达到消除差异的完全同一的状态。体现在认识论上，就是坚持认为用概念可以完全地替代概念所表达的客观对象。因此，受这种传统的理性思维方式的影响，与主体相对应的客体其实并不是客观存在的对象，而是被同一化了的概念。将此逻辑推广到世界的逻辑建构及其运行方式，现实世界中客观存在的千差万别的对象物以及它们之间的错综复杂的关系就演变为概念图式及其之间的逻辑推演。在这种逻辑推演的运行过程中，所有与这种抽象逻辑推演不一致的相异的因素，都被视为可以被忽略的量化的因素然后被完全地排除在体系之外。这样，理性的抽象逻辑规定失去了自身的批判性，而且自己是导致这种结局的元凶和罪魁祸首。那么以这种理性的思维方式为理论基础的辩证法，其实质并不是关于现实世界及其运动的辩证法，而是强制性的概念同一性在逻辑上的体现。

阿多诺的"星丛"概念还受到了韦伯的关于认识的启示，韦伯指出，只有依靠众多相互差异的人物、行动与事物的彼此联系，指称变化着的客体的精准概念才能呈现出来。所以，阿多诺的"星丛"概念指的是通过概念和事物、概念和概念之间的具体联系来呈现事物的生成，而非低层级概念对高层级概念的归属关系。肯定性辩证法强调的正是低层级概念归属于高层级概念，它主要关注的是哪个代表着哪个，哪个隶属于哪个，所以这同时就意味着这个"哪个"并不是事物自身。因此，要从"星丛"中获得事物自身的界定，换句话说，事物不能被某一范畴所穷尽，而要在范畴的"星丛"中被无限地进行界定。只有当这些范畴被用到穷尽，认识过程才算相对性地完结，也就是接近真理。单独的范畴事实上是掩盖了对事物的认知，而"星丛"优越于单一范畴的地方正在于对事物达到了解蔽的效果。

阿多诺之所以提出"星丛"的概念，首先是因为他看重推崇个别事物的非同一性，从而质疑概念是否能洞察客体的内涵，着手批判概念对事物的强制同一，这种同一的本质就是概念的绝对化。但是事物中矛盾不可消除，矛盾的存在意味着非同一性无法消解同一性，非同一性才是同一性的实质，他希冀开放地对待概念与事物的关系，并在诸概念和事物之间建立关联，用诸概念的彼此限定来取代单个概念和事物间的同一性。

阿多诺使用"星丛"这一范畴还有一个动机，那就是他不赞成黑格尔用精神来统治客体这种主客统一的方法，而强调主客间的差异性、非同一性，特别指出康德"物自体"这一范畴的重要性，认为主观精神是不能同一物自体的。因为主客同一的认识论来源是主观抽象，其本质就是主体对客体的支配，而这种抽象支配忽视了个别与具体的对象，因此阿多诺认为主客体的和解是不可能达成的，指出矛盾的不可和解性。西方哲学的传统思维主要是还原论的思维方式，就是要在主客关系中找到处于支配地位也就是所谓第一性的一方，阿多诺关注的则是主客体的互相中介作用。虽然阿多诺认可相对于主体客体具有优先性，但是他的客体优先性不是传统本体论意义上的存在相对于思维的先在性，而是指社会相对于个体经济与意识的先在性。从这里可以看出，在本体论意义上，阿多诺并不是从否定主体的优先性直接过渡到坚持客体优先性，因为他继承了康德的思想，认为主体的建构作用与由客体带来的经验因素汇集在认识的生成过程中。所以"星丛"概念的产生其实有其内在的必然性，具体来说就是同一性逻辑与资本主义制度达到极端状态后自我纠偏的结果，也就是说我们对于"星丛"这样一种状态的追求，不仅仅是源于对传统认识论的批判，而更是因为现实历史过程强加的压迫。作为反体系的"星丛"处于构建中，并将永不停止地被构建，这个过程是不可能有终点的。

启蒙理性在思维领域中虚构了一个方法——通过"主客同一"把握超越性的理念。本雅明的"星丛"从认识论的角度，对资本主义知识体系的"占有"关系进行了批判，阿多诺对此进行了推进，深挖了这种占有关系的理论根源其实是启蒙理性。阿多诺认为，启蒙理性打破了神学的世界观，需要特别指出的是，阿多诺其哲学的理论前提是犹太教神学，阿多诺和本雅明的共同的逻辑指向是救赎式的批判。本雅明非常巧妙地通过唯物主义的"生产美学"彻底捣毁了对于偶像的崇拜，人对人的崇拜被击毁，但是却形成了新的占有和奴役——人对自然的占有和奴役，导致了工具理性的泛滥，工具理性一旦使人类以占有为目的征服了自然界，必然会将其扩展到人类社会，最终人类是作茧自缚地被这种同一性压制。由于工具理性，客体经过祛魅失去了朦胧的巫术和神话赋予的丰富性，形成了一种物质看似摆脱了任何统治的幻象，感觉物质是可以被人类掌控的。但是在工具理性思维方式的影响下，主体为了掌控和把握客体，主体也必须主动地压抑和控制自身的可体现。

二、"星丛"理论的展开

"星丛"是阿多诺的否定的辩证法的核心范畴，因为它不仅消解了主客体之间的等级与奴役关系，建立了一种新型的、平等的主体与客体的伙伴关系，而且尤其重视事物之间的异质性和非同一性，是否定的辩证法的核心范畴，特别地用来建构"承认差别"的新型主客关系。"星丛"理论的核心在于强调，一切关系都应是不同元素之间的"和平"伙伴关系，在这种关系中各元素互不干涉，彼此不存在支配关系但又相互区别、相互影响，阿多诺是想用"星丛"表达主客体之间摆脱了一切支配与统治关系之后所指向的一种全新的伙伴关系。

（一）非同一性的"星丛"

阿多诺指出，作为概念的"星丛"既非呆板的概念对客体的简单投射，又非肆意妄为的概念中介，本质上是一种非同一性辩证法。阿多诺试图运用"星丛"理论探求主体和客体之间的非对称性，并在客体之中体认这种非对称性，试图通过非同一性的反思构建人的非同一性生存。统一的要素不依靠否定之否定，也能保留下来，但不是依附于那种作为至上原则的抽象。也就是说，统一的要素能保留下来，不是依靠从概念到更抽象的概念的层层递进，而是因为概念形成一个"星丛"的模式。

阿多诺使用的"星丛"范畴来自本雅明，但是他对"星丛"的理解与本雅明是不同的，是在不同的意义下使用的：他扩展这一概念的外延，即没有把它限定在历史领域，而是用来特指概念和概念或事物和事物之间的相互联系。但有个基本点是与本雅明一致的，即他们都主张"星丛"内部要素的联系是对抗总体性的。阿多诺的"星丛"代表的是辩证模式，构成"星丛"的要素不能被看成一个实体的东西，即它们所体现的并不是它们所表达的东西，而应该被看成一种关系，即它们形成一个空间或网络的立体结构，而且处于其中的组成部分是不断变化的，各自的地位也是平等的，每个元素也不会被归结为某个中心，用我们今天区块链的术语来理解就是所谓的去中心化。利用天文学上的星座能够更形象地理解"星丛"，组成星座的星星其地位都是平等的，和平共处，没有中心，也不能说哪一颗星星比别的更重要，这样它们就共同构成了星座的图像。"星丛"是否定的辩证法具象化的工具之一，目的是反对传统形而上学的总体性与概念体系的等级秩序。"星丛"的构建原则主要是非同一性原则、差别原则与主动转化原则。在阿多诺眼中"星丛"是一个由历史性的真实客体构成的聚合体，其空间特征使得它的构成部分之间产生非线性的张力关系。阿多诺使用"星丛"的意图在于使思想摆脱固定模式的禁锢而向诸种可能性保持开放。作为一个"星丛"，理论思维以概念为中心，而且想要解读概念，但这种解读的方式不是依靠一个单一的数字，而是靠一种数字组合。作为思维范式的"星丛"意味着，其中的概念不是被当作一个独立的客体；而是应该被理解为这一概念与其他概念之间形成的相互联系和作用的力场，它们之间的相互联系与作用过程其实就形成了一系列运动，是这些运动过程构建了认知的客体，并且是自由开放的，不再是封闭的、孤独的事物，而是在不间断地自我更新的意义域，就如同一个有无数把钥匙的保险箱，"星丛"的模型赋予认知客体以无限可能性。

"星丛"是非同一性的基本模式，它的基础是客体的共时性构制，目的是获得客体内部的历史性真理。在否定的辩证法中，"星丛"已经被自觉提升为一种哲学立场，它打破了主体的同一性思维，重建主客体关系，其批判对象明确地指认为资本主义交换体制、同一性本身。把握阿多诺的否定的辩证法的"星丛"理论必须把握其三个规定性：首先是主体和客体之间的"星丛"。处于"星丛"关系中的主体和客体既不是二元对立的关系，也不是一起遮盖同一性的屏障，"二者相互构成就像它们由于这种构成而相互分离一样"。这里的"相互构成"是指一种不偏不倚的倾向，地位平等的相互构成的关系。既不会因为自在性而偏向客体，也不会执着于主体。其次是本质和现象之间的"星丛"。传统哲学是建立在本质和现象二元区分的基础之上的，这种区分在某种意义上是本质对现象的祛除与归化，也是作为同一化的概念对非同一基质的祛除与归化。阿多诺对实证主义和本质主义简单否定的观点都采取了批判与拒绝的态度，他认为应在现象和本质的非同一的矛盾中把握其要义：本质的认识只存在于客体的实然与应然的矛盾中。在他看来，取消现象与本质的差别是实证主义的实质。最后是客观的中介性。现象和本质、主体与客体之间的"星丛"关系不是直接的，而是借助中介联系在一起的，这里的中介不再是主客体辩证意义上的中介，而是要素之间的外在关系构建中的中介，同时这种外在关系的构建又是和内在关系杂糅在一起的。由此得出，阿多诺社会批判理论也包括了对哲学思维方式的批判，即祛除同一性的思维方式，用概念的"星丛"来重新诠释辩证法，承认和尊重非同一性的经验事实与存在价值。

"星丛"依靠元素之间的相互中介作用，弱化元素的直接性，并由此激发了一种关于其条件的批判的、辩证的意识。它将分离的元素组成一个集体，在这个集体中，各元素是并列的位置。这样的元素在其内部是不能被整合为一个整体的，它的内在属性正是非连续性与矛盾，所以，"星丛"本身就代表着否定的意象。

（二）"星丛"内部主客体的全新关系

阿多诺在绝对非同一性的前提下，还是承认主客体之间在二分基础上的相对同一性，因为人类思维是建立在这种同一性的基础之上的。在他看来，植根于"星丛"范畴的非同一性并非否定一切类的同一性，而是试图实现绝对非同一和相对同一的辩证统一。换句话说，"星丛"不能被看成是一个至高无上的主体，而是一种认知方式或模式，它将能动的主体思维、现实的个体物质条件和相关知识背景相结合。在阿多诺构想的"星丛"中，概念围绕在认知对象的周围，"潜在地决定着客体的内部，在思维中达到了必然从思维中被割去的东西"（阿多诺，2020a）[139]。这样，因为同一性思维概念被自身 "割去"的东西就被复原了。从这里可以看出，"星丛"的认知模型和体系建构是截然不同的，它关注的不是体系的完整性与同一性，而关注阿多诺所说的在"肯定"辩证法中被同一性思维"割去"的特殊性。在"星丛"中，元素之间形成一种力场的关系网络，由于它们之间的互补与互动从而激活了源于自身的特质与活力。

在"星丛"中，各元素是共生关系，认知客体在这种关系中，特殊性和矛盾都将继续存在，"星丛"不会提供一个传统认识论意义上的既定的符号系统来界定客体，它只是营造一个氛围或平台，这样客体就能够有尊严地呈现自身。同样地，在"星丛"内部，也不存在任何固定的关系或等级秩序，整个"星丛"处于流动性之中，不过这并不代表作为集合体的"星丛"是模糊的、不确定的，相反，构成"星丛"的各个元素之间的关系类似数学函数，是一种动态的相互依存和相互影响，随之变化的关系，即彼此之间形成一种联动关系，不过整体上却是动态平衡的，因此，这些元素本身会随着时空条件的变化而变化，"星丛"所强调的不是客体的一个或几个独立元素，而是客体的社会历史特征，即由所有元素架构起来的空间。

阿多诺的"星丛"范畴意指主客体之间的辩证的非同一关系。由于阿多诺在主客体关系的问题上首先承认的是客体优先性，那么要获得关于客体的知识所需要的条件是什么呢？阿多诺指出：真理只能存在于主客体之间相互渗透的"星丛"之中。"星丛"的模式其实就是一种主客体之间交往与中介的关系。"星丛"强调的正是相互中介的作用，也就是一种相互中介的关系，从而形成一个完整的中介链条。所以，主体和客体已经不是单纯的主体或客体，而是形成一种连续不断的相互构建，主客之间的"星丛"关系主要体现在主客体之间、主体之间和客体之间这三个方面。

"星丛"主要运用的手段是"反体系"，即依靠逻辑一致的方法，用不受同一性控制的事物的观念取代同一性原则，成为取代概念的至上性。也就是说通过人为创造出新的陌生关系来打破原有的逻辑关系的运行，"运用主体的力量来冲破根本的主观性的谬见"（阿多诺，2020a）。由此可以看出，"星丛"的主要作用是呈现真理，而不是真理本身。真理就是"星丛"，在其中主体和客体相互介入和渗透，既不能将其简单地还原为主观，也不能将其还原为客观，"即海德格尔打算模糊其同主观性的辩证关系的存在"（阿多诺，2020a）[108]。在"星丛"中，普遍性与特殊性存在一种亲和性的关系，即它们之间存在相对的确定性和统一性，不过这种确定性和统一性并非把特殊纳入更高的普遍概念之中，最终使特殊与普遍的异质性淹没在普遍性之中。而是指在这种统一体中，永远存在着离心与向心之间的张力，是一种蕴含着非同一性的统一性，即统一中仍保留着各种要素的异质性，不能把其中任何一个原则抬高为绝对的第一性原则。用主体规定客体，这其实也是贬低主体的，因为这样就把主体客体化、物化了，这样的主体由于不会随着经验世界的变化来改变与提升自身的认识形式而变得僵化了，从而把这些认识形式当作了永恒不变的东西。主体越是像个独裁者凌驾于存在物之上，它就会越是不知不觉地演变成客体，于是非常具有讽刺意味的结果就是主体自身的基础地位被废除。主体这样做既是对自身的贬低，也是对客体的贬低，因为以一种静态的先验认识形式很难全面认识变化中的客体，把握不了客体在自身发展中呈现的丰富多彩的感性经验。

第五章　阿多诺非同一性的社会批判理论

尽管法兰克福学派中对"国家资本主义"、法西斯主义的批判早就已经展开，但霍克海默和阿多诺从1940年到1944年所合作撰写的《启蒙辩证法》，则标志着由原有的对现有的人类社会的批判升华到对整个人类社会文化内部逻辑病端的检讨，直到1966年的《否定的辩证法》，阿多诺将社会批判理论推向巅峰。

第一节　阿多诺的生平经历与社会批判的"结缘"

1993年，在英国广播公司（BBC）举办的里思系列演讲（Reith Lectures）中，萨义德这位著名学者用了几乎一整章的篇幅论述了20世纪知识分子流亡的问题。他直截了当地说："流亡是最悲催的命运之一。"因为他认为，流亡是一件异常恐怖和痛苦的事，不仅仅是被迫背井离乡，居无定所，更是意味着成为永远的流浪者，思想上漂泊无依，随波逐流，"对于过去难以释怀，对于现在和未来满怀悲苦"（耶格尔，2007）[18]。在论及20世纪大批的流亡知识分子时，萨义德多次提到阿多诺——他终其一生都在与周围环境进行奋力斗争，他再现了知识分子的永恒流亡，并称他为"20世纪中叶具有主宰地位的知识分子的良心"。

一、奥斯维辛的创伤与阿多诺的反思

阿多诺出生在一个富贵的犹太家庭，他的家族显赫，杰出人才辈出，热衷于与人交往，尤其是钟情音乐这一优良传统对阿多诺产生了深远的影响，甚至对他日后的哲学研究和流亡生涯都产生了间接的影响。当阿多诺还只是个孩子的时候，他就开始喜欢音乐和诗歌。但这种日子没持续多久，德国在第一次世界大战中惨败，年轻的阿多诺亲眼见证了德国当时的一系列政治变革。从那时起，他开始思考革命和哲学的意义。作为哲学家的阿多诺和同时代的在战后开始读大学的年轻人一样，遭遇的是极其浓厚的政治氛围和精神错乱，人们追寻的不仅仅是科学。战争导致社会陷入动荡和混乱，探讨如何恢复秩序成了阿多诺哲学思考的现实切入点。

阿多诺的流亡是和法兰克福学派纠结在一起的。法兰克福学派在被阿

多诺的好友霍克海默接手管理后,将研究的重心转到了密切联系社会实际的社会哲学。他们将研究的注意力转向了社会批判,也正因为如此,法兰克福学派被推到了时代的风口浪尖,并最终在法西斯专政后被迫流亡美国。流亡期间,阿多诺之前专注的政治和哲学研究被迫中断,只能通过撰写音乐评论和其他无关政治的东西来转移注意力。在这期间,他在创作的《最低限度的道德》中有关于知识分子流亡问题的讨论:他们面临着无奈而又尴尬的情况,绝不可能在已经习惯的、长期居住的地方继续生活下去,因为每一个安全舒适的特征都以背叛了知识为代价,而每一个庇护的遗迹都以家庭利益关系的陈旧的契约关系为代价。

20世纪是人类历史上一个充满血腥和恐惧的时代,在这百年里,人类经历了规模前所未有的两次世界大战,手无寸铁的无辜平民被卷入其中,他们被有组织地大规模杀戮。而其中,最具标志性的事件便是纳粹德国政权对犹太民族实施种族灭绝政策,约有600万人遇害。奥斯维辛成了欧洲恐怖与极权主义的标志,也是人类历史上最为血腥的一段历史。奥斯维辛原本只是波兰的一个普通的小镇,但是在第二次世界大战期间见证了惨绝人寰的种族灭绝和大屠杀,1945年被苏联军队解放,在1979年奥斯维辛集中营被联合国教科文组织列入世界文化遗产名录,自此奥斯维辛成了人类自我反思的一个永久的历史对象。今天,奥斯维辛成了永远留在人类心灵上的巨大创伤,是对现代理性的无比讽刺。在阿多诺眼中,奥斯维辛的惊天悲剧和整个犹太民族遭受的苦难都可以追溯到人类社会历史文化的根源,从哲学社会批判的角度,同一性思维无疑充当了奥斯维辛的帮凶。因为同一性追求普遍性、共同性和消灭差异的思维方式,此种思维方式在人类不同的社会历史发展阶段有着不同的表现形式。以希特勒为首的纳粹政权所极力宣称的"种族优越论"就是一种典型的同一性思想,他们坚信人类历史和社会文明赖以蓬勃发展的关键就是人种,人类社会任何其他问题都深受人种问题的支配;从总体而言,世界上人种只有三类——白种、黄种、黑种,其中又以白种最优秀,历史已经证明,一切社会文明发展都来自白种人,如果缺少白种人的参与,一切社会文明发展都不可能持续地存在与蓬勃发展;而雅利安人是整个白种人中的明珠,这一光彩四射的种族,是整个白种人中最高贵的人种。

从阿多诺的视角来看,全部的现代性和整个启蒙运动都是强制政治极权的体现,而奥斯维辛是这种同一性发展到极端的体现。阿多诺认为由纳粹导致的奥斯维辛的惨绝人寰的罪行,并不仅仅是非理性和对极权崇拜的疯狂,恰恰相反,而是人类启蒙理性发展的必然结果。人类社会中纷繁复杂的一切社会现象都被简单地转化为在现代科学中能够统计的数量关系和能够进行交易的价值关系，在资本主义社会，极其抽象的普遍性大行其道，数量和价值的支配地位已经成为绝对的。与此同时，又把所有不能转化为数量和价值的进行分割和灭绝，演变成大规模的杀戮，倒退为启蒙理性的狂热。

奥斯维辛在反思现代化方面具有独特的意义，不仅是因为它的规模和惨烈程度，更因为它具有以往历史上任何大规模屠杀都没有的特点。奥斯维辛比人类历史上的所有灾难都更具有摧毁性，因为它将高度理性化与疯狂理想相结合，所导致的恐惧甚至可以摧毁一切对人类理性的信仰。从根本上讲，奥斯维辛绝不能仅仅被认定为发生在德国或者欧洲的事件，这是纳粹德国的罪证，也是全人类的罪证，因此从某种意义上说，它也成为现代社会的一个转折点。奥斯维辛最重要的特征是其发生在德国，而德国众所周知是一个具有高度文明传统的国家。全部发生在文明社会内部的罪行不仅拷问西方人对文明的诠释，也质疑人类对自身的理解，甚至引发全人类的反思。

在很多现代西方思想家看来，奥斯维辛问题是对全部社会理性进行反思的重要理论起点，它将一个严峻而巨大的问题摆在了人们面前：在一个经历了启蒙时代而又达到了高度文明的社会，是什么导致了集体疯狂地展开对一个民族的灭绝性屠戮？阿多诺见证了人类文明史上的这一至暗时刻，反犹主义与纳粹屠杀对于作为犹太人的政治思想家而言，尤为刻骨铭心。他虽未曾亲身经历过集中营的悲惨生活，但在德国纳粹政权下的逃难经历和此后在美国的流亡生涯，让阿多诺长期置于奥斯维辛的政治阴霾之下，阿多诺也曾经悲愤地提出，比自然灾难更让人恐惧的是社会危机。阿多诺一直重申自己的身份是逃生者，作为一名幸存者，他长期被挥之不去的罪恶感折磨着。历经了奥斯维辛的恐怖而有幸活下来的人"为失去亲人而内疚；为自己不择手段地'偷生'而内疚；为自己目睹了暴力与仇恨且无能为力而内疚；为自己没有公开站出来与党卫队战斗而内疚；甚至为自己没有自杀而内疚"（张倩红，2005）[75]。这种负罪感不仅是心理上的，而且也是哲学上的。劫后余生的负罪与愧疚是一个人推不掉的思想包袱，饱受无休无止的痛苦与愧疚的折磨，同时也需要从哲学的角度不断地对自身进行批判。

被霍布斯鲍姆称为"极端的年代"的20世纪，两次世界大战、法西斯主义、极端民族主义、极权主义等充斥人类生活世界，其中堪称标志性灾难的，当属赤裸裸发生在欧洲文明核心地带的奥斯维辛悲剧。更为恐怖的是这种杀戮和暴行是以理性的神话乌托邦面目示人,而且已经深深地渗透进了晚期资本主义社会的肌体,晚期资本主义文明中呈现出普遍的存在状态或者说日常状态,即高度管控化、绝对合理化、数量主义化、交换普遍化、纯粹同一化等。正是基于此,阿多诺深刻地指出奥斯维辛集中营之后的一切文化,包括对它的迫切的批判,都是垃圾。

阿多诺认为"被伤害的主体性"是其全部学术的原初起点,在不幸地经历了奥斯维辛的政治阴霾以后,他就在这种至暗的痛苦的人生经验基础上提出了否定的辩证法。在他眼里,奥斯维辛要被永远地钉在西方文明的耻辱柱上,因为在此之后写诗都是野蛮的,而"奥斯维辛集中营证明纯粹的同一性的哲学原理便是死亡"。正因为如此,阿多诺指出,自己的哲学并不是同一性哲学,其辩证法不是否定之否定等于肯定,而是绝对的否定。

阿多诺对奥斯维辛的批判具有普遍性意义:深层次地发掘了人类理性自我破坏性和毁灭性的一面,而且它深植于西方现代文明的肌体中,并且由过去受钳制或者约束的状态发展为日常生活的常态,其实是标榜着所谓进步主义的赤裸裸的霸权主义的强制。更为糟糕并更值得人们注意和反思的是,这一点深层地聚焦了晚期西方资本主义社会的根本危机状况及其趋势。

二、否定的辩证法:认识论和存在论的颠覆性反思

否定的辩证法不仅包含了阿多诺在认识论层面上的突破性思考和探索,而且也蕴含着在存在论意义上的沉思和追求。用阿多诺自己的话说,否定的辩证法既指向方法论或认识论意义,也指向现实事物本身意义。虽然阿多诺很矛盾的誓言是绝不构建任何"本体论",但是很容易发现在他确实展开了诸种颇为深刻的发掘和阐释中,关于存在论的意义却鲜见相关方面的论述。因为阿多诺对于以"本体论"为核心的形而上学传统所固有的"概念拜物教"和"同一性神话"极度敏感和警惕,促使阿多诺拒斥"非本体论的本体论"和"逃离本体论"(阿多诺,2020a)[104]。如果仅止步于认识论层面,我们将无法领略客体优先性在否定的辩证法思想中所扮演的关键角色,以及所隐藏的更深层次的本体论意义。虽然阿多诺自己不同意将自己的否定的辩证法看成是一种哲学本体论,但实际上因为否定的辩证法其中一项重要内容就是论述主客体之间的相互关系,所以其实质仍然是一种哲学本体论。

（一）认识论的反思——思维结构上的改造

齐美尔振聋发聩地指出："人们从哲学史上很少看出人类苦难的迹象。"阿多诺借用齐美尔这一判断，精妙地道出传统哲学的虚假性。他特别地强调长期以来遭到怠慢的人类历史赋予哲学的重大使命，即实质地铭记和反思"人类苦难"。或许正是因为人类的这种通过传统哲学、资本主义等力量或共同条件强化，导致的历史健忘或者同一性强迫，不仅使人类苦难遭到罔顾和漠视，甚至在某种意义上就是这种灾难的策源地和制造者。因此，资本主义现代文明给人类带来了光明、自由、进步、民主等美好的蓝图的同时，也把人类带入了悖逆自身、肢解自身、遗忘自身和牺牲自身的巨大漩涡和危险之中。实际上，阿多诺的否定的辩证法所诊断的"管控世界"或"同一性神话"乃是人类所处的一种普遍现实状态。

在如此文明的境域中，深度思考和探寻反思齐美尔所说的哲学使命以及其所引致的哲学思想内部的变动、扩充和更新，构成了《否定的辩证法》的根本性内容。这一内容较大程度上反映和呈现出《否定的辩证法》在认识论和存在论双重层面上的反思和颠覆性改变的企图。这种双重的反思和颠覆性的批判，一方面突显了复杂的"非同一性"认识论范式等，另一方面，彰显了阿多诺的非同一性哲学较为鲜明的现实取向。在这一方面，阿多诺判定柏格森和胡塞尔"这两个人都停留在内在主观性的范围之内"。

阿多诺指出，否定的辩证法是反体系和回避所有美学问题的，试图依靠逻辑一致性手段来代替同一性原则，"用那种不被同一性所控制的事物的观念来代替同一性原则，代替居最上位的概念至上性"（阿多诺，2020a）。阿多诺认为自己的首要任务是用主体的力量去冲击"根本的主观性的谬见"，在《否定的辩证法》中，否定的辩证法既指向方向的辩证法，也指向"现实事物的辩证法"，换句话说，否定的辩证法既表征一种思维方式，也关涉现实世界本身，即绝不是从外部、主观地强加和注入给现实世界的。在认识论上，否定的辩证法的当面之敌，就是概念系统认识或者说"传统的具有概念体系的认识论"（瓦尔特-布什，2014）[194]。

怀着对人类现实的严格审视和批判的使命感，阿多诺立足于"德国盛行的本体论状况"，兼及传统哲学思想和观念，尤其是西方的形而上学的哲学传统，展开了内在的、系统的清理和反思，并且追溯到了西方哲学传统的始源和根基处。他深刻地指出，在西方哲学历史上居于根本关键地位的哲学论点，就是"假设万事万物都从一个原初的始基中诞生"的观点，而且认定人们必须对如此这般的"基础概念以及内在思想的第一性"进行历史的颠覆和重构，以通向"第二性"的东西，即概念所指的东西或者说现实世界。因此，从这个角度讲，阿多诺自称自己的批判活动为"哥白尼式革命"是有根据的。阿多诺在同一性哲学批判乃至整个形而上学传统批判或者主体主义哲学批判的基础上，重新建构起"非同一性"认识论，本质地区分了传统哲学认识论。

阿多诺通过创建具体的思维方式实现了在辩证法认识论意义上的根本转变，而解决理论与实践统一的问题就是他在辩证法本体论意义上的根本转变。在这方面，阿多诺通过对柯尔施和卢卡奇的批判实现了这一目标，虽然卢卡奇和柯尔施的关于总体的概念也探讨了理论与实践的关系，但他们的讨论是一种旨在建立意识形态本体论的理论。在这一点上，霍克海默的研究思路是相反的，他对理论与实践关系的研究是要使高高在上的、抽象的哲学进入人们的具体的现实生活，而不是要建立意识形态的本体论。他指出，研究理论与实践关系的核心是如何把现实社会生活提升到哲学的理论高度，把理论与实践辩证地联系起来，使理论活动成为所有社会活动不可分割的组成部分。所以他和柯尔施与卢卡奇的探索思路完全相反，不是将实践上升到意识形态。相反，是要消除实践的意识形态性，恢复人们社会生活的实践性，发挥实践在人类社会生活背后的主导作用。阿多诺把霍克海默的哲学传统精神与晚期资本主义的社会现实相结合，对卢卡奇和柯尔施的总体性概念进行了深刻的改造。

（二）本体论上的颠覆——实践理性的改造

阿多诺对实践理性进行彻底的改造，是通过将实践归因于文化工业批判，而非政治行为和意识形态，来建构形而上学的文化批判的。在《启蒙辩证法》中，阿多诺以非同一性来审视资本主义社会的晚期，强调这一时期的基本标准就是社会文化工业体系的确立，其本质是文化的资本化。他的文化批判主要针对资本主义社会晚期以文化资本论为首要特点的文化本体论。他深刻地指出："一种文化的本体论将不得不接受文化失误的东西；一种哲学上合法的本体论将在对文化工业而不是对存在的解释中找到它的位置；最好莫过于逃离本体论。"（阿多诺，2020a）[103-104] 在其中阿多诺强调的"存在的解释"、"逃离本体论"和"文化本体论"分别是与以同一性和非同一性的思维方式为基础的形而上学相对应的。

马克思将资本主义的剥削和压迫最终归因于资本主义的社会生产方式，阿多诺不一样，阿多诺的否定的辩证法认为同一性问题尤其是法西斯主义和集权在资本主义时代之所以尤其突出，是因为启蒙理性带来的量化思维模式极大地助推了工具理性的扩张,导致了技术理性的泛滥。人类在对自然进行技术理性和工具理性的征服和控制的同时,工具理性反过来对人类社会的思维方式和运行进行奴役,从而形成了一个人类奴役自身的同一性社会。面对这个现实困境,否定的辩证法寄希望于文化的自我救赎,这种救赎注定了首先是一种思想革命,将资本主义的问题归因于资本主义文化史中的思维方式层面,阿多诺在《启蒙理性批判》中对启蒙理性进行了深刻的批判。相比之下,在社会批判领域,否定的辩证法对商品化的资本主义进行了激烈的批判。

第二节　崩溃的逻辑：批判理论方法论的基础

辩证法的逻辑要崩溃的是虚假的概念同一性,"它的逻辑是一种崩溃的逻辑:崩溃认识主体首先直接面对概念的、准备好的和对象化的格式塔"(吴晓明,2004)。阿多诺认为,否定的辩证法认为所有被否定的事物一直到其不存在的时候都是全然否定的,这就是与黑格尔辩证法的根本性决裂。因此拒绝本体论和打破体系的总体化并非一个空头口号,而直接地贯穿并落实在其具体理论实际研究和理论运作当中。

一、阿多诺崩溃逻辑的灵感——勋伯格无调式的音乐

在当代国外马克思主义思想家中,阿多诺的哲学思想最难理解,他同时也是能与巴赫金、本雅明相提并论的"最富创造力的伟大的原创性理论家"(伊格尔顿,1997)[363]。他具有深刻的音乐修养,在他幼年的成长中,真正对其影响最大的,应该算是从小对他进行音乐启蒙和熏陶的母亲和姨妈,他的母亲是职业歌唱家,姨妈是著名的钢琴家。在美国流亡期间,阿多诺与托马斯·曼关系密切。阿多诺对以勋伯格为代表的现代音乐的评论以及对贝多芬作品的独特理解为托马斯·曼创作《浮士德博士》提供了很多灵感。他高度评价阿多诺:作为一个才华横溢的人,阿多诺拒绝在哲学和音乐艺术之间做出选择,因为他相信在二者之间,所寻求的最终的东西是相同的。也就是说,阿多诺的思想具有哲学和音乐两种来源。他的哲学思想内在地形成于音乐,同时其哲学理论的展开也自始至终体现在音乐作品中。而在这一时期,打造阿多诺思想基础的音乐是 20 世纪的勋伯格新音乐中期的具有解构意义的无调式的表现主义,它冲破传统调式音乐对人的音乐欣赏结构带来的压迫和统制,其思想中蕴含的革命性的内容与阿多诺在高中时期就提出的"崩溃的逻辑"思想不谋而合。

在阿多诺看来，一部西方音乐史也是一部深刻的西方社会史。贝多芬就是音乐史上的康德或者黑格尔，他随心所欲地展示着"总体性"，他的所有音符都遵循自己的节奏，全然不理会外部情况，完全按照自我建构而形成总体。也正是由于反映了工业社会中客观存在的不以人的意志为转移的社会发展规律和总体性规则，在贝多芬的所有最伟大的交响乐章中，它被强调为资产阶级对普遍的资本主义的社会、经济和政治肯定的音乐思想。音乐解放是一场全新的音乐革命，它彻底地推翻了贝多芬和所有西方音乐的普遍规则。这就是勋伯格和其他人所说的"无调性音乐"，阿多诺称其为真正的音乐的革命辩证法。因此，阿多诺的哲学思想反映了源于无调性音乐的反对整体和系统结构的无调式哲学。

二、崩溃逻辑——否定的辩证法的逻辑

阿多诺的否定的辩证法是一种全新的辩证法，它突破了黑格尔那种最终趋于调和统一的辩证法，始终坚持差异共生、多元共处的非同一性逻辑。"它的运动不是倾向于每一客体和其概念之间的差异中的同一性，而是怀疑一切同一性；它的逻辑是一种崩溃（disintegration）的逻辑。"（阿多诺，2020a）[125]"崩溃"这个词在构词上非常精妙，它是与综合相对应的。阿多诺的理论指向与黑格尔强调综合的理论追求完全相反，黑格尔旨在用综合的辩证法，用绝对精神作为最高统领，把一切矛盾和差异统一为一个复杂的整体，即具体的普遍性。但阿多诺反其道而行之，他用崩溃的逻辑拆散了所有能够解体的关系，把具有特殊性的事物个体从万事万物都是同一的逻辑中解救了出来，从而使所有个别特殊事物完全地表现为以非同一性为特征的差异存在。也就是说，崩溃的逻辑就是将非同一性原则贯彻到底，对抗一切来自同一性逻辑的侵袭。

崩溃的逻辑其本质就是对抗同一性意识和坚持非同一性意识。纵观整个西方哲学史，同一性理论是西方哲学史中的一个基本概念。尤其是对于形而上学的西方哲学，同一性理论起到了奠基性的重要作用。从后现代的角度来说，同一性追寻的事物的普遍性和体系性，就是后现代所指称的"宏大叙事"。阿多诺坚决地反对同一性，他认为，同一性思维的首要特征是依靠概念，然后建立起一种先验的结构，最后，这个概念性的先验结构被用来规范现实生活。因此，这个概念和主体之间的表面上的同一是虚假的，从本质上讲，它是一种以建构概念为基础的，理论范畴式的集中，也就是阿多诺所说的观念极权。因此，唯有非同一性哲学才能打破长期以来的同一性的统治，非同一性哲学完全怀疑和否定一切同一性，强调事物是复杂

性和差异性统一，非同一性是否定的辩证法的灵魂和根本，其本质是一种崩溃的逻辑。

辩证法在原来的意义上抵制任何一种一致性的解释企图，它"是一种崩溃的逻辑：崩溃认识主体首先直接面对概念的、准备好的和对象化的格式塔"（阿多诺，2020a）[125]。事实上，这是主体同一性思维对主客体关系的控制。因为"纯粹的同一性是主体设定的，因而是从外部带来的东西"（阿多诺，2020a）[125]。此种传统的肯定的辩证法是对以客观对象为主体的辩证法的彻底颠倒。

阿多诺崩溃的逻辑的针对现实的批判，首先直指资本主义商品经济的交换原则。他指出，资本主义商品经济的交换原则首先是等价物起支配作用、占支配地位。在《否定的辩证法》中，阿多诺揭示了"商品交换的合法性"："正是通过交换，不同一的个性和成果成了可通约的和同一的。这一原则的扩展使整个世界成为同一的，成为总体的。"（阿多诺，2020a）[126]这样，他对同一性的哲学批判就找到了与之相对应的具有针对性的社会根源。阿多诺在《启蒙辩证法》中也指出，商品交换原则与启蒙理性和工具理性息息相关，它们都反映了资本主义社会的强权支配。

其次，非同一性的崩溃的逻辑还把矛头直接指向了"被管理的世界"的自由兴趣的二律背反：哲学这种兴趣虽然本身是对抗性的，但是它在反对旧压迫的同时，却助长了新的压迫，而且这种新的压迫还潜伏在合理性的原则之中。因此，"社会本身是否像它所许诺的那样自由。个人暂时赫然耸立在盲目的社会关联域之上，但在他的闭塞的孤独中，个人只能更有助于再生这种社会联系"（阿多诺，2020a）[190]。阿多诺这些晦涩难懂的话，其实将个性的思想自由和解放的问题与"被管理的世界""组织起来的社会"的统治权之间的无法协调的冲突置于人类眼前，使我们发现在"合理性原则"的无形控制之下，社会和个人之间的新产生的压抑和被压迫的关系，已经堕入一种"共生"的情境。

为了打破传统哲学的必然追求某种规律的目的论的归宿，破除对必然的概念的崇拜而导致传统哲学在认识论问题上陷入的困境，阿多诺展开了对传统形而上学的猛烈批判。由于传统哲学深刻的目的论情结，它考察事物的出发点不是事物客观存在的差异，而是采取了强制的方法，概念和概念所表达的客观事物之间的差异也被模糊淡化了。阿多诺对传统形而上学认识论的批判的一个基本的立足点是概念与非概念物之间的辩证关系，竭力破除传统形而上学思维中一切逻辑上强制的同一性因素，还原真实的事物真实的差异性状态，正是从这个视角，否定的辩证法表现为崩溃的逻辑。

这也是阿多诺对形而上学的社会历史的解读的理论基础。阿多诺的崩溃的逻辑的背后其实也暗藏着建构，建构了概念与非概念物之间的不可化约的差异性的逻辑。

根据阿多诺崩溃的逻辑的思维方式，他界定的否定为绝对的否定，是破除了同一性和内在连续性的否定，也正是这种绝对的否定的逻辑，不仅意味着主观建构的思维方式中对于本原追求的不可达到，也意味着主体绝不可能完全把握客体。因为主体和客体之间的差异是绝对的，不可能模糊化甚至消解，因此主体不可能完全克服主客体之间的差异性然后完全地把握客体。在认识论的发展史上，绝对否定的逻辑还蕴含了对一切以必然性为最终目的体系和原则的思维方式的摒弃，在哲学领域，否定的逻辑批判同一性思维，在社会历史领域，否定的逻辑针对同一性的社会标准，在科学的领域，它表现为反对启蒙。

第三节 客体优先性：社会批判理论方法论的重心

主客体同一性是西方哲学中一个古老而核心的问题。黑格尔、马克思和阿多诺都肯定了主体与客体同一性的存在，即客体的可知性。否则，无论是人类认知还是人类存在，都将是不可能的。此外，从笛卡儿开始，唯心主义哲学在抽象的"我思"即自我意识上确立同一性，强调主体优先性，并将其概括为纯粹理性，这必然会导致"主体中心主义"。近代认识论的思维模式就是一种主客二分的思维模式，其最大的特点就是主体和客体的分离和对立。近代认识论模式，不管是笛卡儿的模式还是康德的那一套，其实质都是被阿多诺称为概念化的主观构造的思维模式。在这种思维模式中，主客体的对立不存在了，因为主体对客体进行了概念上的统摄，在主体自身构造的范围内，主体与客体的关系是和谐一致的。

一、客体优先性

为了把握超越性的理念，启蒙理性采取的方法是在思维领域中虚构了一个"主客同一"的方法。阿多诺认为在资本主义认识论中的"占有"关系的思想根源就是启蒙理性。虽然启蒙理性打破了神学的世界观，给人类描绘了一个理性的世界，但是理性的进一步夸大化，却造成了工具理性的肆意横行。人对自然进行新的奴役和占有，而且工具理性还会从占有自然进一步扩展到对于人类社会的反噬，最终导致了同一性对主体的压抑。对于客体，在工具理性中客体被祛魅后失去了被巫术和神话授予的丰富性和生产性。受到强大的工具理性的影响，主体为了完全地控制客体，其自身的客体性也被压抑和抽离了，也就是说，主体自己创造的抽象同一性一旦产生就获得了强大的能量，不仅全面地操控了客体，主体自己都被完全地吞噬了，主体最终也沦为被害者。在这种思维方式下，主体和客体同时沦为被遮蔽的对象，被不平等的主客体关系所派生出来的抽象同一性所遮蔽，丧失了其本真性。阿多诺对这种抽象的主体性的哲学思维方式进行了猛烈的抨击，尤其是传统的认识论的两大症结——主客体的二元对立和抽象的主体对客体的统治。阿多诺认为解决这个问题的关键在于唤起主体的觉醒，用全新的主客体关系——客体优先性代替传统的主客体关系。

通过客体优先性建立了全新的主客体关系，能够让客体的优先性得以存留，形成对象世界的"星丛"，反过来，得以保留下来的客体的差异性以及形成的"星丛"表面上看是主体的萎缩，实际上是主体的觉醒。阿多诺的"星丛"其实质也是界定主客体的二元关系，但不是对立的二元，而是开放的、互动的，意图通过客体的优先地位实现主客体的和谐，在这种和谐的关系中，主客体在承认差异性的基础上，通过彼此共通的部分实现一定程度上的相互交流和贯通。这样，主体就不会再是单纯的、仅仅局限于纯粹的理性主体，它本身就是一种客体。

"客体优先性"或"客体第一性"的确立在历史上往往被置于认识论视域下进行解读和阐释，施威蓬豪依塞尔（2008）[150]就断定"客体优先性"是作为"认识论乌托邦的纲领"而提出来的。阿多诺对客体"优先性或第一性"的追求和建构，具有极其深刻的认识论意义：它深切地关涉到传统"同一性形而上学"所构造和坚持的"主体第一性的认识论"的终结。这种终结意味着"具体的思维形式"，即主体和客体、概念与非概念、同一性与非同一性、理性与非理性等具体而相互缠绕、矛盾的思维结构的突显。

关于主客体框架的论证，阿多诺既反对唯心主义的一元论，也不同意二元论，而是在两者完全相反的立场中开辟了一个新的领域。他批判传统的主客二元划分，反对思想中固有的总体性的要求。因为如果主客二元划分被确立为一个基本原则，绝对的二分就是统一。因此，唯一可行的方法就是否定对个体要素的确定，通过这种否定，主体和客体被绝对地对立，也正因为如此而达到同一。阿多诺想要确立的是一种主客体之间相互中介的状态，但这种状态并不能使主客体达到一种绝对平等的地位和一种绝对平衡的状态。

"主体与客体的分离是不能靠还原于人类甚至还原于绝对孤立的人来消除的。"（阿多诺，1998a）[215]也就是说不能将主体性当作哲学的根基。

虽然客体依靠主体来思考，但是仍然存在着与主体不同的东西；但主体从其本质开始就是客体即对象性的存在。也就是说"我们也不能想象一个不是客体的主体；但我们可以想象一个不是主体的客体"（阿多诺，2020a）[157]。阿多诺把主体和客体的差异和对立视为不可超越的条件，甚至将这种差异和对立作为辩证法的"前提"："即使这样，主体和客体之间的差别还是不能被简单地否定。它们既不是一种终极的二元性，也不是一道掩盖终极同一性的屏幕。二者互相构成，就像它们由于这种构成而互相分离一样。"（阿多诺，1983）[180] 因此，阿多诺并没有放弃主体-客体的框架，而是力图在这一框架中发现甚至建立一种主客体之间的真实而合理的关系。

客体优先性是在客体与主体互为中介的关系中加以说明的。阿多诺首先声明，传统同一性思维的特征是主观主义。对同一性思维来说，主体本身的绝对性就是尺度。依据这一尺度，内容丰富的客体也成了非同一性的最微不足道的残余，这在主体看来也是绝对的威胁。对于主体是客体，阿多诺紧接着从微观上的经验主体展开了分析，微观上的经验主体其核心是个体经验，也就是个别主体，即阿多诺所指的作为中介的主体性，即经验的我。他对"我"进行了深入的分析："我是一个存在物，这甚至暗含在'我思考那种应能伴随我的一切概念的东西'的逻辑意思中，因为时间的次序是我的可能性的一个条件；而且，除非作为一种时间性，否则便不会有任何时间的次序。代名词'我的'意指着一种作为诸客体中的一个客体的主体，没有这个'我的'，便不会有任何'我思'。"（阿多诺，2020a）[157] 客体的优先性并没有超越出辩证法，而是在辩证法中表现出来，所以客体优先性的前提是让主体与客体共同成为辩证法的因素。但是首先需要说明的是，这里所指的客体因素绝不是作为事物的客体，它并不等于我们在日常生活中常说的直接事物的客体，而是指成为因素并被反思中介的东西。可见，反思客体本身是需要主体作为辩证中介的，作为在思考的主体，只有针对主体的反思来说，客体才具有优先地位，换句话说客体只有和主体缠绕在一起时才能被认知。因为客体的纯粹历史是不存在的，因为它必然受到当下的逻辑规则的影响，即客体史必然是主体的反思史，而这实际上就是主体史，因为"事实陈述很难和流行的逻辑规则相一致，而且在其抽象的表现上是荒谬的"（阿多诺，2020a）[158]。

总之，在阿多诺看来不能抛开主体去定义客体，忽略主体只是单独讨论客体是没有意义的，"客体，即使衰弱了的客体，也不能没有一个主体。如果客体缺少主观性的要素，它本身的客观性也会变得毫无意义"（上海社会科学院哲学研究所外国哲学研究室，1998）[221]。

二、对传统主体哲学的批判

在西方哲学史上，自笛卡儿开始，一个基本理论前提就是主客分离。但是这样一旦主体和客体从根本上分离，主体就完全地只是自己，与客体没有丝毫的关联，"主体淹没了客体，忘记了客体本来的面目"（Adorno，1978）[499]。客体本身的特征被完全忽略，成为完全由主体操纵和支配的单纯的工具或对象。客体已然成为人类主体意识的产物，主体用绝对同一性作为至高无上的原则，企图用这种精神操控完全地消灭自然界客观对象的差异，客观世界被转化为外部事物以此对其进行理解、处置和操控。客体被当成算计对象从而完全丧失了神秘感，它的不确定性、异质性、他者性和偶然性都全部被认为是缺陷、错误甚至邪恶，也就自然被当成了主体要去征服的对象。从那时起，"物质便摆脱了任何统治或固有权势的幻觉，摆脱了潜在属性的幻觉，而最终得到控制"（霍克海默和阿多诺，2006）[4]。但是，具有讽刺意味的是主体为了操控外在自然，其自身还必须积极主动地压抑自身的内在自然。这样主体由压迫者转变为受害者。在主体与客体的相互关联上，传统哲学竭力塑造和巩固主体的优先的、绝对的地位和特权，这一点在西方传统哲学的集大成者黑格尔的《逻辑学》中被表述为"同一性和非同一性之间的同一性"，阿多诺称之为"主体第一性"。其实，主体第一性所追求和巩固的实质就是"同一性和非同一性之间的同一性"。

从这个角度而言，《启蒙辩证法》是一部关于异化与物化的发展史，在其发展过程中，主体产生的客观力量所产生的可怕生命，具有强大的生命力，最终被自身吞噬。因此，尽管客体最终被科学方法和唯心主义哲学的能动主体所认识和支配，但主体也摆脱不了同样被支配的命运：主体作为一种劳动力，被科学地转化为同一原子的自然对象。

《否定的辩证法》是一部结构复杂、主题纷呈而又涉猎广泛的作品，但是其中心主题在于反对一种构成性主体性的观念。根据阿多诺的观点，西方哲学的发展过程，尤其在现代阶段是通过不断强调意识或主体性而构成的，并与这些术语的含义的提炼过程交织在一起。"没有认识的主体，就一点也不能认识客体。""主体性的'是'无论如何都包含着一种客观性，这种客观性是主体靠其绝对的存在而要求建立的。"（阿多诺，2020a）[158]阿多诺把反对主体的基础作用扩大为一种普遍的主体性，这种普遍主体性恰恰是在黑格尔的哲学中表述出来的，更广泛地说，是现代辩证法思想表述出来的。

因此，在阿多诺看来，传统的认识论不仅仅是对认知的主体和客体进行形式划分，更是主体主导客体的普遍权力关系强化的一种反映，此种权力关系也体现了工具理性在理论上的盲目扩张。阿多诺的主体和康德的先验主体的区别在于，先验主体面对的是物自体，物自体是一种自在的存在，不可能被反思和理解，它全然地脱离主体，与主体丝毫无关。但是阿多诺的客体并不是一个完全的他者或彻底自在的物自体，而是一个辩证的、与主体始终保持互利关系的客体。对于康德而言，物自体绝不可能被人类所认识或者彻底认识，可在阿多诺看来，主客体的这种辩证关系有着重大的伦理意义，他觉得事物无法被认识其实对于主体来说，意味着主体的不足，因为它永远无法完全认识和把握作为他者的客体，人类只能努力地去接近和理解作为他者的客体，与之和平相处，而绝不能妄称主人，甚至想要控制客体。阿多诺的非同一性哲学就是提出要重新审视客体，全面正视客体，力图理解客体被概念曲解、化约和侵蚀的过程，达到客体和主体平等共存。阿多诺所指的"客体优先性"绝非对"主体第一性"的简单置换和对调，也不是全盘的否定和替代，而是在更为广阔、更为深远的本质性的视域上对"主体第一性"的内在颠覆。事实上，因为即使在支配和压制的客体过程中，主体自身也被压制和掠夺；人性在与必然性抗争的过程中最终还是受制于必然性。所以，主体解放的首要前提其实是它能否真正解放客体。

三、全新的主体

"客体优先性"原则必然导致在某种程度上主体地位被弱化。"主体越不是，它就越是；它越是相信自身的客观性存在，它就越不是。"（Adorno，1978）[509] 这句话的意思是，主体越是想将自我实体化为某种抽象物，使之保持完全的独立性——独立于自我和他者，越会失去主体性；反之，它一旦抛弃过分的主体权力，它反而越能满足自我的创造性。阿多诺进一步阐述道："在哲学上我们确实力图使自己沉浸在和哲学相异质的事物中，而又不把这些事物放置在预先构想的范畴中。"（阿多诺，2020a）[10] 因此，作为一种解救原则，"客体优先"原则努力压制主体的建构性、工具性和支配地位，从而使主体凭借自身内部的客观力量，而将自身融入到客体之中，主体实际上和客体就有着千丝万缕的联系。反之弱化主体成为其自我重构的必要条件。阿多诺指出，作为主体，主体性对其权力坚持得越少，它就越能清醒地理解自己以及真正的自由的深层含义，这种自由不是主体对客体的随意支配和任意操控，而是完全摆脱主观理性冲动的自由。在资本主义社会晚期，一方面主观理性（工具理性）发展到了前所未有的高度，但另一方面却导致了主体的软弱和无能。因此阿多诺指出，要解决这个问题就要释放主体，也就意味着主体性的释放和充分实现。同时，要实现主体性我们需要更多的辩证思维，阿多诺直接提出，他要"运用主体的力量来冲破根本的主体性的谬见"（阿多诺，2020a），因为阿多诺的"客体优先性"原则的最终目的是建立一种全新的主客关系。

不同于主客二分的对立的理论传统，阿多诺的"客体优先性"理论强调主客之间的内在辩证关系，尤其是主体本身的客体性，也就是说，主体不是一个单一的纯粹的主体，而是一个可以通过意识来认识的客观事物。主体是通过它自己的客体性来建构的，而不仅仅是单纯地自我建构。事实上，主体的客观性直接指向主体的物质基础，其重要性体现在作为主体关系的中介和基础。因为"我们只有经由客体和客体性才能接近主体性"（Adorno，1978）[167]。阿多诺的主体客观性理论其实表明主体也是历史性的。也就是说，主体和客体都取决于人类历史和社会的发展，这种决定作用在阶级社会尤为突出。理性作为一种社会力量，在意识生活的各个层面上支配着个体，这种社会力量由语言以同一性思维的形式，或者以交换原则及其所有同类的形式进行调节。对阿多诺来说，坚持客体优先主要就是承认和正视主体的社会性和历史性，这其实也是阿多诺对马克思主义思想的继承。

客体优先性的目的是削弱主体性，然而，这并不是表明主体性本身的消除，也不意味着主体性服从于客体性。因为完全消除主体性意味着"回退到野蛮状态"。因此，客体优先性的实质是策略性的行为，它专门针对传统认识论中主体支配客体的情况，但不是颠倒主客体的顺序，使客体凌驾于主体之上，其最终目的是要将二者置于平等的地位，建立起一种新主客和平、平等共处的新状态。

四、主客间关系的目标状态——交往自由

阿多诺的交往自由来自黑格尔，他的和解的思想实际上是对黑格尔交往自由的重新定义。黑格尔所谓的"交往自由"，指的是具有独立自我意识的主体通过与他者的关系而获得自由。也就是说，在自由交往的过程中，一方体验到的不是将另一方作为自己场域的界限，而是实现自我的条件。虽然阿多诺没有明确提出"交往自由"的概念，但是这个概念能够清楚地阐释阿多诺心中的主客体之间、主体和主体之间相互交往的理想状态。交往不仅仅涵盖主体和其他主体的关系，还要包括客体与主体的关系。因为交往自由的一个重要体现还应该包含主体如何去关注客体对主体的自我"表达"。这不仅赋予了大自然新的生命，而且促成了主体的去中心化，但

它又不是彻底抹消或根除，而是使主体与其理性的本质相协调。

阿多诺在《主体与客体》中，把理解客体的知识的行为定义为主体撕开其包围在客体四周"所编织的帷幔的行为"。他进一步论述，主体在接近客体的行为中，关键是主体摒弃以自身为中心的观点，顺应自身体验，从而突显出客体优先性。这样主体将不会执着于筹划急功近利的活动，而是积极地有针对性地与客体展开互动。人类思维和行动并不仅仅是为了行动，也不是纯粹的权力和既成的历史，而是它们自身构建了一个领域。在这个领域中，客体可以发展自己，决定自己。主体必须与外在世界和其自身的内在事件都维持一种平等的关系，主体并不是要通过征服、控制和分门别类才能从客体获取相关知识。

客体优先性原则并不仅将客体视为主体的认知对象，其核心是主体与客体以及其他主体之间的平等共存，相互尊重。作为一个未知的事物，客体不再是被主体征服和控制的客体。主客体在差异中寻求共识，达到无障碍的自由交往。此外，阿多诺的理论不仅体现在人类主体与自然客体的关系上，而且还延伸到人类主体之间的关系。与主体之间的和平共处相比较，主体间的共识度并不是最重要的。在这两对关系中，最重要的是主体与客体之间的关系，因为二者的关系是建立在主体的客体性基础之上："主体与客体的关系在于人与人之间以及人类与他者之间实现和平。和平是一种不带宰制的差异性状态，彼此有着独特的参与方式。"（Adorno，1978）[500]这样，阿多诺构想了一个理想的自由社会，人与人之间、人与自然之间的所有差异和距离都被视为正常和必要的，而普遍性是在调和差异中实现的。

解决主客体之间分离问题的"唯一可能的路线是对个别要素的确定性否定"（阿多诺，2020a）[150]。实际上主体和客体是纠缠不清的，阿多诺在这里的意思很明确，传统的同一性是以主体为主导的主体对客体的强制。正是这种同一性，经验主体试图实现主客体的一致性，可最终结果却走向了它的反面。因为肯定和同一都以主体为中心，非同一性、否定性是不可避免的。

此外，阿多诺认为的客体绝不是排除任何主观性的纯粹客体，因为在他看来，所有的客体都经由主体作为中介。所有客体都体现着历史和文明的积累，客体也绝对不是稳定不变的纯天然的事物，而是被主观赋予了目的、有待阐释的现象，换句话说，我们所面对和体验的任意客体已然是主客体的混合体，所以真实的复杂的客体是由多个因素决定的。只要事物的物质性及其随着历史的发展而呈现出的异质性能够被认可，概念是不可能将其无所不包地控制和概括的。客体描绘和展示了人类的物质实践和权力关系，寄托着人类的愿望和理想，体现着人类的自为的解释和建构，在这个意义上，客体不再是自在的客体，而是体现着主体的历史、过去的信息和密码，贮藏了丰富的历史和被压抑的记忆。因此，客体的优先性意味着以某种方式来解释客体，让其恢复活力，而不是神话它。客体优先性要求祛除客体的神秘外衣，使主体恢复感性。

这样的思路要求主体应该如何做到呢，阿多诺针对这个问题指出等候在客体本身中的东西需要这种介入以图能够言说。这其实是给予了客体某种主体性，赋予了客体以言说的力量。因此，倡导客体优先就是让客体本身释放其所蕴含的真理性内容。阿多诺也称其为第二次哥白尼式革命，看得出他对于客体优先性的高度评价和重视。他在这里强调的是辩证的客体，如果人们想触及客体，那么其主观性也应该受到重视，这才符合客体优先性原则。因此，阿多诺不仅强调只是针对客体的片面的优先性，还同样重视将其视为主体抽象的对立面。同样，也没有纯粹的主体。因为没有客体，也就没有主体，反之没有主体，也没有客体。阿多诺的客体优先性其本质是重新调节主体和客体的相互关系，直至最后获取主客间的交往自由。

第四节 阿多诺社会批判方法论的重建

法兰克福学派的社会批判理论及其批判的方法论原则是融会贯通、不可分割的，批判理论为其方法论原则提供理论基础和逻辑支持，主要解决"是什么"；方法论成为批判理论的逻辑伸展，主要解决"怎么样"。阿多诺社会批判的方法论扎根于法兰克福学派社会批判理论的方法论，又跳出来形成了自己的特色。

一、辩证中介的方法

法兰克福学派社会批判理论的辩证中介的方法，在前文论述卢卡奇的关于总体性的辩证法的时候已经略有论述。尽管它与黑格尔和马克思的辩证法之间存在着错综复杂的微妙关联，但在西方马克思主义的发展思潮中，它是通过卢卡奇的总体性的辩证法进行过渡和以之为中介的。卢卡奇曾在《什么是正统马克思主义》中肯定地指出：马克思主义问题中的正统只是指"方法"。这里的"方法"当然是指马克思主义辩证法。而他的此种理论是得到了法兰克福学派理论认可的。他在《历史与阶级意识》中的批判性思路非常清楚明了：意欲改变社会现实和社会进程被支离破碎的物化状态，有赖于社会历史进程的总体性的生成；而总体性生成的首要条件是在哲学中恢复对总体性的认识，确立总体性的辩证法——总体性的原则。但是，卢卡奇创新性地用主客体统一的辩证法，来反对自然辩证法。其辩证法的基础是现实的历史的人，最突出的特点是具有主客体相互作用的革命性和批判性。然而，由于阿多诺对辩证法的个性化见解，他激烈地批判卢卡奇辩证法的主客体统一的总体性原则。

从逻辑思路来看，卢卡奇在吸收黑格尔的辩证法和齐美尔的社会分工理论的基础上，考虑到数字化、原子化以及客体化的被异化的社会现实，提出了以主客体统一的总体性辩证法作为解决方案。而阿多诺的否定的辩证法受到尼采等人的思想的影响，将"交换原则"作为理论出发点，通过提出非同一性，提出了"星丛"式和平共处的终极目标或者乌托邦理想，这种逻辑运思差异的背后其实是方法论的差异。卢卡奇认为直接性和中介都在进行辩证运动，每一种中介都必然地要产生一种立场，"在这种立场上，由这种中介创造出来的对象性采取直接性的形式"（卢卡奇，1999）[237]。卢卡奇采用黑格尔式的方法来解释"中介"这个概念："中介的范畴作为克服经验的纯直接性的方法论杠杆不是什么从外部（主观地）被放到客体里去的东西，不是价值判断，或和它们的存在相对立的应该，而是它们自己的客观具体的结构本身的显现。"（卢卡奇，1999）[245]和卢卡奇一样，阿多诺也将直接性思维和资产阶级的理性精神关联起来思考，阿多诺认为，启蒙精神屏蔽了思想中质的因素，使人们被实在同化，抽象与其客体的关联被彻底清除。不同之处在于，阿多诺反对卢卡奇热衷于黑格尔辩证法，他认为中介不能脱离主体和客体而独立存在，只有在"星丛"中才能发挥作用。中介被它所中介的东西所中介。"中介决不提出穷尽一切事物的要求，而是设定，被它中介的东西是不被穷尽的。"（阿多诺，2020a）[147]

阿多诺进一步认为，主客体之间的辩证关系仅限于认识论，二者相互联系，相互中介。否则，处于相互分离的主体和客体，不管何者是"第一性"，都是一方吞没、压制对方，都是统治、奴役与等级的表现。就是在这个方面，阿多诺与卢卡奇有所不同，他认为，中介不会趋向总体，而总体性的历史主体也并非无产阶级，因此无产阶级也不会存在于这个"被管理的世界"。

阿多诺关于主体和客体关系的基本看法是，二者是相互构建的关系，因为"二者互相构成，就像它们由于这种构成而互相分离一样"（阿多诺，2020a）[149]。当主体向客体施加自己的限定时，它实际上是在限定主体自身。阿多诺以为，客体不像主体那么抽象和普遍，其最大的特征是它的特殊性，这一点需要通过感觉经验来把握。在此，阿多诺通过中介这个范畴来进一步论述。中介就是用来调解主客体之间的矛盾,打破传统形而上学和批判同一性对主客进行二元划分;中介就是突出事物的非同一性和个体化的重要性,表明虽然客体优先,但是主体对于客体的信息不是全盘照收,而是通过反思选择性地接收。

阿多诺倡导的客体优先性的原则,从社会历史观的角度,对起源于现代哲学的主体至上的观点进行了批判,解决近代主体哲学所面临的首要问题,用客体优先性代替主体优先性。从哲学的角度讲,强调客体优先性是强调从经验出发重视客体的非同一性和特殊性,从而消除因主体同一性思维所导致的客体被压制的缺陷。承认客体优先性与主客体互为中介这二者并不矛盾。承认客体优先性,即考虑到社会在个人意识和经验方面的优先性。尽管阿多诺对黑格尔思想作了大量的批判,但他还是赞成黑格尔的这样一个观点,即在人类认知过程中,在主体和客体、概念和认知、特殊性与普遍性之间有一个持久存在的"中介"。

阿多诺界定的客体既是被中介的,又是先在的,但这不是我们过去认为的纯粹的客观性,"由于主体并不制造客体,所以它实际上只能'观看'客体,而且认识的规则要在这一过程中起辅助作用"(阿多诺,2020a)[167]。主体被假定的消极性是和客体客观的决定作用相比较而言的。但客体客观的决定作用需要一种比同一化更持久的主观反思,即需要辩证的中介。辩证法的中介应体现主体与客体、具体与整体、普遍与特殊之间的永恒矛盾。不难发现,从辩证法中介的角度看,它也反映了阿多诺的否定的辩证法的批判的革命的精神。同时,也表明在阿多诺的辩证中介中,批判理论的哲学反思、现实取向和方法论原则是一致的。

二、心理分析的方法

法兰克福学派的理论传统之一是重视心理分析,正如它重视人的主体性和文化意识一样,第二次世界大战后更是开始格外强调,根据马丁·杰伊的说法,法兰克福学派最关心的是战后"这些主观因素的废除"。阿多诺的否定的辩证法的一个理论主旨就是在于将主体从被客体的压抑中,从社会的同一性的压抑中解放出来,关注人的主体性和人的意识的变化,必然会关注心理学的分析。阿多诺首先在《启蒙辩证法》中提出,启蒙精神最终转化为法西斯主义欺骗大众的工具。

人们常常对启蒙精神和独裁者之间关系的指认感到震惊,却忽视了其间蕴含的心理批判。然而,第二次世界大战后,法兰克福学派开始关注心理分析,阿多诺对法西斯主义进行心理分析就是最好的证明。在《弗洛伊德理论和法西斯主义宣传的程式》一文中，阿多诺首先对法西斯主义鼓吹的特征和能够得逞的原因进行探究。阿多诺强调，煽动者特别注重心理因素，煽动者说服追随者的依据是心理因素，而不是合理地陈述合理的目的。这些煽动者有意识或无意识的话语结构单元"似乎涉及暗含的政治概念，也涉及心理的本质"（阿多诺，1998b）[184]。政治内涵和心理因素是如何交织在一起的？阿多诺提出了"心理系统"的问题。他认为，为了避免单一技术的心理分析的"偶然性和随意性"，这个参考体系应该由比所有煽动者的方法更广泛、更基本的心理分析理论组成，这才是"符合逻辑的"。通过他对弗洛伊德的评述我们可以清楚地看到他坚定的唯物主义的立场。"弗洛伊德认为，群众心理的问题与富于时代特征的新型心理痛苦有密切的联系，这种心理痛苦证明了个性的衰退以及随之产生的弱点的社会——经济原因。"（阿多诺，1998b）[185-186] 在阿多诺看来，心理因素与社会经济因素密切相关，经济因素甚至是更本源性的因素，这个观点深刻地体现了马克思主义唯物主义的基本精神。

接着，阿多诺开始探讨法西斯主义的根源。阿多诺首先证实，法西斯主义心理是经由控制社会政治而大规模形成的，它根本不是"心理学的结构"，他尖锐地提出：尽管法西斯主义的始作俑者众所周知地利用了其演讲对象的某些心理倾向，但是其出发点是为了自身或者自身所处的阶级的经济和政治利益。也就是说，从心理动机的角度来看，这并没有真正导致法西斯主义，但它被法西斯主义定义为可以被某些反动势力利用的心理学领域。"这些力量出于完全非心理学的利己主义的理由努力发展这个领域。"（阿多诺，1998b）[184] 从这个角度进行剖析，阿多诺淡化了心理因素在法西斯主义根源中的地位与影响，突出了法西斯主义深层的政治、经济因素的首要地位，这同列宁对帝国主义和法西斯主义所做的马克思主义剖析相当接近。

三、否定的美学的方法

法兰克福学派重要的理论学家几乎都在美学、文艺学上有引人注目的成就，"法兰克福学派的最显赫的成就在美学领域"（麦克莱伦，2004）[291]。他们对美学理论的关注，不是他们兴趣点的转移，而是他们将美学理论视为批判和否定现代西方资本主义社会严重异化现实的主要手法，具有鲜明的批判价值和方法论含义。阿多诺社会批判理论的方法论也突出地体现了美学的方法。

否定的辩证法极度关注人类遭受的苦难，这种关注包含两个方面：一是在哲学史层面揭示传统哲学对灾难的漠视和无能；二是在美学、道德、历史等方面竭力关注和反思人类生活的苦难，以及这种苦难对美学、道德、历史等的冲击和挑战。而思考和探索人类生活苦难与艺术和审美的关系问题，以及人类灾难境域中艺术和审美的命运，才是阿多诺美学的核心议题。通过奥斯维辛批判而引出理性"批判自我反思"这一转动轴，把"社会现实与自律性"并列称为"艺术的双重性"（阿多诺，1998c）[385]，同时把艺术和审美的命运问题置于晚期资本主义文明境域中加以严格定位、重估和筹划。

  阿多诺的美学理论重点不是构造一个美学体系，而在于完成他的哲学任务，即"星丛"的乌托邦的实现。我们可以看到，美学的方法只是阿多诺社会批判的方法论的一个部分，所以其美学理论缺乏系统性，但这也正体现了阿多诺对传统美学体系的拒绝以及对体系的拒斥。他认为，艺术与哲学是相通的，艺术的真理性内涵只有通过哲学反思才有可能，这实际上指出了他的美学理论与否定的辩证法的相通之处：哲学和艺术在真理的内容上是一致的。艺术作品中逐渐展现的真理，正是哲学概念的真理。但是，艺术需要一种真正的哲学诠释，来揭示真理性的内容。传统的实证主义的方法重点在于直接性和解决实际问题，因此很难与艺术建立真正的联系，表达艺术的真理性内容就更不可能。因此"审美经验务必转入哲学，否则就不是真正的审美经验"（阿多诺，1998c）[228]。第二次世界大战后，阿多诺甚至否定了用理性认知对现实进行批判，理由是理性难以表达苦难；如果用理性表达苦难，理性就会变成非理性。"即便苦难得以理解，它依旧保持缄默而无意义——顺便提及，你只要看看希特勒之后的德国，便能自行证明这一真理。"（阿多诺，1998c）[33]所以，阿多诺回到美学对他来说是必然的，也成为其社会批判的一种重要方法。

  正是哲学理性无法直接与现实对话，而艺术则通过自己特有的方式弥补了哲学这一不足，艺术作品正是以现实因素作为自身的素质的，它可以直接涉及概念所指的东西。但是这种艺术不是传统的艺术，而是否定性的艺术。艺术的否定性这种方式，"不动声色地涉及美的事物，并且消除了自然与艺术作品之间的差别"。可见，阿多诺所主张的真正的艺术是充满反抗力量的。在阿多诺那里，艺术不同于知识理性，主要在于其方法，艺术以其特有方法对现实社会的非理性做出反应。现实生活中的理性实为非理性，现实社会一般是掩盖和认同这种非理性的，而艺术却不是，艺术是在保留那种意象的双重意义上再现了真理。

  对社会批判理论来说，艺术是表现苦难的语言。在《否定的辩证法》

一书中，阿多诺指出，新的批判理论有一个不可缺少的环节，即当下现实因素要参与到辩证法作为范畴的现实中介，在否定的辩证法这一抽象的理论阈中，阿多诺无法做到这一点，但是在其美学理论中，他完成了这一步。阿多诺进一步指出，这种载体不可能是理性本身，而是他特别指称的艺术。因为艺术能够为被掩盖的非同一物进行辩护，艺术和推理性的知识不同，它不需要理性地理解现实，包括艺术来源本身的非理性属性和现实运动的规律。理性知识自身严重的局限性在于没有能力去应对痛苦。理性可以将痛苦归因于本质，提供减轻痛苦的方法，但它永远无法通过经验媒体表达苦难。因此，当理性按自己的原则去表现苦难时，会陷入非理性的境地，在这种情况下，只能肯定艺术的解放能量了，因为在这个让人匪夷所思的充满恐怖和苦难的时代，阿多诺确信只有艺术才能成为通向真理的唯一媒介，"随着现实世界日趋黑暗，艺术的非理性正转化为理性，尤其是在艺术变得十分晦涩难懂之时"（阿多诺，1998c）[34]。但从一定意义上看，艺术也是一种认识形式，它只不过是通过自己的方法去认识社会：艺术虽然能够把握现实的本质，揭露隐藏在现实中的真面目，但同时又使揭露的真面目与其表象对立。艺术中的客体和经验现实中的客体是两个完全不同的东西。在艺术作品中，客体往往是一个人工产品，它包含了经验世界的元素，而与此同时又改变了这些要素的"星丛"，从而形成分解和重建的双向进程，这样的艺术才能真正消除对现实的遮蔽。

那么艺术以什么具体方法来认识社会呢？阿多诺认为是模仿，在模仿中不存在理性的模式，它所追求的是一种非支配的未来关系之意象。模仿不可能以理性范式来表达自己的内容，它只能以调和的形式表征一种未来的意象，艺术的力量正是在这个过程中得以释放，也是在这一意义上，"模仿与理性是互不相容的"，模仿因素在艺术中的回归可以为超越现实生活的技术理性提供一线希望。《文化批判与社会》中的"奥斯维辛之后写诗是野蛮的"这一论断，表达了阿多诺的忧思：传统美学在其中扮演了不光彩辩护者和助推者的角色，因而也势必走向式微。主要体现为传统美学面对如此剧变的新境域，如晚期资本主义文化工业的泛滥和固化，尤其是传统艺术和审美出现内部的危机和对外部的新变化、新要求无所适从时。面对如此状况，艺术和审美的救命稻草在于唤醒和重铸其"真理性"的本质维度，从而再造艺术和审美。在阿多诺看来，"真理性属于艺术作品的本质特性，因此艺术作品具有认知意义"（阿多诺，1998c）[583]，即艺术真正要求人们认识其中的真相或真理。从这个方面来讲，艺术是认识的艺术，是反思的艺术，是真理的艺术，那种把艺术限定在非理性界限内的论调是荒谬的。

艺术是"文明进程中的仿作性（又译模仿性）行为方式作为思想的东西加以保存的领域"，而且是超凡脱俗的"客体化了的仿作"。艺术的这种认识特性，核心体现在"艺术的真理性内容"，因此阿多诺特别强调艺术的自我反思性，而且这种反思需要以被思考的东西、非概念物、非同一物为历史条件和解救目标，这与他在《否定的辩证法》中强调的客体优先性是完全一致的，"非同一性是同一化的秘密目标，它是解救的目标；传统思维的错误在于把同一性当作目标"（阿多诺，2020a）[128]。

"社会现实"与"自律性"一起被阿多诺视为艺术的双重属性。艺术与社会现实的关系在"反思时代"，正在发生着历史性、本质性的深层变动和转换，而其焦点在于"否定性关系"的形成和突显。而且这里的"否定性关系"，不是简单地走向"肯定性关系"的反面或者对立面，而是历史地批判、改造和超越肯定性关系，从而构建起新的"否定性关系"。这种新型关系揭示出艺术和审美面对社会现实，尤其是灾难性现实时，不是像传统艺术和审美那样采取"肯定的否定"，而是采取与哲学具有亲和性的历史反思或社会批判。（陈瑞文，2004）[205] 如此，艺术的真理本质属性便得到了彰显，人们通过艺术获得的不再是掩耳盗铃式的所谓的愉悦或者快感，而是刺穿社会现实的真相以及引起的沉思。更为重要的是，艺术的真理本质也深层次改变着"救赎"，"救赎"不再是逃避现实或远离现实的乌托邦，而是意味着这样的一种状况：在反思或者批判的基础上，艺术所带来的"救赎状态"中，"一切都如其所是，可是一切又全然有别"（阿多诺，1998c）[10]。这里深刻地映射出，艺术绝非企图由社会现实中抽取和想象出一种肯定性、同一性而致使社会现实模糊、扭曲，而是彻底揭示和批判社会现实。

第五节　阿多诺社会批判对马克思主义批判旨向的继承

康德哲学开创了"批判"的传统，黑格尔把辩证法引入批判哲学，彻底地改变了康德的批判方法，使其由理性的"外部批判"转变为"内部批判"。黑格尔的辩证法可以理解为康德理性批判的元批判。马克思通过对黑格尔辩证法的改造，实质是对其进行了内在的彻底批判，最终超越了唯心主义的范畴，直面当代社会现实，正式提出了理论批判的实践功能。阿多诺的否定的辩证法既坚持黑格尔辩证法的深入事物内部开展批判，又发扬了马克思主义哲学的实践功能。因此，从马克思革命性的辩证法的视角出发，对阿多诺的否定的辩证法进行比较研究——在对资本主义的批判和解决方案以及资本主义的出路方面，这对于我们反思阿多诺《否定的辩证法》

的写作背景、理论旨归、理论意义及其局限性都具有重要意义，同时也能促进我们更深刻、更全面地理解和把握马克思主义辩证法思想的革命性内涵及其当代价值。

一、对资本主义的深入批判

马克思说："哲学家们只是用不同的方式解释世界，而问题在于改变世界。"（中共中央马克思恩格斯列宁斯大林著作编译局，2012b）[4] 长期以来，批判性和实践性一直被视为马克思哲学的基本特征，因为它不再仅仅满足于对现实世界的解释，而是力图通过对旧世界的批判和干预，从而建设新的世界。

虽然马克思的许多著作与康德哲学非常相似，都被称为"批判"，但是马克思批判方法的直接来源是黑格尔哲学。其关键不同之处在于，黑格尔对康德的批判是彻底的、内在的、理性的自我批判，而马克思对黑格尔的批判是将这种内在批判的彻底化。也正是由于这种彻底性，马克思的批判超越了内在的精神，转向了全新的唯物主义的立场。因此，不同于黑格尔的批判围绕自身展开，马克思的批判竭力超越精神的范畴，成为一种真正的"改变世界"的活动。

马克思主义辩证法在对传统和现实进行批判时尤其重视否定的力量，视否定性为其最基本的方式。马克思认为："辩证法在对现存事物的肯定的理解中同时包含对现存事物的否定的理解，即对现存事物的必然灭亡的理解。"（中共中央马克思恩格斯列宁斯大林著作编译局，2012a）[94] 马克思非常重视否定性对于辩证法的重要意义，并将其视为最重要的批判方式之一，因为否定性是辩证法批判性和革命性的存在的基石。马克思的辩证的否定观不是简单的、无原则的否定，而是作为事物联系和发展必要环节的否定。马克思主义辩证法的否定是贯彻始终的，因此辩证法可以保持彻底的批判性。

马克思主义辩证法本质上是批判的和革命的，其终极目标是把人类从现实的压迫和异化中解救出来，彻底实现人的自由和全面发展。更为关键的是，马克思主义的批判是建立在马克思主义科学实践观的基础之上的，而不仅限于抽象的理论批判。马克思主义辩证法以人类实践活动为基础，以人类现实生活的世界为范围展开，它可以使人类彻底摆脱被异化的奴役状态，获得彻底解放，最终实现独立和自由。

号称西方马克思主义灵魂性人物的阿多诺，其否定的辩证法与马克思主义辩证法到底是怎样的关系，对于这个问题，即使深究阿多诺的否定的辩证法，我们仍对此问题三缄其口，不敢轻易提及，更不敢妄加评论。但与我们不敢越雷池一步的谨慎态度相对比，阿多诺却在《否定的辩证法》中多次提及并宣称自己的辩证法。而且对于阿多诺的否定的辩证法，我们大部分人的理论倾向都是关注其理论的积极意义，他从否定的辩证法着手，把密不透风的资本主义甚至苏联模式的社会主义的同一性的压迫模式撕开了一道深深的裂缝，并进行了深入内在的批判。

辩证法的基本精神和核心要义就在于其批判性和革命性，甚至经常将二者同时提及。但事实上，从辩证逻辑内部结构的角度来说，二者处于不同的理论层次。辩证法的批判主要集中在对于思维方式的批判和对于社会历史的批判，对于思维方式的批判主要目标是打破传统的思维方式，颠覆对现存社会的认知；对于社会历史的批判是在竭力寻求社会历史的现实主体和实现途径，也就是促进将全新的哲学付诸实践。两者相辅相成，都以最终的解放为终极目标。其中，对于社会历史的批判的层次更高。从辩证法的否定逻辑进而发展到深挖研究对象内部的矛盾性，社会历史批判以及与之相伴随的革命性就不仅仅是理论层面的问题，更是一个社会实践的问题。

否定的辩证法刻意地模糊这两个批判性的界限，很明显阿多诺创造性地展开了对思维方式的批判，但是在对社会历史的批判方面就相对弱化了很多，他采取的方法是模糊主体和把对社会历史的批判也局限在思想范围之内。但是马克思主义辩证法与之就形成了鲜明的对比，马克思更关注的就是对于社会历史的批判，而且为了达到革命性的高度，必须深入剖析历史，实现历史和逻辑的统一，只有这样辩证法才能实现从理论到现实的回归，最终体现其现实价值，才能在逻辑上对社会制度进行批判、重构甚至超越。所以马克思主义辩证法能被群众所掌握，实现其真正的革命性。在与传统辩证法发生面对面碰撞的时候，阿多诺的否定的辩证法选择了一种柔性的、温和的、和平改造的方法，他强调和突出的是否定性，降低肯定性的重要作用，这也可以看成是阿多诺重新构建了辩证法的逻辑体系。

马克思与阿多诺的批判理论都是建立在辩证法的理论基础之上，其批判的目标都是西方传统的形而上学。但二者的批判理论基础却有着显著的区别，马克思的是以否定为首要特征的辩证法，阿多诺的则是否定的辩证法。马克思主义辩证法在历史领域中以生产力作为同一性的基础，重点是针对资本主义的批判，指出资本主义制度必将被共产主义所取代，突显其实践性、革命性和批判性的特征。阿多诺的否定的辩证法要求破除同一性的宏大叙事来实现否定。其崩溃的逻辑将肯定与否定割裂开来，绝对地不包含肯定的否定，其批判的理论是以文化为切入点展开对社会的批判，其理论逻辑是通过变革文化制度来改变人们受资本逻辑控制的社会意识形态领域，以此来实现对资本主义制度的批判。

否定的辩证法采用的批判的方法是对垄断资本的文化的批判，这一文化批判可以视为在资本主义新的历史阶段对于马克思政治经济学批判的深化和扩展。马克思的革命性的、开放性的辩证法不是高居于社会之上的抽象的辩证法，而是在客观、辩证地分析资本主义社会的过程中形成的辩证法。在人类社会发展的历史中，资本主义有其产生的必然性、历史的合理性，但因为其存在着不可克服的基本矛盾，所以终将走向灭亡的过程。从这个角度来说，马克思主义辩证法已经超脱于哲学之上，具有深刻的社会现实意义。马克思的革命性的辩证法其理论体系是以历史辩证法为前提，以政治经济学的批判为基础，以全人类的最终解放为目的，是哲学的批判、社会的批判和经济的批判三位一体。因此，马克思的革命性的辩证法是从政治经济学着手，并在其中展开和得以完成，体现了哲学的高度性、贴近现实的生活性和社会政治的无产阶级导向性的科学统一。从这个角度看，阿多诺的否定的辩证法与马克思的革命性的辩证法存在着巨大的理论差异，同时也是理论的深入和推进。

二、对否定性力量的重视

从卢卡奇到法兰克福学派，西方马克思主义理论家积极推动批判理论的发展和创新，这种独特的哲学和社会理论范式主要是基于马克思倡导的批判资本主义的理论方向。根据辩证法的逻辑，否定是存在的，事物从一种状态到另一种状态，从主体到客体的发展从始至终都存在着否定性。虽然黑格尔的辩证法也强调否定，但其否定的最终目的是肯定。而阿多诺相反，对他来说否定不仅是手段，而且是最终目标。"被否定的东西直到消失之时都是否定的。这是和黑格尔的彻底决裂。"（阿多诺，2020a）[137] 因为阿多诺认为，黑格尔辩证法的实质就是否定之否定等于肯定，"但辩证法的经验实质不是这个原则，而是他者对同一性的抵制，这才是辩证法的力量所在"（阿多诺，2020a）[157]。

黑格尔曾在《逻辑学》的导论中指出：否定的东西引导着概念自己向前发展，它是概念自身所具有的，这个否定的东西构成了真正辩证的东西。（黑格尔，1996）[38] 可以看出，否定是黑格尔辩证法的核心。对此马克思进行了高度的评价，认为"黑格尔《精神现象学》最伟大的成果就在于作为推动原则和创造原则的否定性辩证法"（马克思，1985）[120]，而且在此基础上进行了推进和超越，走向了以实践为基础的辩证法。阿多诺的辩证法也首先肯定了否定性在辩证法中的作用，他认为哲学不可能寻求秩序和不变性，而唯一的可能是连续的否定性。但是马克思和黑格尔的否定不同的是，阿多诺的辩证法主客体之间的对立和差异不可能通过否定来实现，反过来否定所确立的对立和差异是辩证法的前提。也就是说，阿多诺认同黑格尔辩证法的否定性，但是只是部分性的认同，认同他通过否定以此确立的主客体同时存在的状态。

否定作为黑格尔辩证法的核心和灵魂，不仅是一切生命和精神运动的最内在动力，也是"绝对精神"自我展现、自我外化和自我确证的方法。受到了斯宾诺莎的"肯定即否定"思想的启示，黑格尔进一步推进了辩证法的否定性，认为一切否定都是规定，这种规定形成一种限制和自我发展的动力，即否定和规定的否定其实是同一种东西，而且当否定成为规定的否定后，就是自我否定。这也就说，黑格尔的否定是自我的否定，自己否定自己，自己规定自己，自己超越自己，形成自我发展的内在动力。在黑格尔的理论体系中，精神是主体和否定的承载者，否定成了其发展的动力。否定作为规定了的否定，其实质就是精神的自我活动，通过否定，精神达到了主体和客体的同一性，实现了主体对客体的扬弃。

马克思和阿多诺虽然都认可否定作为辩证法的基本环节，但二者所把握否定的实质的方式不同。马克思主义认为，否定作为辩证法的本质和首要特征，不是单纯的绝对否定，而是包含着肯定的否定，与肯定密切相关。因此，马克思主义辩证法的基本规律是"否定之否定"。相反，阿多诺的否定是绝对的否定，是不包含任何肯定的否定，是彻底的否定。

从阿多诺的理论视角来看，辩证法既不是一种方法，也不是一种客观描述，而是反对所有理论图示和一般方法。它力图保持现实的复杂性，还原历史的相互联系，而不是简单地将其划约为公式。辩证法的根本特征在于其否定性，"否定"在辩证运动中起着核心作用。阿多诺指出，否定的辩证法的意义首先在于考察现实中事物本来的样子，而不是将它归到指定的所属范畴；其次是解释事物的依据应该是概念本身，即使它现在还不是这样。否定的辩证法主要是针对那些使事物固化的概念，因为事物与它们自身的概念之间绝不能直接画等号；它坚持否定，而且反对否定之否定是向肯定的回归；它承认个性，但认为个性依靠普遍性，而普遍性只是个性的一个环节。这样它就能同时关注到主体和客体、理论和实践以及现象和本质……换句话说，阿多诺的否定的辩证法坚持了两点论，具有抵制形而上学绝对主义的意义。因此，否定的辩证法反对总体性辩证法，意味着批判要深入到总体性辩证法所遗忘的客体的向度中去。阿多诺沿着马克思的思路，科学地界定雇佣劳动概念，还指明了在生产资料所有制革命的基础上，通过社会的总体性革命，最终根除资本主义社会的物化问题。但阿多诺解决问题的方法与马克思相反，因为他觉得这个领域似乎在无限循环，没有尽头，他对历史发展也丧失了信心。因此，当马克思要求进入生产的客体维度进行现实主义革命时，阿多诺关注的维度却是自然和作为对象的客体，并倡导批判和意识的革命。从这个角度来说，否定的辩证法针对问题的解决方案是通过恢复对自然的记忆，打破理性的同一性强制，重构主客体的平等的、基于伙伴式的"星丛"关系。

按阿多诺的理论设想，批判理论是这样一种被改造了的辩证法，重点突出了这种辩证法的否定性。阿多诺改变和否定的直接对象就是传统的黑格尔辩证法，而这一传统可以回溯到马克思对黑格尔辩证法的批判。马克思早年在对黑格尔的辩证法和整个哲学的批判中指出，黑格尔的《现象学》虽然包含了早于事物发展之前的批判，表面上看是完全否定和批判的，"黑格尔晚期著作的那种非批判的实证主义和同样非批判的唯心主义——现有经验在哲学上的分解和恢复——已经以一种潜在的方式，作为萌芽、潜能和秘密存在着了"。

阿多诺的否定的辩证法恢复了马克思主义批判性的辩证法的中心地位，提升了辩证法在马克思哲学中的意义，甚至可以说马克思哲学直接等同于辩证法。否定的辩证法进一步探索和发展了辩证法传统关键因素，阿多诺由此确立了通过强调"否定"的基本范畴来实现马克思主义中新的批判路径。作为关键因素，否定性在黑格尔的辩证法中被视为推动原则和创造原则，它打破了以往形而上学静态和形式的体系，并将历史的和具体的视角引入哲学。尤为突出的是，否定的辩证法其实是将马克思主义的唯物辩证法与整个西方的辩证法传统进行融合，否定的辩证法就是唯物主义的辩证法，阿多诺借助概念与非概念物、主体与客体的矛盾结构，以及客体优先性等观念，将他的唯物主义贯彻到整个西方哲学的历史之中。

阿多诺的否定的辩证法是对马克思主义辩证法的批判性和否定精神的承袭和进一步推进。阿多诺指出，马克思主义辩证法之所以具有彻底的批判性，原因就在于其完全、彻底的否定性，这也成为马克思主义辩证法的最重要的批判方法。传统的辩证法，尤其是黑格尔的辩证法，尽管遵循了基本的否定之否定思想，但其否定不是真正的、彻底的否定，而是最终成为了肯定的否定。他的做法其实是把肯定和否定杂糅在一起，这其实也是同一性的强制，突出表现抽象的、空洞的纯粹形式而忽略了思想本身。因此，阿多诺强调，为了坚实否定性在辩证法中的基础作用，我们必须把传统的辩证法转变为否定的辩证法，把否定性坚持贯彻到底，将否定性和肯定性彻底地分离。从理论上来说，辩证的否定的方法起源于黑格尔，经由马克思主义辩证法的进一步完善，最终在阿多诺的否定的辩证法中得到理论性的深化。

阿多诺的否定的辩证法的理论展开是尝试将黑格尔传统辩证法的内在批判和唯物主义重新结合在一起。和马克思的理论构思方式一样，阿多诺通过强调黑格尔辩证法的否定性，摧毁其理论体系的总体性。黑格尔的辩证法是把否定之否定等同于肯定，作为同一性的本质，也即他通过否定之否定的过程，最终获得了一个"具体的"作为真理整体的完整集合，但阿多诺却对此宣称，"总体是不真实的"。

三、对人的自由和解放的追求

阿多诺的批判不仅体现在理论上，也体现在现实社会中。因为他通过理论分析，指出概念的总体性和社会的总体性在根源上是一致的。同时，商品交换中的等价原则和概念范畴中的同一性原理在根源上也是共通的，这一共同的源头就是同一性。同一性之中必然包含了体现特殊性和差异性的因素，只不过这些体现多元的差异的因素被传统的形而上学的"一"排除在外了。阿多诺批判的理论目标就是揭示这种差异。

阿多诺的否定的辩证法继承并发展了马克思主义辩证法的核心的批判的方法，它们有着共同的终极目标——人类的彻底解放和全面自由发展的实现。阿多诺认为，辩证法不仅可以是与之相关的哲学理论的建构，更是为了在现实社会中实现人的解放和自由的这一历史使命。而要实现这一终极目标，关键是借助辩证法的否定性、批判性和反抗性，抵抗传统社会的各种压迫，把人类从传统和现实的各种压迫中解救出来，最终实现全人类的自由全面发展。阿多诺说："现状的权力建起了我们的意识要冲撞的外表。意识必须极力去冲撞这外表，只有这样才会使深层的假设从意识形态中解放出来。……一旦思想超越思想在抵抗中受到束缚的限制，思想就有了自由。"（阿多诺，2020a）[13]

在当今社会，人类获得全面解放和真正自由发展的最大障碍就是根源于传统和现实社会中的同一性对人的精神控制，这种精神的压迫和统治已经成为当代资本主义社会最普遍的统治方式。只有把自己从这种专制和压迫中解放出来，才能实现人类的解放和自由。而通过否定的、批判的方式改变这种压迫的现状是其中最好的方式。在这一思路的指引下，阿多诺针对性地提出了否定的辩证法。

除了精神压迫之外，当代资本主义社会的社会压迫也是人类实现解放和自由的主要障碍和阻力。人类自由和解放的最终实现，实质上是一个反抗社会压迫的过程。阿多诺指出，为了摧毁现代资本主义社会的这种普遍存在的压迫，我们必须要以具体的实践活动抵制社会压迫，与之相抗争，对抗资本主义制度的总体性和同一性强制。要使人类摆脱传统以及现实的思想专制，彻底摆脱现实资本主义社会的压迫，我们必须依靠否定的辩证法所内蕴的强大的、批判的、否定的力量，这力量是人类自身得以解放、自由得到保障的最有力的武器和最有效的方式。

阿多诺提出的隐藏在同一性中的非同一性，不仅是思维自身运行的需要，也是社会现实的需要。在现实的社会生活中，商品交换的原则正是同一性的集中表现，交换的原则是将人类千差万别的具体劳动还原为抽象的社会必要劳动时间，从根本上看，这就是同一性原则的集中体现。"商品交换是这一原则的社会模式，没有这一原则就不会有任何交换。正是通过交换，不同一的个性和成果成了可通约的和同一的。"（阿多诺，2020a）[126]他进一步推理，如果人们抽象地否定这个原则，其实质是历史的倒退，回到不公平的古代社会。批判以同一性为特征的商品交换原则，揭露"等价物交换的主要特点是在不同等的事物以其名义来交换时，剩余劳动价值会被占用"（阿多诺，2020a）[126]。也就是说，揭露深藏在等价交换原则背后的资产阶级意识形态本质，肯定不是说因为封建自给自足的经济，历史回退到封建专制时代就可以避免这种同一性；恰恰相反，只有通过商品交换原则才能超越商品交换。否定的辩证法以矛盾为中介，辩证地消解同一性逻辑。"辩证法打算靠在同一性强制中贮存起来并在它的对象化物中凝结的能量来破除这种同一性强制。"（阿多诺，2020a）[135]这种同一性中的非同一性本身是矛盾的，而且自身也蕴含着深刻的辩证关系。

阿多诺是在对传统辩证法批判的基础上重构否定的辩证法，其理论关键来源于对黑格尔辩证法的批判。对传统辩证法的批判和对黑格尔辩证法的批判在批判思路与批判目标方面具有一致性。只有彻底地与黑格尔辩证法决裂，打破形而上学的桎梏和"同一性"的强制思维方式，传统辩证法才能摆脱自身的阴影。黑格尔辩证法所固有的问题，不仅在于由马克思所揭示和批判的作为其理论基础的唯心主义体系，而且还在于它的形而上学性和否定的不彻底。阿多诺在对传统辩证法解构的同时，还致力于以马克思主义批判辩证法为基础的社会批判理论的方法论的重建。因此与其说阿多诺继承了霍克海默，毋宁说他继承了马克思批判哲学传统或者说历史辩证法哲学传统。

马克思从根本上拒斥并超越的传统的"解释世界"的哲学范式,阿多诺概括为"同一性原则的现实模式"(阿多诺,2020a)[209],在此意义上,阿多诺开展的对同一性的批判以至于对整个形而上学的批判,以及他开创性地提出的"非同一性哲学"等相关理论体系,由于从根本上缺乏了以马克思主义哲学作为基础的实践所具有的那种彻底性、本质一贯性和对现实的观照性等理论品格,所以说,如果从马克思发动的这场认识论革命的艰巨性和深远性的角度来讲,这场革命是与时俱进的,也是在路上和未完成的,那么阿多诺所竭力推进的否定的辩证法的探索,不仅仅确确实实行驶在马克思所开辟的认识论革命的这一主航道上,而且还对这一影响深远的革命做了一定程度的和具有深远意义的补充、丰富和拓展。尽管阿多诺的反思和探索显出一些犹疑和徘徊,甚至在原则和立场上也有所反复,这一特点颇似本雅明在历史唯物主义上表现出既非坚定的"一以贯之",也非"旗帜鲜明"(沃林,2008)[261]。这场变革与较晚出现的一些变革比,仍未引起太多的关注和思考,而阿多诺的哲学反思和探索就是对这一变革的一个思想史上的回应和延续。总之,就未完成和未引起太多的关注和思考而言,阿多诺在哲学史上所竭力开展的清算、批判和重构,甚至把否定的辩证法自诩为"哥白尼式革命",具有极其深刻的历史意义和现实回应。

西方马克思主义的理论本质和使命是在现代资本主义社会工业文明导致的以总体性和同一性思想为核心的现状下,对资本主义制度的意识形态进行有针对性的批判。然而,从《启蒙辩证法》开始,特别是《否定的辩证法》开启了一条全新的批判资本主义的思路,以拒斥全部大工业带来的文明进步和启蒙理性为理论出发点,这表明西方马克思主义总体性理论从内部开始的自我解构。在阿多诺看来,启蒙思想被看成资产阶级追求解放的理论旗帜和指引,被指认为人控制自然、人支配人的工具理性。因为启蒙思想本质上依然是在某种同一性本质的基础上,高喊着自由解放,但最终沦为资本主义总体性的潜在帮凶。这一后现代思想的理论要点和阿多诺哲学对马克思的新推进,从根本上动摇了马克思主义哲学最具批判性的理论根基,内在地继承了马克思的方法论和基本立场的批判性传统。改造辩证法的是作为阿多诺全部哲学基础的元批判,其相关的道德问题、美学、音乐、文化工业批判的理论都是建立在这个基础之上。

结语　阿多诺社会批判理论的现实观照及其不足

法兰克福学派的社会批判理论致力于对现实社会的关注、对社会问题的反思和对人类命运的深深忧虑,深刻地体现了法兰克福学派的理论精神,这种理论精神所集中体现的理性的精神其实质是对现代性的反思和批判。阿多诺明确地表示,如果一种哲学理论的产生和发展,不是关于现实的,也没有计划去改造现实,那么这个理论即使是再细致,其实质都是现实的意识形态,其存在是为了某种特定的目的。

一、阿多诺社会批判理论的现实观照

西方马克思主义主要以马克思初期的异化思想为渊源,阐明和分析现代社会人的现实生存状况和历史命运。他们指出,现代资本主义由于技术、物化、大众文化无法摆脱人被异化的命运,当代社会的人被置身于总体性的被异化的生存矛盾中。

20世纪随着科学技术飞速发展,资本主义经济的迅猛发展和随之而爆发的尖锐的阶级矛盾,使西方马克思主义得以形成和不断发展。但时代的矛盾也日益突显:以征服自然、解决匮乏为目标的现代科学技术,一方面给人类的物质生活条件带来了巨大的改善,另一方面也使人类不得不面临被技术控制的异化的生存难题。科学技术的异化导致人的普遍个性的丧失和精神贫乏,因此呈现出来的是物质生活的极其丰富与人的精神生活极度贫乏并存。现代人普遍被置身于异化当中,技术理性本身、大众文化以及与之有关的意识形态都成为统治人的异化力量。技术理性和人类的创造活动再也不是对人的本质的确认和实现人类解放的力量,反而倒退为对人类的种种限制。因此20世纪的人类面临着严峻的生存困境的考验,此种严峻的考验和挑战促使西方马克思主义理论家从总体上关注人的生存,对异化的现代社会和技术理性进行深刻的批判,对人类未来美好的人道主义生存前景展开理论和实现途径方面的积极探寻。

20世纪的两次世界大战和法西斯主义的猖獗肆虐给人类带来了巨大而恐怖的灾难,这成为西方马克思主义关注人类生存问题的又一个关键的历史学背景。两次世界大战和欧洲猖獗的法西斯主义彻底摧毁了西方高扬的理性主义的旗帜，自由、平等、博爱等标志性的口号和论题随着法西斯主义战火的蔓延而彻底崩溃。取而代之的人们首先要面对和进行现实思考的问题是人类的生存以及意义。

阿多诺看似是不顾一切地去批判任何在现实生活中可能表现出来的同一性逻辑。在当代社会，这种同一性逻辑一直在悄然地发挥作用。同一性原则把不同的原子和个体整合为一个总体，无论是抽象的总体还是具体的总体。反之，崩溃的逻辑是崩溃维系这种关系的关键，使同一性和与同一性缠绕在一起的具体事物一起来抵制这种同一化的逻辑，这就是崩溃同一性的崩溃的逻辑。

对阿多诺而言，理论上的同一性原则折射到现实中就是同一化的实践，是一种现实的存在，而不是任何其他东西。事实上，当我们把交换也看成是同一性原则时，这其实是与平等交换原则的核心精神和基本尺度相背离的。"当我们把交换原则当作思想的同一性原则来批判时，我们想实现自由和公平交换的理想。"（阿多诺，2020a）[126] 同一性原则可以简单易懂地表述为：它以自身的同一性为尺度，对现实的对象和客体进行限制和修剪，并自诩这种尺度是公平公正的、客观的和符合现实的。这样的原则导致全部的人类社会活动全部成为这种尺度的牺牲品，最终导致压制、主宰和毁灭。

阿多诺指出在现代资本主义社会，同一性成为精神控制和压迫的主要原因在于，资产阶级现实的意识形态控制的需要，工具理性的产生和存续都是因为这种需要。因此，非同一性批判的理论就是针对资本主义对人的意识通过同一性而进行宰制的批判。阿多诺通过对西方哲学史上同一性思想的源起和发展的理论梳理，认为资本主义意识形态与政治极权这二者其实质的理论都是来源于西方传统形而上学的理性同一性，其中工具理性表现更为突出。

阿多诺对同一性进行了深刻的批判，这种以工具理性为首要特征的同一性以概念拜物教和理性主体统治为基本内涵，是资产阶级的现实同一性统治的手段。在人类历史上，理性启蒙的出现满足了资产阶级追求利益最大化的需求，资产阶级也打着理性主义的旗号彻底打碎了封建的统治秩序以及作为其统治思想基础的本体论体系。然而，在确立了统治地位后，为了抑制新思想的产生，维护和巩固其统治秩序，资产阶级必须建立起全新的统治机制，这种对资产阶级阶级统治意识的自我保护退化为一种意识形态体系，这种体系几乎是封建专制的强制机制的翻版。但与封建意识形态专制有所不同的是，资产阶级的统治意识形态通过有效的、缜密的理论体系计划，将其上升到认识论从而看似更加合理。以理性为核心是资产阶级意识形态统治的重要特点。所以，在封建的专制思想被粉碎后，资产阶级立即创造了一种为资产阶级专政服务的制度，作为思想基础的理性也是为其服务的，而且同一性理性体系也成了资产阶级同一性现实统治的意识形态的附庸。

虽然阿多诺也高度认可启蒙理性在工业化进行过程中的重要作用，但他更看到人类的痛苦和灾难也随之而来，资本主义统治的强制性同一性其实质就是统治自然，进而控制人类并最终达到统治人的内在天性的。作为强制性的同一性最终只会导致极度的灾难，因为"在奴役一切的同一性原则之下，任何不进入同一性中的东西、任何在手段领域逃避计划的合理性的东西，都成了为同一性带给非同一物的灾难而进行的可怕的报复"（阿多诺，2020a）[279]。所以阿多诺不赞成以工具理性为核心的生产力的无限发展，明确指出，当代社会中的绝对的生产与对劳动价值的榨取是导致同一性强制的现实基础。

二、阿多诺社会批判理论的局限性

虽然阿多诺的否定的辩证法在对启蒙运动的反思和传统的形而上学同一性思维的批判方面具有开创性和启发性的重要理论意义，但是，从马克思主义哲学的现实性立场、理论深度和批判的深刻性方面，我们可以发现阿多诺的理论存在着几个方面的局限性。

相对于马克思主义辩证法的革命性和实践性的首要特点，阿多诺的否定的辩证法是单纯的思想领域的批判，即关注认识论层面的对个体的同一性思维方式的批判。我们从马克思主义辩证法中可以发现，其理论从来就不是单纯的思维方式，而是立足于由现实的个人的实践活动所构成的现实生活世界，其伟大的历史使命就是对现实生活世界的关注和反思以及批判和超越。因此，马克思从对资本主义社会中源源不断产生的物质财富的困惑开始，着手对国民经济学私有财产理论进行批判，在完成了历史唯物主义这个伟大的理论发现之后，开始了毕生最艰难的和付出心血精力最多的《资本论》的研究，这些都从不同的角度体现出马克思思想发展的主线是由政治经济学的批判构成的。另外，从对黑格尔的辩证法的批判和将其完全地"颠倒"，到最终创立自己独特的实践唯物主义的哲学范式，再到在此基础上创立革命性的辩证法以及展开对政治经济学的批判，以及其终极的为无产阶级服务的阶级立场，都打上了鲜明的实践性的烙印。但是，阿多诺的否定的辩证法在实践性的品格和关注现实性方面是完全缺失的。面对当时社会的垄断资本主义文化统治和思想异化的横行，阿多诺将这所有的一切归结于理性形而上学的同一性的思维方式，他试图通过对同一性思维方式的批判，实现对个体思维方式的改造，最终实现对资本主义的超越，其实这种用一种理论批判另一种理论的方式最终陷入了唯心主义的窠臼。马克思的革命性的辩证法的实践性集中表现在它引入了实践和唯物主义的理论，以政治经济学的批判为其批判展开的具体场域，因此，对市民社会和资本主义社会的政治经济学批判不仅是马克思革命性辩证法的核心，也是其实践性的突出表现。反观阿多诺的否定的辩证法，马克思主义辩证法的实践性成为阿多诺理论批判中竭力回避的，阿多诺对资本主义最基本的商品经济的生产过程和整个社会经济的运行机制完全避而不谈，舍弃了生产力与生产关系、经济基础与上层建筑的矛盾运动规律，而将其理论囿于从认识论的视角展开对资本主义局部的文化的批判，因此他无从考证社会历史发展的根本性的实践动力，最终也不可能得出超越资本主义的现实的可行性策略。

不可否认的是，在阿多诺的否定的辩证法中也包含了对资本主义市场交换原则等经济现象的深入分析和批判，但是阿多诺却简单敷衍地将这些经济现象的产生归结于同一性思维，反而将最具有批判意义的政治经济学批判降为次要的从属性地位。因此可以这样说，阿多诺的否定的辩证法与马克思的革命性的实践辩证法在针对资本主义的批判方面是背道而驰的，因为阿多诺的批判是将具体的资本主义社会的现实与同一性思维二者关系本末倒置，因此对同一性思维的批判成了无本之末和无源之水，最终同一性的批判落入了虚无。因为阿多诺的批判完全地忽视了资本主义社会最基本的生产过程，脱离了具体实践和经济领域，将批判局限于思想层面，这种批判因此也缺乏了该有的深刻性。阿多诺在对同一性思维进行理论溯源的时候，也只是停留在理论领域，一路将理论批判回溯到了西方由来已久的传统形而上学，而丝毫没有考察在资本主义社会，同一性思维的社会根源其实植根于资本主义社会的生产方式，而不是反过来同一性的思维方式能虚妄地对现实的个人进行支配和统治。在阿多诺看来，哲学的使命就是对资本主义由同一性思维导致的同一性的意识形态进行批判，通过批判揭示资本主义社会的同一性意识形态对于主体的精神压迫和控制，但是对于同一性意识形态的经济根源及其历史性的特点，他完全避而不谈。虽然针对传统形而上学的批判有其一定程度上的理论意义，但是他从思想的角度进行思想批判，就文化的视角进行文化批判，而全然地脱离了作为社会基础的经济和政治现实，因此其批判是停留在理论层面的虚幻的、空洞的、不会有结果的批判。

马克思的哲学一直将批判资本主义和最终实现全人类的解放视为终极追求，卢卡奇在《历史与阶级意识》中明确指出其理论目标是推翻资本主义制度或资产阶级国家。但阿多诺的否定的辩证法从始至终都没有明确地提出过要超越资本主义制度，其否定的辩证法的特有的逻辑决定了其最终的理论结局只能是进入到美学，成为一种审美的救赎。因为阿多诺本身就不是一个革命家，所以理论上看似激进和彻底也无法得出要进行社会革命的结论。卢卡奇的立场是唤醒无产阶级的革命意识，而阿多诺的同一性批判理论则是为了救赎被压制的个体主体。但是实际上，一旦丧失了辩证法的实践性的特征，其批判就必然是在纯粹思辨领域的思辨。马克思的革命性的辩证法，在本质上是实践的，其革命的对象非常明确的是资产阶级而且需要无产阶级用革命的实践，推翻旧世界，建立一个全新的世界。而阿多诺在否定的辩证法中，把批判的矛头指向了同一性的思维方式，而且还认为资产阶级同样也是同一性思维的受害者，因此其救赎的全部个体主体就包括了资产阶级。阿多诺看似全新的批判理论，在时间轴上是在马克思和卢卡奇之后的，但是不仅没有对整个批判理论进行推进，反而在批判的最终走向方面倒退到通过审美而获得救赎或者说成为一种审美革命。在阿多诺那里，无产阶级也被完全地忽视，阿多诺甚至认为无产阶级革命也一样会导致同一性，只不过是用一种同一性取代了另一种同一性，并不能真正地实现社会解放，所以其理论解决方案是通过对个体主体的拯救最终实现对资本主义的审美救赎，并将这美学领域中的救赎作为对同一性最后的抵抗。由于阿多诺没能完全地再现和完整地把握资本主义的全部历史，也不能从根本上揭示资本主义基本矛盾及其产生的根源，所以阿多诺的批判理论看似激进、非常绝对，但由于其具体途径脱离实践和社会现实，导致了其社会批判理论的乌托邦色彩。

在马克思生活的自由资本主义时代，资本主义作为一种新生的社会制度，资本主义社会在科技革命的加持下生产力飞速发展，马克思一方面高度肯定了资本主义社会在人类社会发展历史进程中产生的历史必然性，但另一方面目睹了资本主义的黑暗，资产阶级为了追求剩余价值对工人的剥削和压制日益深重，财富越来越集中到极少数统治者的手中，阶级对立和阶级矛盾也日益恶化，出于对资本主义剥削的严重不满和对无产阶级的极度同情，马克思着手对资本主义进行批判，揭示了资本主义制度的本质是导致工人贫困的根源，破解了剩余价值是资本家剥削工人的秘密，探寻解放被压迫的工人，最终实现全人类的自由而全面发展。

阿多诺所生活的时代，资本主义发展到垄断阶段，资产阶级在一定范围内对统治进行了调整，用来缓和阶级矛盾和稳固统治，这一历史时期工人阶级的劳动条件和生活状况有了一定的改善，社会阶层中中产阶级的规模日益扩大，金字塔形的社会结构日趋稳定，因而尖锐的阶级矛盾得到缓和，大规模的工人运动日趋低迷。但此时资本主义的统治却由经济领域深入到精神控制，最终形成对于社会的全面控制，资本主义总体上和表面上焕发了新的生机。在这种历史条件下，不仅有人会质疑，资本主义为何没有像马克思预测的那样走向灭亡，当然这也成为卢卡奇开创的西方马克思主义学派一直在反思和解释的时代问题，而且也成为阿多诺对于时代问题的回应。卢卡奇的解决方案是试图通过恢复马克思主义辩证法的黑格尔哲学传统以激发和开启无产阶级的阶级意识，阿多诺的理论方向则是传承了黑格尔辩证法的批判方向，把最终解决问题的方案引入纯粹的精神领域。

阿多诺理论建构的思路是，他将资本主义统治的根源性的问题归结于意识形态领域的全面压制，而这归根结底是由于以黑格尔为首的传统理性哲学为代表的同一性思维。正是由于理性启蒙之后带来的理性主义猖獗导致的同一性思维，以及同一性思维扩散到资本主义领域之后的工具理性，全面统治和奴役着人们的现实生活和精神生活。这一统治的魔爪甚至深入到了文化领域，工具理性的入侵使文化被商品化和工业化。在资本主义发展到垄断阶段时，文化已经被工具理性同一化了，个体只有被文化同一了才能被社会承认和认可，以至于全社会中的全部个体被资本主义的文化所统治而丝毫不知，从而陷入资本主义新阶段上的新的奴役。阿多诺认为像卢卡奇那样对无产阶级从外部灌输革命理论以期唤醒无产阶级的阶级意识的做法已经是行不通的，他认为可行的解决方案是解构同一性的思维方式，以此展开对资本主义精神奴役的揭露与批判。阿多诺的理论集中于同一性思维对于个体主体的精神奴役以及随之而来的全方位的奴役和统治，他关注的是文化方面和意识形态方面的控制，而忽略了这种统治的经济根源，没有抓住根本的解决问题的关键：在资本主义发展的不同历史阶段，意识形态方面的统治尽管有程度和方式的不同，但是其产生的根源仍然是资本主义特定的经济基础，意识形态的解放归根到底是生产关系的解放，剥削制度的存在关键是要消灭剥削的阶级关系。虽然资本主义发展到垄断阶段，经过漫长历史时期的发展和积累，加上其内部的自我调节出现了许多新的变化和新的问题，但是唯物史观的基本原则还是根本性的指导原则，生产力决定生产关系、经济基础决定上层建筑的基本原则还是解决问题时必须首要考虑的原则，这一人类社会发展的基本原则和根本规律将见证人类历史的发展。

参 考 文 献

阿多诺, 1993. 否定的辩证法[M]. 张峰, 译. 重庆: 重庆出版社.
阿多诺, 1998a. 主体与客体[M]//上海社会科学院哲学研究所外国哲学研究室. 法兰克福学派论著选辑: 上卷. 北京: 商务印书馆.
阿多诺, 1998b. 弗洛伊德理论和法西斯主义宣传的程式[M]//上海社会科学院哲学研究所外国哲学研究室. 法兰克福学派论著选辑: 上卷. 北京: 商务印书馆.
阿多诺, 1998c. 美学理论[M]. 王柯平, 译. 成都: 四川人民出版社.
阿多诺, 2020a. 否定的辩证法[M]. 张峰, 译. 上海: 上海人民出版社.
阿多诺, 2020b. 认识论元批判: 胡塞尔与现象学的二律背反研究[M]. 侯振武, 黄亚明, 译. 上海: 上海人民出版社.
陈瑞文, 2004. 阿多诺美学论: 评论、模拟与非同一性[M]. 台北: 左岸文化出版社.
陈旭东, 2012. 奥斯维辛之殇: 阿多诺对黑格尔普遍历史观的内在批判[J]. 浙江学刊, (3): 192-200.
费希特, 1986. 全部知识学的基础[M]. 王玖兴, 译. 北京: 商务印书馆.
黑格尔, 1961. 法哲学原理[M]. 范扬, 张企泰, 译. 北京: 商务印书馆.
黑格尔, 1976. 逻辑学: 下卷[M]. 杨一之, 译. 北京: 商务印书馆.
黑格尔, 1978. 哲学史讲演录: 第四卷[M]. 贺麟, 王太庆, 译. 北京: 商务印书馆.
黑格尔, 1979. 精神现象学: 上卷[M]. 贺麟, 王玖兴, 译. 北京: 商务印书馆.
黑格尔, 1980a. 自然哲学[M]. 梁志学, 薛华, 钱广华, 等, 译. 北京: 商务印书馆.
黑格尔, 1980b. 小逻辑[M]. 贺麟, 译. 北京: 商务印书馆.
黑格尔, 1981. 精神现象学: 下卷[M]. 北京: 商务印书馆.
黑格尔, 1983. 哲学史讲演录: 第二卷[M]. 贺麟, 王太庆, 译. 北京: 商务印书馆.
黑格尔, 1994. 费希特与谢林哲学体系的差别[M]. 宋祖良, 程志民, 译. 北京: 商务印书馆.
黑格尔, 1996. 逻辑学: 上卷[M]. 杨一之, 译. 北京: 商务印书馆.
黑格尔, 2006. 历史哲学[M]. 王造时, 译. 上海: 上海书店出版社.
黑格尔, 2009. 小逻辑[M]. 贺麟, 译. 上海: 上海人民出版社.
黑格尔, 2013. 精神现象学: 上卷[M]. 贺麟, 王玖兴, 译. 北京: 商务印书馆.
黑格尔, 2016. 哲学史讲演录: 第四卷[M]. 贺麟, 王太庆, 译. 北京: 商务印书馆.
霍布斯鲍姆, 2015. 论历史[M]. 黄煜文, 译. 北京: 中信出版社.
霍克海默, 阿多诺, 2006. 启蒙辩证法[M]. 渠敬东, 曹卫东, 译. 上海: 上海人民出版社.

杰姆逊, 2008. 晚期马克思主义[M]. 南京: 南京大学出版社.
李平, 2013. 社会革命何以可能: 卢森堡社会革命理论解析[J]. 理论探讨, (1): 60-63.
刘习根, 2013. 总体与实践[M]. 重庆: 重庆出版社.
刘宇, 2020. 论马克思共产主义的总体性辩证法及当代意义[J]. 南开学报(哲学社会科学版), (1): 9.
卢卡奇, 1999. 历史与阶级意识[M]. 杜章智, 任立, 燕宏远, 译. 北京: 商务印书馆.
卢卡奇, 2014. 历史与阶级意识[M]. 杜章智, 任立, 燕宏远, 译. 北京: 商务印书馆.
卢卡奇, 2016. 历史与阶级意识[M]. 杜章智, 任立, 燕宏远, 译. 北京: 人民出版社.
卢森堡, 1959. 资本积累论[M]. 彭尘舜, 吴纪先, 译. 北京: 生活·读书·新知三联书店.
卢森堡, 布哈林, 1982. 帝国主义与资本积累[M]. 柴金如, 梁丙添, 戴永保, 译. 哈尔滨: 黑龙江人民出版社.
罗骞, 2019. 迎候马克思[M]. 北京: 北京师范大学出版社.
马尔库塞, 1993. 理性和革命: 黑格尔和社会理论的兴起[M]. 程志民, 译. 重庆: 重庆出版社.
马克思, 1985. 1844年经济学哲学手稿[M]. 北京: 人民出版社.
马克思, 2000. 1844年经济学哲学手稿[M]. 中共中央马克思恩格斯列宁斯大林著作编译局, 译. 北京: 人民出版社.
麦克莱伦, 2004. 马克思以后的马克思主义[M]. 李智, 译. 北京: 中国人民大学出版社.
萨特, 1998. 辩证理性批判: 上卷[M]. 林骧华, 徐和瑾, 陈伟丰, 译. 合肥: 安徽文艺出版社.
上海社会科学院哲学研究所外国哲学研究室, 1998. 法兰克福学派论著选辑: 上卷[M]. 北京: 商务印书馆.
施威蓬豪依塞尔, 2008. 阿多诺[M]. 鲁路, 译. 北京: 中国人民大学出版社.
瓦尔特-布什, 2014. 法兰克福学派史: 评判理论与政治[M]. 郭力, 译. 北京: 社会科学文献出版社.
魏格豪斯, 2010. 法兰克福学派: 历史、理论及政治影响[M]. 孟登迎, 赵文, 刘凯, 译. 上海: 上海人民出版社.
沃林, 2008. 瓦尔特·本雅明: 救赎美学[M]. 吴勇立, 张亮, 译. 南京: 江苏人民出版社.
吴晓明, 2004. 阿多诺对"概念帝国主义"的抨击及其存在论视域[J]. 中国社会科学, (3): 42-52, 206.
谢林, 1976. 先验唯心论体系[M]. 梁志学, 石泉, 译. 北京: 商务印书馆.
杨寿堪, 1988. 黑格尔之谜: 新黑格尔主义者论黑格尔[M]. 北京: 北京师范大学出版社.
耶格尔, 2007. 一部政治学传记[M]. 陈晓春, 译. 上海: 人民出版社.
伊格尔顿, 1997. 美学意识形态[M]. 桂林: 广西师范大学出版社.
詹姆逊, 1995. 马克思主义与形式[M]. 南昌: 百花洲文艺出版社.

张继武, 1984. 我和法兰克福学派: J.哈贝马斯同西德《美学和交往》杂志编辑的谈话[J]. 世界哲学, (1): 71-77.

张康之, 1997. 《德意志意识形态》中的总体观念[J]. 马克思恩格斯列宁斯大林研究, (5).

张倩红, 2005. 后大屠杀时代: 纳粹屠犹的社会后果分析[J]. 史学月刊, (9): 74-82.

张一兵, 2001. 无调式的辩证想象: 阿多诺《否定的辩证法》的文本学解读[M]. 北京: 生活·读书·新知三联书店.

中共中央马克思恩格斯列宁斯大林著作编译局, 1960. 马克思恩格斯全集: 第三卷[M]. 北京: 人民出版社.

中共中央马克思恩格斯列宁斯大林著作编译局, 1972. 马克思恩格斯选集: 第一卷[M]. 北京: 人民出版社.

中共中央马克思恩格斯列宁斯大林著作编译局, 1979. 马克思恩格斯全集: 第四十二卷[M]. 北京: 人民出版社.

中共中央马克思恩格斯列宁斯大林著作编译局, 1984. 卢森堡文选: 上卷[M]. 北京: 人民出版社.

中共中央马克思恩格斯列宁斯大林著作编译局, 2002. 马克思恩格斯全集: 第三卷[M]. 北京: 人民出版社.

中共中央马克思恩格斯列宁斯大林著作编译局, 2009a. 列宁专题文集: 论辩证唯物主义和历史唯物主义[M]. 北京: 人民出版社.

中共中央马克思恩格斯列宁斯大林著作编译局, 2009b. 马克思恩格斯文集: 第一卷[M]. 北京: 人民出版社.

中共中央马克思恩格斯列宁斯大林著作编译局, 2009c. 马克思恩格斯文集: 第五卷[M]. 北京: 人民出版社.

中共中央马克思恩格斯列宁斯大林著作编译局, 2009d. 马克思恩格斯文集: 第三卷[M]. 北京: 人民出版社.

中共中央马克思恩格斯列宁斯大林著作编译局, 2012a. 马克思恩格斯选集: 第二卷[M]. 北京: 人民出版社.

中共中央马克思恩格斯列宁斯大林著作编译局, 2012b. 马克思恩格斯选集: 第一卷[M]. 北京: 人民出版社.

Adorno T W, 1993. Hegel: Three Studies(Studies in Contemporary German Social Thought)[M]. Cambridge: MIT Press.

Adorno T W, 1978. Subject and Object[M]//Arato A, Gebhardt E. The Essential Frankfurt School Reader. NewYork: Urizen Books.

Vater M G, 2001. F.W.J.Schelling: Presentation of my system of philosophy(1801)[J]. The Philosophical Forum, 32(4): 339-371.